Das Buch

Der Brauch, Hecken anzulegen, geht in Deutschland auf das 18. Jahrhundert zurück, als die Bauern begannen, ihren Grund und Boden mit »lebendem Pathwerk« einzufrieden. So entstanden Landschaftsformen, wie sie heute noch für weite Landstriche typisch sind: zum Beispiel die Knicklandschaft in Schleswig-Holstein oder die Lesesteinwälle in Oberfranken. Die Hecken erfüllten vielfältige Funktionen; sie markierten Feldgrenzen, brachen die Gewalt des Windes, verhinderten die Abschwemmung des Bodens durch Wasser oder dienten zur Einzäunung der Weiden. Neben diesen angelegten Hecken war das natürlich gewachsene Flurgehölz dem Menschen über Jahrhunderte eine wichtige Rohstoffquelle für Holz, Kräuter oder Beeren. Und schließlich boten diese »Lebensadern der Landschaft« einen hochwertigen Lebensraum für unzählige Tier- und Pflanzenarten. Die Heckenlandschaft vermittelt so einen Eindruck von dem Versuch, landwirtschaftliche Nutzung und landwirtschaftliche Vielfalt im Einklang zu halten. Erst in unserem Jahrhundert wandelte sich die Wertschätzung der Hecken, als im Zuge der Flurbereinigung aus Feldern landwirtschaftliche Produktionsflächen wurden. Forschungen aus jüngster Zeit haben jedoch eindrucksvoll belegt, daß den Hecken und Feldgehölzen für die ökologische Stabilität unserer Landschaft allergrößte Bedeutung zukommt. Diese neueren naturwissenschaftlichen Informationen haben die Autoren in die Betrachtung der Hecken im Jahreslauf eingearbeitet. Zahlreiche Abbildungen und Zeichnungen begleiten den Text, bebilderte Bestimmungsschlüssel erleichtern das Kennenlernen von Gräsern und Insekten, ungewöhnliche Kochrezepte schließlich wie Haselnuß-Pfannkuchen, Kartoffel-Malven-Suppe oder Hopfensprossen-Beignets erlauben die Zubereitung vitaminreicher Gerichte aus den Wildkräutern und Früchten der Hecken.

Die Autoren

David Streeter ist Dozent für Ökologie an der Sussex University. Wolfgang Dreyer ist Hochschulassistent am Lehrstuhl für Ökologie der Universität Kiel. Sein Hauptarbeitsgebiet ist die Erforschung der Verhaltensweisen der Libellen. Seine Arbeiten, Fotos und Filme über diese Tiere wurden in vielen Ländern veröffentlicht und erhielten mehrere internationale Auszeichnungen.

David Streeter/Rosamond Richardson/Wolfgang Dreyer:
Hecken
Lebensadern der Landschaft

Mit 60 Schwarzweißabbildungen
Aus dem Englischen übersetzt und bearbeitet von Wolfgang Dreyer

Deutscher
Taschenbuch
Verlag

Im Text ungekürzte Ausgabe
April 1988
Deutscher Taschenbuch Verlag GmbH & Co. KG, München

Titel der englischen Originalausgabe:
Discovering Hedgerows
BBC Publications, London

ISBN 3-8067-2017-7
Umschlaggestaltung: Celestino Piatti
Umschlagabbildung: Reinhild Hofmann, München
Gesamtherstellung: C. H. Beck'sche Buchdruckerei, Nördlingen
Printed in Germany · ISBN 3-423-10889-4

Inhalt

Einführung

Hecken und Feldgehölze prägen viele deutsche Landschaften. Sie durchziehen Wiesen und Ackerland wie bunte Bänder und bringen Vielfalt in die Landschaft. Sie gliedern eintönige landwirtschaftliche Produktionsflächen und gestalten sie zu einem reizvollen Mosaik von Formen, Farben und Lebensräumen.

Hecken sind das landschaftliche Markenzeichen Schleswig-Holsteins und charakterisieren die Juralandschaften Frankens. Sie unterbrechen und verbinden zugleich die Wälder und Felder der Oberpfalz und gestalten viele Landstriche Niedersachsens und Nordrhein-Westfalens. Auch in der Schweiz und in Österreich gibt es bekannte Heckengebiete, so vor allem im Kanton Neuenburg (Neuchâtel) bei Les Verrières. Die Hecken werden hier von den Bauern traditionell in hohen Ehren gehalten. Hecken kennzeichnen auch das deutsche und österreichische Voralpenland sowie das flache Burgenland mit seinen Einschlägen ungarischer Bauernkultur.

Hecken spiegeln Harmonie und Geborgenheit wider und prägen die Menschen, die in diesen Landschaften leben. Sie geben den Bewohnern einer Gegend ihre Identität und vermitteln Heimatgefühl. Ein Schleswig-Holsteiner antwortet meist auf die Frage nach seiner Heimat, es sei ein flaches Land zwischen den Meeren, durchzogen von einem Adernetz unzähliger Knicks. Der Oberfranke wird auf die gleiche Frage von kleinparzellierten Fluren mit terrassenbildenden Lesesteinhecken berichten, in die bunte, fachwerkreiche Häuser und Dörfer eingeschmiegt sind.

Heckenlandschaften repräsentieren heute das Bild einer in langen Zeiträumen gewachsenen bäuerlichen Kulturlandschaft. Sie vermitteln einen Eindruck von jahrhundertelangem Fleiß und dem Versuch, landwirtschaftliche Nutzung und landwirtschaftliche Vielfalt im Einklang zu halten.

Die Entwicklung leistungsfähiger Landmaschinen und der Einsatz moderner Produktionsmethoden unter dem Zwang, rentabel zu bleiben, haben in den letzten Jahrzehnten zu tiefen Eingriffen in Heckenlandschaften geführt. Die kleinräumigen Agrarstrukturen wurden und werden verändert, Hecken weichen dem »Zwang« zu verstärkter Produktion. Als Folge verändern sich ganze Landstriche von mosaikreichen Heckenlandschaften zur maschinengerechten, strukturarmen Produktionslandschaft. Dieser Trend wirft in den letzten Jahren immer mehr die Frage nach dem Sinn und Wert der Hecken auf. Aber was wissen wir schon von einer Hecke? Wie alt ist sie? Wer pflanzte sie und wozu? Welchen Zweck hatten und haben Hecken? Wie lassen sie sich bewirtschaften? Haben Hecken einen ökologischen Wert? Haben Hekken sogar eine Geschichte? Gibt es dort Kräuter und Früchte, die zu einer gesunden Ernährung beitragen können? Was wird aus den Hekken in der Zukunft? Wir wollen mit diesem Buch versuchen, auf alle diese Fragen eine Antwort zu geben. Wir wollen anhand zweier unterschiedlicher Heckenlandschaften Schleswig-Holsteins und Frankens den Leser durch ein Heckenjahr begleiten – vom Frühling bis zum Winter. Wir werden in Hecken auf Entdeckungsreise gehen und Pflanzen und Tiere beobachten. Sie werden dabei sein, wenn wir Spinnennetze untersuchen oder nach den Verursachern des Kuckucksspeichels fahnden.

Damit das leibliche Wohl nach einem Entdeckungsspaziergang nicht zu kurz kommt, finden Sie am Ende eines jeden Monatskapitels erprobte Kochrezepte. Frühlingssalate, Rühreier mit Ampfer und Schlehen-Brandy werden Sie verwöhnen.

Was ist eine Hecke?

Überraschenderweise ist eine allgemeingültige Heckendefinition nicht leicht zu erstellen. Zu unterschiedlich sind Ausformungstypen und Sprachgebrauch je nach Gegend oder Landschaft. Im englischen Cornwall bestehen »hedges« aus Steinwällen ohne pflanzlichen Bewuchs. In Süd-West-Irland bilden Fuchsien ganze Heckenzeilen, die Straßenränder begrenzen. In Schleswig-Holstein wachsen Heckensträucher auf Wällen und werden als »Knicks« bezeichnet. In Oberfranken begleiten undurchdringliche Dornenhecken aus Weißdorn, Schlehen und Wildrosen die sanften Hügel des Muschelkalks. Darüber hinaus kennzeichnen Feldgehölze Flurlücken oder markieren Baumreihen Straßenverläufe.

Wie lassen sich Hecken für deutsche Verhältnisse definieren?

Zur Begriffsklärung müssen Hecken gegen andere Flurgehölze abgegrenzt werden: Hecken bestehen vorwiegend aus Sträuchern mit eingestreuten Bäumen, die meist nicht ihre volle Höhe erreichen. Die Strukturelemente der Hecke sind meist bandartig angeordnet. Hecken sind von Menschenhand entstanden und verdanken ihre Entstehung:
- der Duldung auf nicht bewirtschafteten Flächen
- der Förderung auf Ödflächen, Lesesteinwällen oder Ackerrainen

Die für Schleswig-Holstein typische Knicklandschaft der Probstei zwischen Laboe und Preetz

- der Anpflanzung zur Erfüllung bestimmter Funktionen, wie Abgrenzung oder Windschutz.

Feldgehölze dagegen bilden meist kleinflächige Strauch- oder Baumbestände in der Feldmark, die aber als Waldreste anzusehen sind.

Hecken sind also linienförmig angeordnete Bänder aus Sträuchern und Bäumen, die etwa 2 bis 6 Meter breit und etwa 6 Meter hoch wachsen. Um Hecken in diesen Ausmaßen zu halten, müssen sie regelmäßig beschnitten werden. Ihre pflanzliche Zusammensetzung richtet sich nach der Bodenbeschaffenheit, dem Alter oder nach der ursprünglichen bunten Komposition, nach der sie gepflanzt wurden.

Wozu dienten Hecken und wie entstanden sie?

Die Wiege der Hecken liegt in England. Versetzen wir uns zurück in die Zeit, als die Sachsen England besiedelten. Um 1150 befestigten die Siedler ihre Grundstücksgrenzen mit einem Zaungitter aus Weißdornpfählen und dazwischengeflochtenen Weißdornzweigen. Es entstand die sächsische »tote« Hecke. Diese Zäune mußten jährlich erneuert oder repariert werden. Im Laufe der Jahre wucherte Buschwerk über den toten Zaun und schuf nach und nach ein lebendiges Zaunwerk – die

Hecke. Mit der Eroberung der Insel durch die Normannen bekamen die Hecken neuen Aufschwung. Lebende Hecken wurden zum festen Bestandteil der Landschaft. Damit die normannischen Grundbesitzer die Hecken bei der Jagd zu Pferde überspringen konnten, wurden die Sträucher gestutzt. Als Maß der Heckengärtner diente dabei die Höhe einer Mannesschulter. Die Technik des Heckenmanagements hat sich in England bis heute gehalten, wie eindrucksvolle Beispiele in der Grafschaft Devon zeigen. Rund 800 Jahre können englische Hecken zurückblicken, seit sie von Menschenhand entstanden. Erst 600 Jahre nach den ersten sächsischen Hecken in England begann in Schleswig-Holstein die Heckenkultur. 1770 zwangen Verkoppelungsgesetze die Bauern dazu, ihren eigenen Grund und Boden mit »lebendem Pathwerk« einzufrieden. Aus den damaligen Pflanzungen von Wallhecken ist die heute für Schleswig-Holstein so typische Knicklandschaft entstanden. Auch in Süddeutschland dürfte die Entstehung der Hecken mit der Erschließung der Jurahänge als Ackerland Ende des 18. Jahrhunderts zusammenfallen.

Die Entstehungsgeschichte der Hecke verrät viel über ihre vielfältigen Funktionen. Ursprünglich markierte »lebendes Pathwerk« die Feldgrenzen und sicherte den Bauern ihren Besitz. Hecken dienten als unverrückbare »Feldsteine«. Selbst Hochwasser und Erdabtrag durch Regengüsse hielten diese Flurgrenzen stand. Büsche und Sträucher bremsten den Wind und hielten die fruchtbare Ackerkrume fest. Auch die Menschen nutzten jahrhundertelang den Reichtum der lebenden Zäune. Sie stellten aus den faserigen Stengeln der Brennessel rauhen Kleiderstoff her oder nutzten das jährlich anfallende Holz zum Heizen im Winter. Im Mittelalter war die Hecke Garten und Medizinschrank zugleich. Da gab es Salate aus den Blättern von Löwenzahn, Vogelmiere, Wiesenschaumkraut oder Knoblauchsrauke. Hagebutten und Holunderbeeren lieferten schmackhafte Getränke oder willkommene, anregende Weine. Wunden und Gebrechen wurden mit allerlei Heckenpflanzen behandelt und geheilt. Von kundiger Handwerkerhand bearbeitet, entstanden aus dem Holz der Heckensträucher Armstühle, Schränke, Rechen, Heugabeln, Besen, Milcheimer und Särge.

Auch für Tiere wurden Hecken im Laufe der Jahrhunderte zu Lebensräumen und Wanderwegen. Die Hälfte aller einheimischen Säugetiere, sämtliche Reptilien und ein Fünftel unserer heimischen Vogelwelt lebt in Hecken. 7000 bis 10000 Tierarten insgesamt bevölkern diesen Lebensraum aus zweiter Hand. Allein über 1000 verschiedene Pflan-

Lesesteinwall aus Muschelkalkbrocken, die von den Bauern an den Rand des Feldes geworfen wurden.

zenarten verleihen Hecken im Jahresgang ein buntes, abwechslungsreiches Aussehen.

Wenn auch die Vielfalt von Hecken und ihrer Pflanzenzusammensetzung je nach Lage, Boden und Klima sehr groß ist, lassen sich die Hecken der Bundesrepublik Deutschland doch im wesentlichen zwei Typen zuordnen: der Wallhecke, auch Knick genannt, und der Lesesteinhecke. Wallhecken sind typisch für Schleswig-Holstein, sie sind das Markenzeichen dieser flachen norddeutschen Landschaft. Lesesteinhecken kommen häufig auf den trockenen Jurahängen Frankens vor und begleiten die Höhenlinien wie bunte Stirnbänder. Beide Heckentypen sind unterschiedlich entstanden und weisen in Flora und Fauna Unterschiede auf. Wir wollen diese beiden Heckentypen an zwei Beispielen vergleichend durch ein blühendes Jahr begleiten.

Als norddeutsche Musterlandschaft für unsere Heckenspaziergänge sollen die Knicks zwischen Laboe und Preetz, östlich der Kieler Förde in der Probstei gelegen, dienen. Wer an einem schönen Junitag von der 85 Meter hohen Plattform des Marine-Ehrenmals in Laboe nach Süden blickt, hat das einzigartige Panorama der typischen schleswig-holsteinischen Knicklandschaft zu Füßen liegen. Ein dichtes Wallheckennetz

Die Lesesteinhecken um Stadtsteinach (Franken) repräsentieren den süddeutschen Heckentyp.

gliedert die gelben Flächen der Rapsfelder und säumt die Weiden der schwarzweiß gezeichneten Kühe und Rinder. Auf Spaziergängen entlang der Gräben und Knickwälle kann man all das entdecken, was dieses Buch im Laufe eines Heckenjahres vorstellt.

Die sanften Jurahänge westlich von Stadtsteinach in Oberfranken bieten typische Beispiele des zweiten Heckentyps – der Lesesteinhecke. Auch diese Landschaft wollen wir ein Heckenjahr lang begleiten. Von der Bundesautobahn Nürnberg – Hof sind die Stadtsteinacher Heckenzüge über die Ausfahrt Bad Berneck in wenigen Minuten zu erreichen. Hier schmiegen sich die Lesesteinhecken eng an die nach Nordosten abfallenden Muschelkalkhänge und folgen den Höhenlinien. Am besten erwandert man sich das Heckengebiet vom Tal aus. Markierte Wanderwege, die am Südausgang Stadtsteinachs beginnen, führen den Hang hinauf in die bunte Vielfalt fränkischer Hecken.

Mit der Intensivierung der Landwirtschaft nach 1950 und der zunehmenden Beseitigung von Knicks und Hecken wurden vermehrt Fragen nach der ökologischen Funktion derartiger Systeme gestellt. Als erster untersuchte der Kieler Ökologe Professor W. Tischler norddeutsche Wallhecken. Er erkannte den Knick als einen hochwertigen Lebensraum vieler Tier- und Pflanzenarten, der viele Nützlinge beherbergt, aber nicht als Brutstätte landwirtschaftlicher Schädlinge angesehen werden kann. Tischler faßte den Zielkonflikt zwischen den ökologischen Funktionen der Hecke und dem ökonomisch begründeten Zwang, sie zu beseitigen, zu einem sinnvollen Kompromiß zusammen:

»Vernünftigen wirtschaftlichen Belangen gegenüber aufgeschlossen zu sein, sich die ökologischen Erkenntnisse bei der Nutzung der Landschaft nutzbar zu machen und gleichzeitig die Schönheit und Vielfalt der Natur nicht aus dem Auge zu verlieren, diese drei Gesichtspunkte brauchen sich nicht auszuschließen, sondern lassen sich durchaus miteinander vereinen.«

Die erste umfassende Zusammenschau von Geschichte, Fauna und Ökologie der Hecken verfaßten 1974 die englischen Biologen Pollard, Hooper und Moore. Viele ihrer grundlegenden Erkenntnisse, die in dem Buch ›Hedges‹ zusammengefaßt wurden, haben die Heckenforschung der folgenden Jahre beeinflußt und bereichert.

1977 faßten Rotter und Kneitz den Stand der Forschung über »die Fauna der Hecken und Flurgehölze und ihre Beziehung zur umgebenden Agrarlandschaft« zusammen. Die beiden Autoren kamen zu dem Schluß, daß Hecken und Feldgehölze wichtige Beiträge zur ökologi-

Luftbild aus dem Stadtsteinacher Heckengebiet. Neben charakteristischen Heckenlandschaften erkennt man auch flurbereinigte, bereits weitgehend ausgeräumte Gebiete. (Freigegeben vom Regierungspräsidenten in Darmstadt unter der Nr. 2008-80)

schen Stabilität unserer Produktionslandschaft liefern und für die Arterhaltung von Tieren und Pflanzen allergrößte Bedeutung haben.

Trotz intensiver ökologischer Forschungsarbeiten lagen noch keine Aussagen darüber vor, welche Regulationsvorgänge zwischen Pflanzenfressern und ihren Räubern in Hecken ablaufen. Unbekannt waren Kriterien, wie man in der Naturschutzpraxis Hecken ökologisch bewerten kann oder welches Mindestmaß an Hecken eine Landschaft braucht, um ökologisch gesehen intakt zu bleiben. Zur Klärung dieser Fragen vergab das Bayerische Landesamt für Umweltschutz in München 1978 das Forschungsprojekt »Ökologische Funktionsanalysen von Hecken und Flurgehölzen« an den Lehrstuhl für Tierökologie der Universität Bayreuth. 1981 legte Professor H. Zwölfer den von acht Biologen erarbeiteten Forschungsbericht vor, der die äußerst wertvolle ökologische Funktion von Hecken dokumentiert. Hecken wurden als großes Potential an tierischen Nützlingen für das faunenmäßig verarmte Umland erkannt, wenn sie bestimmte Alters- und Pflanzenstrukturen aufweisen. Die Erkenntnisse des Bayreuther Forscherteams, dem der deutsche Bearbeiter dieses Buches angehörte, sind in die folgenden Kapitel eingearbeitet. Neben dem Ziel, dem Leser die Vielfalt und Schönheit von Hecken im Laufe eines Jahres zu vermitteln, werden also moderne ökologische Gesichtspunkte dieses Lebensraumes nicht zu kurz kommen.

Es wird oft übersehen, daß ein großer Teil unserer einheimischen Tier- und Pflanzenwelt ohne die landwirtschaftliche Tätigkeit des Menschen in Mitteleuropa nicht existieren könnte. Gerade die außerordentlich hohe Artenvielfalt in Hecken ist strenggenommen die Folge stetiger menschlicher Eingriffe in eine Naturlandschaft. Artenärmere Waldökosysteme wurden zurückgedrängt, neue Lebensräume entstanden. Gerade Hecken stellen einen derartigen neuen Lebensraum dar. Ihr netzartiger Aufbau schafft in einer Landschaft markante räumliche Strukturen, die sehr unterschiedliche Funktionen haben können: Sie bieten Überwinterungsmöglichkeiten, Balzplätze, Singwarten, Deckung vor Feinden oder Schlupfwinkel für Räuber, die ihre Nahrung im freien Feld suchen. Darüber hinaus sichert die Hecke mit ihrer Pflanzenvielfalt tierischen Pflanzenfressern eine dauerhafte Nahrungsgrundlage. Diese Eigenschaften haben in Hecken charakteristische Artengemeinschaften entstehen lassen, die sonst nirgends derart reich entwickelt sind. Bei der Hecke haben die Grenzlinien eine ganz besonders große Bedeutung, sie ist – ökologisch gesehen – ein doppelter Waldrand ohne Wald. Das erklärt den Artenreichtum, denn viele Lebensformen sind eher an das

Leben in solchen Saumbiotopen als im Innern eines Waldes angepaßt. Besonders wichtig sind räuberisch lebende Tiere in einem Heckensystem. Sie finden hier immer ausreichend Nahrung und können außerdem, wenn das Angebot entsprechend groß ist, in angrenzende Kulturflächen ausschwärmen und dem Landwirt als natürliche und kostenlos arbeitende Vertilger von Schadinsekten helfen.

Hecken haben viele Gesichter: Sie sind ästhetische Landschaftselemente, Lebensräume für eine erstaunliche Vielfalt an Tieren und Pflanzen und kostenlose Dienststellen zur biologischen Schädlingsbekämpfung. Hecken sind Lebensadern der Landschaft, die dem Betrachter unzählige und erstaunliche Wunder zu bieten haben.

Hecken spielten schon immer eine wichtige Rolle im Leben der Bauern, aber ihre Wertschätzung wandelte sich im Laufe der Jahrzehnte. Um zu zeigen, welche Argumente bei der Beurteilung von Hecken und Knicks eine Rolle spielten, haben wir das Archiv der ›Kieler Nachrichten‹ durchgesehen. In den Zeitungsartikeln der letzten 50 Jahre spiegelt sich das wechselnde Ansehen dieser »Lebensräume aus zweiter Hand« wider. Fast immer waren es engagierte Bürger, Naturfreunde oder Heimatforscher, die versuchten, Hecken als interessante Biotope darzustellen; und es gab daneben Redakteure, die darüber berichteten. 1933 erschienen in den ›Kieler Nachrichten‹ Artikel mit folgenden Überschriften: »Ein Knick ist ein mit Buschwerk bestandener Erdwall«, »Der Knick ist Lebensraum für sich«, »Dem üppigen Pflanzen- und Blumenbestand gesellt sich eine reiche Tierwelt zu«. Und im Text wird ausgeführt: »Wer sich einmal die Mühe macht, die Wälle und Knicks der Dorfgemeinschaft einer Musterung zu unterziehen, wird bald einsehen, wie sie mit Vorbedacht und Sorgfalt gezogen sind, damit jeder den gleichen Anteil bekam am leichten Sandboden der Kuppe, am Hang und von der fruchtbaren Niederung. Insekten und Spinnen sind zahlreich, auch Gehäuseschnecken namentlich der *Helix*-Arten (Weinbergschnecken) . . .; dazu gesellen sich Erdkröten und Laubfrösche. Finken, Ammern, Meisen, Grasmücken, Drosseln, Würger und viele andere Vögel kommen in großer Zahl vor.«

1953 berichtet ein Zeitungsartikel von der Eigenart und Bedeutung der holsteinischen Knicks unter der Schlagzeile »Blühende Bänder«: »Wer, dessen Herz für Holstein schlägt, möchte wohl die Eigentümlichkeit dieses Landes missen? Die Knicks, die gleich blühenden Bändern das Land durchziehen, geben ihm sein charakteristisches Gepräge. Um dem Vieh Schutz zu geben, friedete man die Weiden ein. So wurden Hirten erspart, und man wußte die Tiere auf der Naturkoppel vor den

Knicks bieten wertvollen Windschutz für den Boden und das Vieh.

starken Winden, die Schleswig-Holstein, das schmale Land zwischen den Meeren, oft hart durchbrausen, geschützt.« Wir sehen noch heute das Vieh bei schlechtem Wetter und bei Hitze Schutz am Knick suchen. Der Artikel berichtet weiter: »Zweimal waren wir schon in Gefahr, unsere Knicks zu verlieren. Jedoch überwiegen die Vorteile bedeutend. Der Ansicht der Gegner, daß sie viel Land der Bewirtschaftung entzögen und durch Beschattung den Ertrag schmälerten, steht die gegenüber, die den Windschutz, Milderung des Klimas und Temperaturerhöhung ins Treffen führt. Der Knick bricht die Seewinde. Dadurch wird das Austrocknen des Bodens verhindert. Auch fördert die Umschlossenheit der Weiden und Koppeln den Tau.«

1959 spitzte sich die Lage zu. Die ›Kieler Nachrichten‹ schrieben unter der Überschrift »Argumente für und wider die Knicks«: »Buschholz in den Knicks soll verschwinden, überhängende Zweige behindern die Sicht. Die Knicks paßten gut zu der Koppelwirtschaft. Durch moderne Bearbeitungsmethoden wurde der Knick für die Maschinen ein Hindernis. Die Wurzeln der Knickbäume entziehen dem angrenzenden Boden die Kraft, und das Land wird mehr beschattet.«

Doch der Autor des Artikels faßte neben den Nachteilen auch die Vorteile zusammen: »Es gibt bereits viele Bauern, die den Knickbestand pflegen, weil sie als Windschutz nicht auf ihn verzichten wollen. Für Tiere ist er ein Wetterschutz.« Etwa zur selben Zeit hält ein Oldesloer Studienrat, den die Schüler und die Presse als »Dr. Knick« apostrophierten, Vorträge über die Knicks. Die ›Kieler Nachrichten‹ berichten unter der Überschrift »Unsere Knicks müssen erhalten bleiben«: »Alle Hecken sind zusammen 87000 Kilometer (also zweimal um die Erde) lang. Als ausschlaggebend zugunsten der Hecken bezeichnete der Botaniker Alpen den durch sie erreichten Windschutz, der – wie Versuche erwiesen – den Ertrag der so geschützten Ländereien wesentlich erhöht. In diesem Zusammenhang erwähnte er auch die riesigen Vorhaben in Rußland und Rotchina, ganze Windschutzgürtel anzulegen. Auch erwähnte Alpen die großen Verluste der USA-Landwirtschaft durch Erosion, die auf mangelnden Windschutz zurückgehen.« Bereits 1961 kommentierte die Zeitung: »Die Natur läßt sich nicht ungestraft vergewaltigen. Wir müssen wieder bedenken lernen, daß Schöpfung und Natur keine Objekte ausschließlich für Ausbeutung und Raubbau sind.«

1962 haben die Argumente der Heckenfreunde für den Windschutz teilweise Erfolg. Die ›Kieler Nachrichten‹ schreiben: »Die Wallhecken in Schleswig-Holstein als Windschutzanpflanzungen sind in den vergangenen fünf Jahren um 1000 Kilometer vermehrt worden, so daß es jetzt 83000 Kilometer Wallhecken in dem Land zwischen den Meeren gibt.«

Die Berichte der ›Kieler Nachrichten‹ über die wichtigen positiven Funktionen von Hecken und Knicks setzen sich bis in unsere Tage fort. Sie zeigen deutlich, daß es immer engagierte Einzelpersonen waren, die die ökologische Bedeutung der Hecken ins Bewußtsein der Leser rückten und sich für den Schutz der Hecken einsetzten. Es wird auch deutlich, daß das Denken in ökologischen Zusammenhängen und die aktive Naturschutzarbeit nicht erst in den achtziger Jahren erfunden wurden. Die folgenden Kapitel sollen ein Anreiz für uns alle sein, die Hecken und Knicks neu zu entdecken. Sie sind einzigartige Dokumente einer bäuerlichen Kulturlandschaft, ebenso wie Lehrbeispiele komplexer Naturvorgänge.

April

»Der April macht, was er will.« Trotz dieser poetischen Kapitulation der Bauern vor dem launischen Aprilwetter wissen sie diesen Monat zu schätzen. Der April ist der Grasmonat. Er bringt Wachstum, frisches Gras, neues Leben nach dem langen Winter. Typisch für den April ist das launenhafte Wetter. Regenschauer, Regenbögen, strahlendes Sonnenwetter und plötzliche Finsternis wechseln sich ab. Aber so ungern sehen die Bauern dieses wilde Wetter gar nicht:

> Wenn der April Spektakel macht, –
> gibt's Heu und Korn in voller Pracht
> (Eutiner Klenner)

> Bläst der April in sein Horn,
> steht's gut um Heu und Korn
> (Oberfränkischer Bauernkalender)

Das Aprilwetter hat einen wichtigen Einfluß auf die Landwirtschaft: »April und Mai sind die Schlüssel zum Jahr« (England). Aprilregen drängt Pflanzen aus ihrer Winterruhe und sorgt für einen blühenden Mai: Scharbockskraut und Primeln, Veilchen und Löwenzahn blühen gemeinsam wie alte Freunde mit den Kuckuckslichtnelken und Erdbeeren.

An Baum und Strauch beginnen die kahlen Winterzweige zu grünen und lassen den Winter vergessen. Fahles Licht scheint durch die jungen Blätter und erfüllt die Landschaft mit einem ganz eigenen Reiz.

Nur die Schlehen erinnern noch einmal an die Farbe des Winters: Noch vor den Blättern bedecken leuchtend weiße Blüten die Zweige. Mit dem laufenden Monat vergessen alle Sträucher und Bäume die kalte Winterzeit. Überall erwacht grünes, munteres Leben in der Frühlingswärme. Die ersten Schmetterlinge flattern, noch steif vom Winter, in die warmen Tage des April. Es sind Arten, die den Winter als fertige Falter überdauern. Ende April fliegen Füchse, Tagpfauenaugen, C-Falter und Zitronenfalter zu den Hecken, um nektarspendende Blüten aufzuspüren. Die Zitronenfalterweibchen suchen den Kreuzdorn zur Eiablage auf. Dort sollen die Raupen später fressen. Geschäftig besuchen Bienen und Hummeln die ersten Frühlingsblüten, um Kraft zur

Gründung neuer Staaten zu tanken. In der dritten Aprilwoche beginnen viele Vögel mit dem Nestbau. Die grünenden Büsche bieten schon hinreichenden Sichtschutz. Heckenbraunellen, Zaunkönige, Rotkehlchen, Goldammern, Bluthänflinge und Buchfinken beeilen sich, Junge zu erbrüten. In milden Frühjahren beginnen Kleinschmetterlingsraupen früh mit dem Fraß an Heckenpflanzen und stellen ein wichtiges Nahrungspotential zur Aufzucht der Vogeljungen dar. Ende April taucht ein neuer Gesang in den Hecken auf. Die Dorngrasmücke ist aus dem Winterquartier in Afrika zurückgekehrt und schlägt mit ihrem kehligen Gesang endgültig die Tür des Winters zu.

April heißt nach dem lateinischen Wort *aperire* soviel wie »öffnen«. Dieser Monat eröffnet das Bauernjahr, eröffnet die neue Hoffnung mit dem Osterfest – dem Fest der Wiederauferstehung. So, wie es die Natur mit Wachsen und Blühen vorgibt.

H. Rolf-Donker hat es verstanden, in plattdeutscher Sprache das Frühjahr in Worte zu fassen:

Kumm mit, mien lütt' Lieschen,
An Knicks un' an Wischen
blööt nun all die Bloom;

De Kuckuck de schriet,
bald is dat sowiet!
Wi twee buut un's Nest.

Un' is di nich warm
ik holl di in' Arm,
– un warm di op't best.

Gertrud Schubarth, eine fränkische Poetin, dichtete zum Frühjahr:

Hast's ghärt?
Heit in dr Frieh,
scho ganz ball,
hat e Fink
auf men Fensterbrett pfiffe,
sou fleißi und beredt,
als mießt er ganz ellaa
des Frühlingsgschäft bsorche.

Bäume und Sträucher – Strukturelemente der Hecke

Bäume und Sträucher geben einer Hecke die ihr eigene charakteristische Gestalt und Struktur. Welche Straucharten hier wachsen, hängt von vielen Faktoren ab: Einflüsse auf die Zusammensetzung haben die Entstehungsgeschichte einer Hecke, der Abstand zum nächsten Wald, die Bodenformation und die geographische Lage. Über 25 Baum-, Strauch- oder Lianenarten stehen in Hecken und Knicks; sie gehören damit zu den artenreichsten Biotopen, die es in unserer Landschaft gibt. Auf Seite 22 sind die Straucharten für drei verschiedene Heckentypen aufgelistet. Man erkennt, daß die beiden häufigsten Knicktypen Schleswig-Holsteins große Unterschiede aufweisen; sie haben nur neun Pflanzenarten gemeinsam. Geringer sind die Artenunterschiede zwischen den norddeutschen Schlehen-Hasel-Knicks und den fränkischen Lesesteinhecken. Schon 14 Pflanzenarten stehen in beiden Heckentypen, obwohl sie eine völlig unterschiedliche Entstehungsgeschichte besitzen. Den fränkischen Lesesteinhecken fehlen typische Waldbäume wie die Rotbuche, die Hainbuche und die Stechpalme. Ihre Pflanzenstruktur setzt sich deutlich aus Bäumen und Sträuchern von trockenen Jurahängen und Trockenrasen zusammen. Die Knicks Schleswig-Holsteins lassen dagegen in der Pflanzenstruktur Ähnlichkeiten mit Laubmischwäldern erkennen.

Der häufigste Heckenstrauch ist zweifellos der Weißdorn. In norddeutschen Hecken wurde er wegen seiner vielfältigen Verwendung in Haus, Hof oder mittelalterlichen Arzneischränken häufig angepflanzt. Im Bereich des Muschelkalks gehörten Weißdornarten schon immer zum natürlichen Pflanzeninventar, und sie wurden von der Landbevölkerung auf den Lesesteinwällen gefördert. Hundsrose und Brombeeren sind, ebenso wie die Schlehe, die am weitesten verbreiteten Heckenpflanzen. Die Schlehe eröffnet den Blütenreigen unter den Heckensträuchern, sie blüht schon ab Anfang Mai. Ihre Blüten öffnen sich, bevor die Blätter entfaltet sind. So verhindert die Schlehe eine Gefährdung ihrer Blätter durch späte Nachtfröste. Nicht selten werden Anfang Mai blühende Schlehen in Oberfranken von Schneeschauern überrascht. Die Bauern verbinden die Zeit der Schlehenblüte mit feuchtem Wetter. Sie sagen:

> Ist die Schlehe weiß wie Schnee,
> ist's Zeit, daß man die Gerste säe.
> (England)

Die wichtigsten Bäume und Sträucher in Wallhecken (Knicks) und Lesesteinhecken

	Schlehen-Hasel-Knicks (Schleswig-Holstein)	Eichen-Birken-Knicks (Schleswig-Holstein)	Lesesteinhecken (Franken)
Eiche *(Quercus spec.)*	+	+	+
Rotbuche *(Fagus sylvatica)*	+	+	
Traubenkirsche *(Prunus padus)*			+
Schlehe *(Prunus spinosa)*	+		+
Zweigriffeliger Weißdorn *(Crataegus laevigata)*	+	+	+
Eingriffeliger Weißdorn *(Crataegus monogyna)*	+	+	+
Wildapfel *(Malus sylvestris)*	+	+	
Hundsrose *(Rosa canina)*	+		+
Hasel *(Corylus avellana)*	+		+
Ahorn *(Acer spec.)*	+		+
Holunder *(Sambucus nigra)*			+
Hainbuche *(Carpinus betulus)*	+		
Weide *(Salix spec.)*	+		+
Stechpalme *(Ilex aquifolium)*	+	+	
Hartriegel *(Cornus sanguinea)*	+		+
Brombeere *(Rubus spec.)*	+	+	+
Efeu *(Hedera helix)*	+	+	
Esche *(Fraxinus excelsior)*			+
Pfaffenhütchen *(Euonymus europaeus)*	+		+
Schneeball *(Viburnum opulus)*	+		+
Kreuzdorn *(Rhamnus catharticus)*	+		+
Zitterpappel *(Populus tremula)*			+
Eberesche *(Sorbus aucuparia)*	+	+	+

In einigen Hecken steht eine mit den Schlehen verwandte Pflanze, die Zwetschge. Diese Bäume sind sehr oft verwilderte Zuchtformen ihrer aus Südosteuropa stammenden Vorfahren. Zwetschgenbäume blühen genauso frühzeitig wie Schlehenbüsche. Schlehe, Weißdorn und Zwetschge gehören zur Familie der Rosengewächse (Rosaceae), deren Arten oft mächtige Dornen und Stacheln tragen. Gerade die Rosengewächse bilden in Hecken oft undurchdringliche Dornengestrüppe, die vielen Vogelarten Verstecke für ihre Nester bieten. Dieselben Rosengewächse sorgen dafür, daß Hecken der Früchtemarkt einer Herbstlandschaft sind. Sie bieten Hagebutten, Weißdornfrüchte, Brombeeren und Schlehenfrüchte. Das Vorkommen anderer Straucharten, wie Hasel und Feldahorn, gibt Aufschluß über das Alter von Hecken und Knicks. Haselsträucher stehen bevorzugt in sehr alten Feldgehölzen. Ihre gelben Kätzchen, die sich mitunter schon im kalten Februarwind wiegen, lassen den Frühling erahnen. Die Kätzchen sind die männlichen Blütenstände, die Millionen gelber Pollenkörner ausstreuen. Viele Frühlingsblüher verlassen sich auf den Wind als Pollentransporteur. Insekten, die normalerweise als Luftschiffe für Pflanzenpollen dienen, können im zeitigen Frühjahr wegen der Kälte noch nicht fliegen. Um den weitaus unzuverlässigeren Wind zur Pollenverbreitung zu nutzen, müssen Windbestäuber ungeheuer große Pollenmengen produzieren: In einem einzigen Haselkätzchen liegen rund vier Millionen Pollen. Bei einem derartig großen Einsatz männlicher Samen steigt die Chance, daß ein Pollenkorn auf eine weibliche Narbe gelangt. Wer im Frühling einmal einen Haselzweig schüttelt, kann selbst erleben, wie Wolken unzähliger Pollenkörner mit dem Wind davonfliegen. Wo liegen die Narben auf dem Haselstrauch? Wer zur Zeit der stäubenden Kätzchen einen Haselzweig näher betrachtet, endeckt auf einigen Knospen winzige rote Pinsel, die gleichsam die Knospen krönen. Diese Knospen sind die weiblichen Blüten, die mit ihren roten Narben Pollen aus dem Wind fischen. Nach erfolgreicher Befruchtung werden hier im Herbst die Haselnüsse gebildet.

Der Feldahorn *(Acer campestre)* ist in norddeutschen Schlehen-Hasel-Knicks und in Lesesteinhecken Oberfrankens eine bodenständige Ahornart. Der Bergahorn *(Acer pseudoplatanus)* stammt dagegen aus Kleinasien und wurde etwa im 17. Jahrhundert eingebürgert. Beide Ahornarten stehen nur in sehr alten Hecken.

Der Zweigriffelige Weißdorn wächst bevorzugt auf den trockenen Jurahängen Frankens. Im Norden Deutschlands kommen dagegen häufiger der Eingriffelige Weißdorn und die aus ihm hervorgegangenen

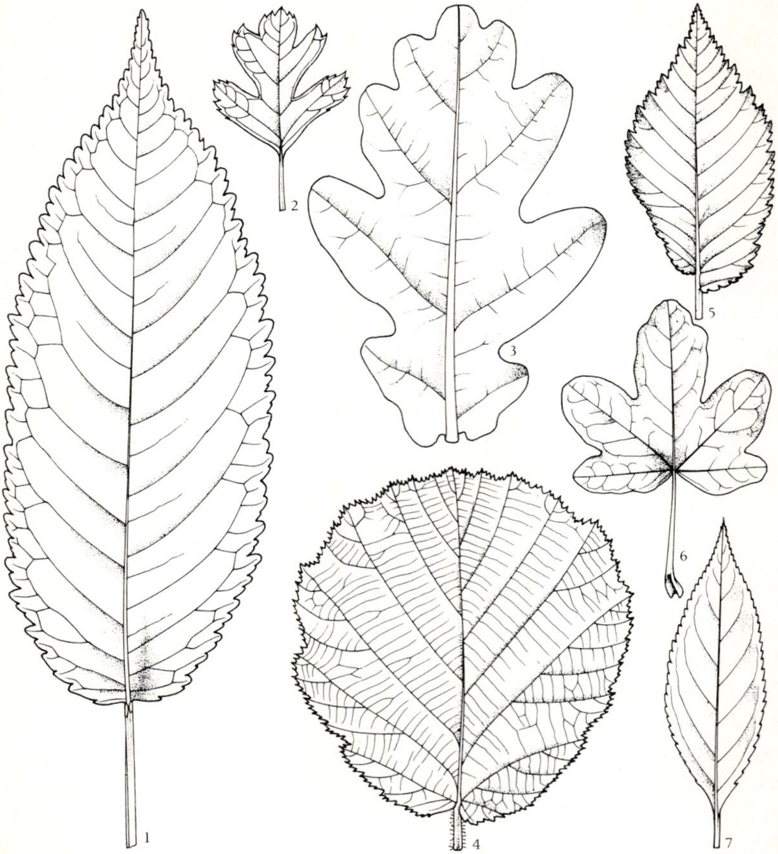

Blätter einiger häufiger Heckenbäume und Büsche
1 Traubenkirsche *(Prunus padus)*
2 Eingriffeliger Weißdorn *(Crataegus monogyna)*
3 Stieleiche *(Quercus robur)*
4 Hasel *(Corylus avellana)*
5 Feldulme *(Ulmus carpinifolia)*
6 Feldahorn *(Acer campestre)*
7 Pfaffenhütchen *(Euonymus europaeus)*

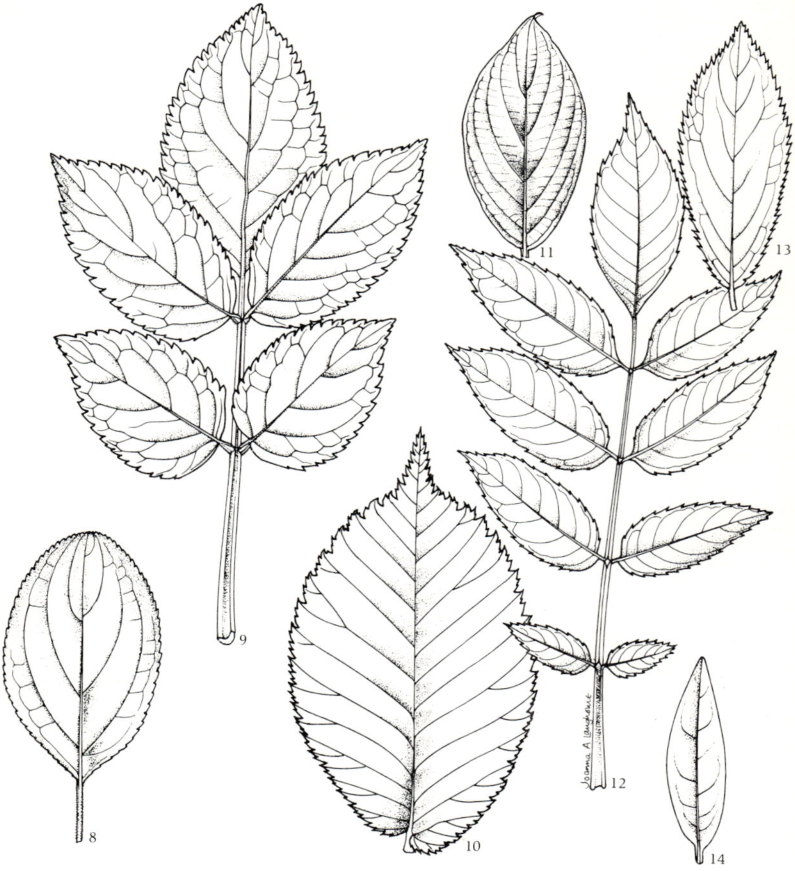

8 Purgier-Kreuzdorn *(Rhamnus catharticus)*
9 Schwarzer Holunder *(Sambucus nigra)*
10 Englische Ulme *(Ulmus procera)*
11 Roter Hartriegel *(Cornus sanguinea)*
12 Gewöhnliche Esche *(Fraxinus excelsior)*
13 Schlehe *(Prunus spinosa)*
14 Liguster *(Ligustrum vulgare)*

Bastardformen vor. Weißdorne stellen typische Besiedler jüngerer Hecken dar.

Der Schwarze Holunder braucht fruchtbaren Boden zum Gedeihen. Er steht bevorzugt dort, wo Lücken Heckenzüge unterbrechen oder wo der Boden von Tieren aufgewühlt und gedüngt wurde. Besonders häufig wachsen deshalb Holundersträucher in der Nähe von Kaninchenbauen.

Typisch für Knicks, die regelmäßig auf den Stock gesetzt werden, wobei einzelne Bäume stehenbleiben, sind Überhälter. Meist sind es mächtige Eichen, die den Knick weit überragen. Diese Samenbäume sorgen für eine natürliche Verjüngung der Hecken. Die Eicheln fallen auf den Heckenboden, keimen, und neue Stecklinge wachsen heran. Bauern schätzen die alten Eichenbäume, da ihr hartes Holz wertvollen Rohstoff für allerlei Gerät darstellt. Das gleiche gilt für Eschen, die wegen ihres wertvollen Holzes geduldet werden.

Die Hainbuche fehlt in der fränkischen Hecke auf Muschelkalk. In den norddeutschen Wallhecken kommt dieser geschätzte Baum nur in Schlehen-Hasel-Knicks vor. Obwohl Hainbuchen in die Verwandtschaft der Haselgewächse gehören, ähneln sie ein wenig den Buchen, die eine eigene Pflanzenfamilie bilden. Sie unterscheiden sich jedoch deutlich von diesen durch ihre gezähnten Blätter.

Vergleicht man die Baum- und Straucharten in den einzelnen Knicks und Hecken, so fällt auf, wie viele Arten hier vorkommen. Mit 19 Arten weisen die Schlehen-Hasel-Knicks die größte Artenvielfalt auf, ähnlich wie die bunten Lesesteinhecken in Franken, in denen 18 Arten leben. Deutlich artenärmer sind Eichen-Birken-Knicks, die nur neun vorherrschende Baum- und Straucharten aufweisen. Dies mag daran liegen, daß die norddeutschen Wallhecken im 18. Jahrhundert von Menschenhand entstanden. Die Landbevölkerung bepflanzte die Wälle mit Stecklingen, die aus den artenärmeren Eichenkratts stammten.

Für Naturfreunde ist es sehr lohnend, die Pflanzenvielfalt in Hecken und Knicks kennenzulernen. Bäume und Sträucher zu bestimmen ist sehr einfach, da sie meist charakteristische Blattformen besitzen. Die Blätter der 13 häufigsten Heckensträucher sind auf den Seiten 24 und 25 abgebildet. Wer das schnelle Erkennen der Bäume erlernen will, sollte sich ein Herbar anlegen. Ähnlich wie bei einer Briefmarkensammlung werden in einem Herbar getrocknete Blätter in einem Ordner gesammelt. Zum Trocknen legt man die Blätter zwischen Zeitungspapier und beschwert den Papierstapel mit Büchern oder Steinen. Nach etwa einer Woche sind die Blätter trocken und gepreßt. Sie lassen sich mit kleinen Klebestreifen auf weißem Karton befestigen. Zum Schluß werden die Kartons mit dem deutschen und dem lateinischen Namen beschriftet, dazu kommen Fundort und -datum.

Mit einem Herbar kann sich jeder Interessierte sein eigenes Bestimmungsbuch herstellen. Wer einmal damit angefangen hat, wird feststellen, wie aufregend es sein kann, zum Entdecker pflanzlicher Vielfalt zu werden.

Frühlingsblumen – Boten des neuen Heckenjahres

Ein blühender Heckenwall im Farbenmeer von Schlüsselblumen, Veilchen und Erdbeer-Fingerkraut gehört zu den schönsten Eindrücken eines Frühlingstages. Vielleicht deshalb, weil unsere Frühlingsblumen endlich das an winterliches Grau und Weiß gewöhnte Auge mit frischen Farben erfreuen. Doch leider bleiben die Schlüsselblumen als Frühlingsboten immer häufiger aus. Sie sind das Opfer von Menschen geworden, die Frühlingsblumen in großer Zahl abrupfen und zu Sträußen binden. Mittlerweile ist das Abreißen von Primeln zwar gesetzlich verboten, wird aber immer noch häufig getan.

Schlüsselblumen kommen in zwei Blütenformen vor:

Es gibt Pflanzen mit kurzgriffeligen und solche mit langgriffeligen Kronröhren. Die fünf Kronblätter bilden eine lange, enge Kronröhre, an deren Basis der Griffel mit der weiblichen Narbe entspringt. Bei dem kurzgriffeligen Typ reicht der Griffel nur bis zur Mitte der Kronröhre. Im oberen Bereich liegen in einer Erweiterung der Röhre fünf Staubblätter. Der Pollen ist großkörnig. Bei dem langgriffeligen Blütentyp erreicht der Griffel die Länge der Kronröhre, die Narbe ist mit langen »Haaren« besetzt. Die Staubblätter liegen tief in der Röhre und tragen sehr kleine Pollenkörner. Diese ungewöhnliche Ausprägung verschiedener Blütenformen bei einer Pflanzenart wird als Heterostylie bezeichnet. Auf Seite 28 sind die beiden Blütentypen abgebildet. Der Sinn dieser eigenartigen Entwicklung besteht darin, das Risiko einer Selbstbestäubung zu verringern. Es soll verhindert werden, daß eine Blüte vom Pollen einer anderen Blüte derselben Pflanze befruchtet wird. Schon Charles Darwin beschrieb 1877 dieses Phänomen, das bei der Hohen Schlüsselblume *(Primula elatior)* und der Echten Schlüsselblume *(Primula veris)* auftritt. Darwin fand heraus, daß bei Pflanzen mit unterschiedlich langen Griffeln der Samenansatz und die Keimfähigkeit

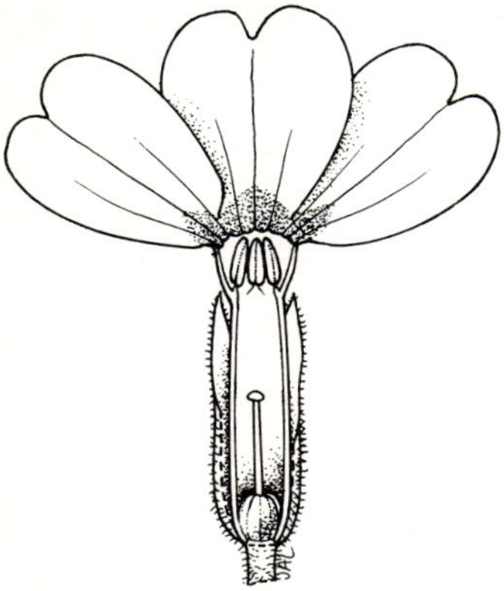

Kurzgriffelige Blütenform der Schlüsselblume

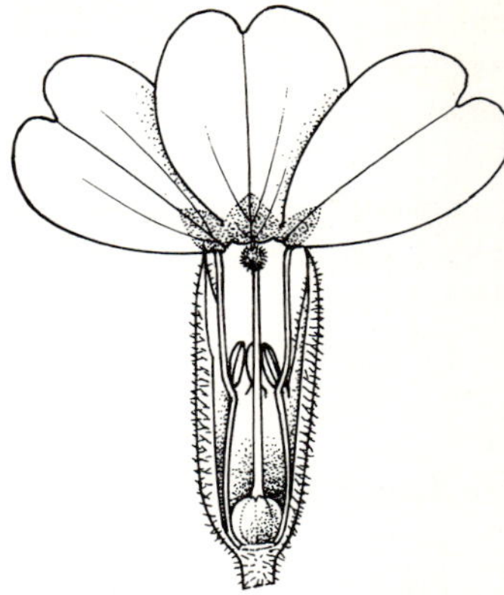

Langgriffelige Blütenform der Schlüsselblume

am größten ist, wenn die Bestäubung der Narben durch Pollen von Staubblättern gleicher Höhe erfolgt. Die großen Pollenkörner des kurzgriffeligen Typs sind also auf den Narben des langgriffeligen erfolgreicher. Die Minipollen des langgriffeligen Blütentyps ergeben umgekehrt auf den Narben des anderen Typs mehr keimfähige Samen. Wer die Schlüsselblumen einer Heckenzeile untersucht, wird finden, daß beide Blütenformen gleich häufig auftreten. Da sehr wenige tagaktive Insekten Schlüsselblumen besuchen, folgerte Darwin, daß Nachtfalter die Pollen übertragen. Bienen und Wollschweber besuchen zwar gelegentlich Schlüsselblumen, aber die wichtigsten Bestäuber sind noch unbekannt. Nur ein sehr geduldiger Beobachter könnte diese Frage lösen.

In einigen Gegenden glaubt man, es bringe Unglück, weniger als dreizehn Schlüsselblumen ins Haus zu bringen, zum Beispiel würden dann aus Hühner- und Gänseeiern nur wenige Küken schlüpfen. Eine Einzelblüte im Haus soll nach altem Aberglauben Tod in die Familie bringen. Ein Sträußchen Schlüsselblumen, in das Zaumzeug von Kühen gesteckt, bewahrt diese vor Zauber und Hexen. Wenn Kinder Blüten essen, können sie Elfen sehen. Junge Mädchen zupften die Kronblätter aus und erfuhren durch Abzählen, ob sie Glück in der Liebe zu erwarten hatten. Schlüsselblumen können verborgene Schätze aufspüren und Schlösser öffnen, glaubte man auf dem Lande. In einigen Gegenden Deutschlands heißt diese Blume auch St.-Peter-Schlüssel oder Himmelsschlüssel. Die langen Blüten stehen wie an einem Schlüsselbund

und symbolisieren in katholischen Gegenden den Schlüsselbund des Petrus.

Schlüsselblumentee gilt auch heute noch als homöopathische Droge. Er hilft bei Rheumatismus, Arthritis und Migräne und gilt als blutreinigendes Mittel. Der Tee wirkt auch als nicht süchtig machende Droge gegen Schlaflosigkeit. Die Kräuterkundigen des Mittelalters machten Schlüsselblumen in ihrer typischen optimistischen Weise zu einem Wunderkraut, das gegen alles half: vom Wahnsinn bis zur »Krankheit der Könige« (Hauttuberkulose). Wie so oft ist an dieser Einschätzung der Pflanze ein Körnchen Wahrheit. Die getrockneten Wurzeln enthalten Saponine und werden wie die Senega-Kreuzblume (*Polygala senega*) als schleimlösendes Hustenmittel heute noch verwendet.

Neben den Wurzeln enthalten auch die Blüten aktive Wirkstoffe, die früher gegen Falten und Sommersprossen eingesetzt wurden. Eine Tinktur aus der frischen Pflanze hilft auch heute noch bei Nierenleiden. Die vielfach in Gärten wachsenden Primelhybriden lassen sich ebenfalls verwenden.

Das Hainveilchen *(Viola riviniana)* kennzeichnet mit zarten blauen Tupfern den Heckenfrühling.

Veilchen eröffnen gemeinsam mit Schlüsselblumen den Frühling. Ihre samtblauen Blüten setzen zarte Farbkontraste zu der gelben Blütenfülle der Primeln. Wer sorgfältig Heckenwälle absucht, wird zwei Veilchenarten finden:

Das Waldveilchen *(Viola reichenbachiana)* eröffnet den Reigen der Heckenveilchen. Es blüht 3 bis 4 Wochen früher als das häufige Hainveilchen *(Viola riviniana)*. Unterscheiden lassen sich die beiden Arten an dem Sporn, den das untere Kronblatt bildet. Der Sporn des Waldveilchens ist dunkler als die übrigen Kronblätter. Das Hainveilchen trägt einen weißlichen, gefurchten Sporn. Auf den kalkreichen Lehmböden fränkischer Hecken wächst eine dritte Veilchenart: Das Rauhe Veilchen *(Viola hirta)* ist durch abstehende Haare an den Blattstielen gekennzeichnet. So schön das Rauhe Veilchen auch aussieht – es abzuzupfen ist zwecklos. Es besitzt keinen Blütenduft.

Einer der ersten Frühjahrsblüher ist das Erdbeer-Fingerkraut *(Potentilla sterilis)*. Obwohl es der später blühenden Walderdbeere *(Fragaria vesca)* zum Verwechseln ähnlich sieht, gehört es zur Gattung *Potentilla* (Fingerkraut). Die Färbung der Blätter ergibt kein Unterscheidungsmerkmal. Beide Arten haben blaugrüne, dicht behaarte Blätter. Der einzige Weg, die beiden Pflanzen sicher zu unterscheiden, ist der Vergleich ihrer Fiederblätter. Das mittlere Fiederblatt des dreigegliederten Blattes besitzt Zähnchen, die bei beiden Arten unterschiedlich geformt sind: Das mittlere Fiederblatt des Erdbeer-Fingerkrautes trägt gleich große Zähnchen. Bei der Walderdbeere ist der Endzahn größer als die Seitenzähne. Die Unterschiede sind leicht zu sehen, wenn man die Blätter draußen genau betrachtet.

Wo feuchte Wiesen an Hecken grenzen, öffnen sich im Frühling die zarten violetten Blüten des Wiesenschaumkrautes *(Cardamine pratensis)*. Die wunderschönen Blüten mit ihren gelben Staubblättern stehen in Trauben zusammen. Das Schaumkraut gehört zur Pflanzenfamilie der Kreuzblütler *(Cruciferae)*. Diesen Namen tragen Blütenpflanzen, deren vier Kronblätter kreuzständig angeordnet sind. In wenigen Wochen werden die Raupen des Aurorafalters *(Anthocharis cardamines)* die Blätter des Wiesenschaumkrautes fressen. Als typische Heckenschmetterlinge sind Aurorafalter auf diese heckenbegleitenden Pflanzen angewiesen, denn ihre Raupen fressen fast ausschließlich das Wiesenschaumkraut. Diese Pflanze soll die Blume der Elfen und Hexen sein, deren Mächte wohlbeachtet sein wollen: Sie darf auf keinen Fall gepflückt werden, Blitzschlag und Sturm wären die Folge. Wie alle Frühlingsblumen diente das Wiesenschaumkraut dazu, Aufschluß über die Gefühle des Liebsten zu erhalten: Junge Mädchen pflückten ein Kronblatt nach dem anderen und sprachen dazu: »Er liebt mich, er liebt mich nicht, ...« Die Pflanze wurde in Maikränze gebunden und diente als Hinweis auf Bodenschätze. Der berühmte englische Botaniker Gerard nannte das Wiesenschaumkraut »Kuckucksblume«, weil es im April und Mai blüht, wenn der Kuckuck seinen zweisilbigen Vers »ohne Stottern« aufsagen kann. Das Wiesenschaumkraut wird auch Bitterkresse genannt. Seine mineral- und vitaminreichen Blätter wurden früher auf Märkten verkauft und in Salaten verwendet. Der wissenschaftliche Name lautet *Cardamine pratensis: »Cardamine«* verspricht eine herzberuhigende Wirkung, *»pratensis«* weist im Lateinischen darauf hin, daß die Pflanze auf Wiesen wächst.

Wer in Frühlingshecken eine aufrechte, kahle Pflanze mit einer weißen Blütentraube findet, sollte die Blätter zwischen den Fingern zerreiben. Riechen sie stark nach Knoblauch, ist es das Lauchkraut *(Alliaria petiolata).* Die zu den frühesten Blütenpflanzen des Heckenjahres zählende Art war jahrhundertelang das »Salz in der Suppe«. Ihre Blätter würzten Suppen und Soßen. Das Lauchkraut gehört wie das Wiesenschaumkraut zur Familie der Kreuzblütler. An beiden Pflanzen sieht man gelegentlich die Raupen des Aurorafalters. Das Lauchkraut diente früher als geschätztes Gewürz zu eingesalzenem Fisch und Hammelbraten. Es nahm dem Hammelbraten den aufdringlichen Geschmack. Wie der Knoblauch besitzt das Lauchkraut antiseptische Eigenschaften. Gerard, der alte Kräutergelehrte, wandte es als Mittel gegen Magenwinde, Verdauungsstörungen, Koliken und Nierensteine an. Er empfahl, Samen aufzukochen und in Wein ziehen zu lassen. Gerard sagte auch, ein »Quentchen frisch fein gehackter Blätter hinaufgeschnupft, beruhigt aufgeregte Geister«.

Sicher fallen die Blüten des Wiesenschaumkrautes dem Heckenbesucher im Frühling am meisten auf. Die zartvioletten Blüten leuchten im Frühlingsgrün weithin. Aber noch früher erscheinen die zartgelben Blüten des Scharbockskrautes *(Ranunculus ficaria).* In den schattigen Heckentraufen wachsen diese zarten Hahnenfußgewächse, die ihre Blüten je nach dem Wetter öffnen oder schließen:

Bei Kälte und bei Regengüssen
sich Scharbockskräutleins Blüten schließen.
Doch schon der kleinste Sonnenstrahl
läßt sie erblüh'n ein neues Mal.
(nach William Wordsworth)

Goldtaler, Sternblume oder Goldsternchen heißt das Scharbockskraut im Volksmund. Seine Blüten reagieren überaus empfindlich auf Wetterbedingungen. Pflanzenphysiologen haben den erstaunlichen Mechanismus des schnellen Blütenschließens und -öffnens erforscht. Es sind schnelle Wachstumsbewegungen. Soll das Kronblatt sich nach innen biegen und die Blüte verschließen, wächst es ein Stückchen an der Basis. Die Zellen der Außenseite wachsen schneller als die der Innenseite. So »verbiegt« sich das Kronblatt nach innen und schließt die Blüte.

Der wissenschaftliche Name *Ranunculus* zeugt von der guten Beobachtungsgabe der Römer. Das Scharbockskraut wächst dort, wo an feuchten Stellen auch Frösche (lateinisch *ranae*) leben. Der Beiname *ficaria* beschreibt die Form der Wurzelknollen, die feigenähnlich sind. Manche Pflanzenliebhaber nennen diese Pflanze auch Feigwurz. Und noch eine für Botaniker aufregende Besonderheit weist diese Pflanze auf. Obwohl das Scharbockskraut zu den zweikeimblättrigen Pflanzen gehört, tragen die Jungpflanzen nur ein Keimblatt. Schon im frühen Mittelalter hat die Feigwurz eine Rolle in der Volksmedizin gespielt. Junge Blätter lieferten Vitamin-C-reiche Salate, der Wurzelsaft half gegen Warzen und Hämorrhoiden.

Frühlingshecken bringen viele Überraschungen, die sich leicht entdecken lassen. Bescheiden am Boden der Hecken wächst der Gundermann *(Glechoma hederacea)*. Die Gundelrebe, wie der Gundermann auch heißt, ist eine alte Heilpflanze, die angenehm würzig riecht. Auffallend an dieser Pflanze sind die unterschiedlich großen Blüten. Die größeren, violettblauen Blüten sind Zwitter – sie besitzen männliche und weibliche Geschlechtsorgane. Außer den zwittrigen gibt es auch weibliche Blüten, bei denen die Staubblätter verkümmert sind. Die weiblichen Blüten sind auffallend klein. Da die männlichen und weiblichen Blütenteile zu unterschiedlichen Zeiten reif sind, verhindert die Pflanze auf diesem Wege Inzucht. Sie erreicht, daß Hummeln, Bienen und Schwebfliegen die Pollen von Pflanze zu Pflanze tragen und so das genetische Material austauschen. Den Gundermann kannte früher jeder Biertrinker. Er wurde an Stelle von Hopfen zum Bierbrauen verwendet, um das Bier zu klären. Erst im 16. Jahrhundert verdrängte der Hopfen den Gundermann aus seiner wichtigen Rolle. Die medizinische Bedeutung des Gundermanns reicht weit in die Geschichte zurück. Der griechische Arzt Galen (129–199 n. Chr.) kannte bereits die Bedeutung des Krautes als Augenheilmittel. Hunderte von Jahren wurde der Gundermann als Naturheilmittel gegen Erkältungen geschätzt. Im 16. und

17. Jahrhundert zogen fahrende Händler durch London und priesen diese Pflanze als »Gill-tea« an. Der Kräuterpapst dieser Zeit, Gerard, lobte Gundermanntee als Wundermittel bei Augenerkrankungen. Er hilft auch dann, »wenn die Sehfähigkeit schon fast verschwunden ist«, sagte Gerard und wandte den Tee auch bei Klingeln und Ohrensausen an. Solange der Gundermann blüht, kann man die Blätter sammeln und zu Tee verarbeiten, wußte man damals. »Bescheiden im Auftreten, groß in der Wirkung«, könnte man über den Gundermann sagen. Haben wir verlernt, die Natur zu verstehen? Wer weiß heute noch, welche segensreichen Kräfte im Gundermann, einer schlichten Heckenpflanze, stecken? Wir kaufen teure Medikamente und ahnen nicht mehr, welche kostenlosen und wirksamen Heilmittel in einer Hecke wachsen.

Die Gundelrebe ist mit den Lippenblütlern Salbei, Minze und Lavendel verwandt und ebenso wie diese reich an Vitamin C. Ein traditionelles englisches Sonntagsessen besteht aus Schweinebraten, der mit Gundermannblättern umwickelt oder gefüllt wird. Eine vielseitig verwendbare Pflanze, der man sogar nachsagt, sie könne Melancholie vertreiben.

In älteren Knicks blühen jetzt im Frühling einige Pflanzen, die eigentlich im Buchenwald zu Hause sind. Einer dieser Frühblüher ist das Wald-Bingelkraut *(Mercurialis perennis)*. Die schöne, aufrechte Pflanze hat in den waldähnlichen Knicks ihre zweite Heimat gefunden. Die Blüten sind in langen, dünnen Scheinähren angeordnet und sitzen nach Geschlechtern getrennt auf verschiedenen Pflanzen. Die grünen, weiblichen Blüten besitzen einen behaarten Fruchtknoten und stehen auf langen, kätzchenähnlichen Stielen. Die Hülle der männlichen Blüten besteht aus drei grünlichen, herzförmigen Segmenten, denen 8 bis 15 gelbe Staubblätter wie Krönchen aufsitzen. Das Wald-Bingelkraut blüht oft schon Anfang März, wenn noch kaum Insekten fliegen. Es verläßt sich auf den Wind als Pollentransporteur.

Um den Pollen erfolgreich aus dem Luftstrom des Windes fangen zu können, bilden die weiblichen Pflanzen ausgedehnte Bestände am feuchten Heckensaum. Wo so viele Pflanzen im Wind stehen, sollte es leichter sein, zu windverdriftetem Pollen zu kommen. Die männlichen Pflanzen des Bingelkrautes bevorzugen trockene Stellen zum Wachsen. Der Pollen ist in trockener Luft leichter und wird so auch leichter vom Wind fortgetragen. Das Wald-Bingelkraut ist giftig, wurde aber trotzdem früher als Heilpflanze verwendet.

Schon im März leuchten weiße Blütensterne am Grunde von Knicks und Hecken, Blüten, die auch im Buchenwald jetzt den Boden überzie-

Das Busch-Windröschen *(Anemone nemorosa),* ein Frühblüher des Waldes, fand in waldnahen Hecken eine zweite Heimat.

hen: Das Busch-Windröschen *(Anemone nemorosa)* blüht schon, wenn der kühle Märzwind durch Wälder und Hecken fegt. Der deutsche Name ist treffend gewählt. In manchen Gegenden heißen Busch-Windröschen auch »Osterblumen«, weil sie oft die einzigen zarten Blüten des Vorfrühlings sind. Diese zarten Anemonen sollte man nicht abpflücken. Zu vergänglich ist ihre Pracht; sie welken sehr rasch und werden oft schon vor Ende des Spazierganges weggeworfen. Ihre zarten, sechsblättrigen Blütensterne wirken vor dem Hintergrund des welken Laubes viel aufmunternder als in der Vase. Zahlreiche Legenden ranken sich um die Frühlingsanemonen – sie werden als Blumen der Liebe verehrt. Eine griechische Sage berichtet, Adonis sei von einem Keiler tödlich verwundet worden. Blutüberströmt im Gras liegend wurde er von der Liebesgöttin Venus gefunden. Vom Schmerz übermannt schwor sie, ihr Liebhaber solle für immer als Blume weiterleben. Aus den Tränen der Venus erblühten zarte, weiße Anemonen. So sind die Busch-Windröschen heute noch Boten der Liebe. Der Romantik abträglich ist allerdings der Geruch der Waldanemonen. Sie riechen nicht gerade verlockend und enthalten giftige Proto-Anemonine. So glaubte man in einigen Ländern, die Luft werde verpestet und sei krankmachend, wenn Busch-Windröschen blühen. Wie schön wäre es heute, wenn nur Anemonen unsere Luft »belasten« würden.

Der wissenschaftliche Name *Anemone* stammt aus dem Griechischen und bedeutet »Wind«. *Nemorosa* deutet auf den Wuchsort dieser schönen Pflanze. Sie ist »waldliebend«.

Amphibien – Tiere mit Doppelleben

Hecken und Knicks spielen im Leben unserer heimischen Kröten, Frösche, Molche und Salamander eine wichtige Rolle. Der Grund dafür ist das Doppelleben der Amphibien: Sie entwickeln sich im Wasser und laichen auch dort ab, aber den größten Teil ihres Lebens verbringen sie an Land. Aufmerksame Naturbeobachter können fast ein Drittel der heimischen Amphibienarten in Hecken beobachten: Den gelbschwarzen Feuersalamander, Teichmolche, Erdkröten, Wechselkröten, Laub- und Grasfrösche. Die jahrmillionenlange Vorgeschichte dieser Tiere machte besondere Anpassungen erforderlich. Die ehemaligen Wasserbewohner konnten das Land nur erobern, indem sie Schleimdrüsen entwickelten, die einen stetigen Feuchtigkeitsfilm über die Haut ziehen. Rund 130 solcher Drüsen liegen zum Beispiel beim Laubfrosch in einem Quadratmillimeter Haut. Doch trotz dieses Hautschutzes können Lurche nur an schattigen, feuchten Stellen leben. Hecken und Knicks bieten solche idealen Lebensbedingungen. Der Knickwall bietet im Wurzelbereich der Sträucher Tagesverstecke und Überwinterungsplätze. Für Amphibien ist in Hecken und Feldgehölzen ein reiches Nahrungsreservoir vorhanden. Würmer, Schnecken, Spinnen und Insekten leben hier in großer Zahl.

Einmal im Jahr erfaßt die Amphibien große Unruhe, es zieht sie zum Wasser. Auf dem Weg zu den Laichgewässern wandern sie weite Strekken über Land. Oft dienen Heckensäume als schattige, feuchte Wanderwege zum Teich, Tümpel oder Wasserloch. Leider durchschneiden immer häufiger Straßen die traditionellen Wanderwege unserer heimischen Lurche. Jedes Jahr kommt es im Frühling zu Massensterben auf den verkehrsreichen Straßen. Die jährlichen Verluste durch den Verkehr und die zunehmende Vernichtung der Kleingewässer in unserer intensiv genutzten Landschaft haben die einheimischen Frösche, Kröten und Salamander größtenteils an den Rand des Aussterbens gebracht. Von den zwanzig in der Bundesrepublik lebenden Amphibienarten sind bereits elf in ihrem Bestand gefährdet oder stehen kurz vor der Ausrottung.

Der Kammolch *(Triturus cristatus)* und der Teichmolch *(Triturus vulgaris)* leben außerhalb der Laichzeit (April/Mai) gerne in feuchten Knicks, sind dort aber nur schwer zu beobachten. Sie leben in Steinhaufen oder im lockeren Erdreich der Knickwälle und jagen nachts Schnekken und Würmer. Die beiden gefährdeten Molcharten verlassen schon Anfang April und oft noch eher ihre Winterverstecke und suchen ihre Laichgewässer auf. Wo Tümpel direkt neben Knicks liegen, lassen sie sich bei der Wanderung beobachten.

Die häufigsten in Hecken lebenden Amphibien sind Erdkröten *(Bufo bufo)*. Anfang April verlassen die träge springenden Kröten mit der auffallend warzigen Haut ihre Überwinterungsverstecke in Erdhöhlen. Erst im August kehren die Erdkröten, und zwar Alt- und Jungtiere, aus dem Laichgewässer zum Knick zurück. Bei schwülwarmer Witterung oder nach Gewittern sind Erdkröten in der Heckentraufe leicht zu finden. Gelegentlich suchen sie sogar Gärten und feuchte Keller auf. Erdkröten sollte man besser nicht anfassen. Sie scheiden aus Drüsen über den Augen und an den Schultern ein Hautgift aus. Obwohl dieses Bufotoxin etwa ebenso giftig ist wie Strychnin, wirkt es in den geringen abgegebenen Konzentrationen beim Menschen vergleichsweise harmlos. Lediglich auf den Schleimhäuten von Augen und Mund verursacht das Krötengift empfindliche Reizungen.

Wo Brombeergestrüpp die Hecken durchrankt, wohnt der Laubfrosch *(Hyla arborea)*. Der kleinste einheimische Frosch besitzt als einziger Vertreter der Amphibien die Fähigkeit zu klettern. Seine Finger und Zehen sind verbreitert und wirken wie Haftscheiben auf den glatten Blattoberflächen. Die überwiegend nachtaktiven Laubfrösche sind leicht durch ihren Gesang aufzufinden. An warmen Abenden lassen sie ihre eintönigen Rufreihen erklingen, die man als schnell gesprochenes »mekmekmekmek« wiedergeben könnte. Tagsüber sonnt sich der Kletterkünstler gerne auf Brombeerblättern und ist dort leichter zu entdekken.

Auf keinen Fall sollte man Laubfrösche in Weckgläser sperren, um sie als »Barometer« zu mißbrauchen. Diese Frösche klettern immer

Der Laubfrosch *(Hyla arborea)*

nach oben, bei Regen und bei Schönwetter, und sind deshalb schlechte Meteorologen. Das hat seinen guten Grund: Sie müssen ihrem Reviergesang eine möglichst große Reichweite verleihen. Daher klettern sie instinktiv an allem hoch, was sich anbietet.

Laubfrösche gehören bei uns zu den stark gefährdeten Amphibien. Vor allem die Vernichtung ihres Lebensraumes, zum Beispiel von Hekken und Kleingewässern, die Verunreinigung der Gewässer, aber auch Biozide haben den Laubfrosch selten werden lassen. Laubfrösche brauchen sonnige, wasserpflanzenreiche Teiche, Weiher und Gräben zur Fortpflanzung. Im März und April setzen die Weibchen rund 300 Eier in kleinen Häufchen in seichte Wasserstellen. Bereits Ende Juli verlassen die nur einen Zentimeter großen Jungfrösche das Wasser und suchen Hecken und Knicks auf. Dort lauern sie fliegenden Insekten auf, die sie mit ihrer lassoartig vorschnellenden Klebezunge fangen.

Häufiger als dem Laubfrosch wird man gegen Ende des Sommers dem Grasfrosch *(Rana temporaria)* in Hecken begegnen. Der erdigbraune Frosch mit dem auffallenden dunklen Schläfenfleck ist tag- und nachtaktiv und fällt als guter Springer auf. Grasfrösche sind bei uns von allen Fröschen am häufigsten vertreten.

Unsere heimischen Amphibienarten brauchen dringend Schutz. Nur die Erhaltung eines reichen Heckennetzes mit zahlreichen eingegliederten sauberen Gewässern kann das Überleben der Lurche sichern. Wir brauchen sie dringend, denn Frösche, Molche, Kröten und Salamander besetzen als Räuber wichtige Planstellen im Naturhaushalt, die von keiner anderen Tiergruppe ausgefüllt werden können.

Rezepte im April

Brennesseltorte

225 g Brennesselblätter, 25 g Schalotten oder Frühlingszwiebeln, 25 g Butter, 3 Eier, 1/2 Liter Sahne oder Milch, 1 salziger Mürbeteigboden (∅ 20 cm) in der Springform, 25 g Parmesan- oder geriebener Greyerzer Käse, Salz, Pfeffer und Muskat.

Junge Brennesseltriebe (die obersten vier Blätter) sammeln, dabei Handschuhe tragen. Waschen und genau wie Spinat in wenig Wasser etwa 10 Minuten dünsten. Die Brennhaare lösen sich beim Dünsten ab. Abgießen und abtropfen lassen. Zwiebelwürfel etwa 1 Minute in Butter glasig werden lassen. Die abgetropften Brennesseln dazugeben und bei schwacher Hitze alle Flüssigkeit verdampfen lassen. Würzen. Die Eier flockig schlagen und über das abgekühlte Gemüse geben. Mit der Masse den Mürbteig gleichmäßig belegen. Den Käse darüberstreuen und etwas Muskat darüberreiben. Mit Butterflöckchen belegen und 25 bis 30 Minuten bei 190 °C überbacken.

Ampferwickel

(ohne Mengenangaben)

Junge Blätter des Stumpfblättrigen Ampfers sammeln. Die Blätter gründlich waschen und mit Küchenpapier abtrocknen.

Füllung:

Gekochten Reis mit geriebenem Käse (Greyerzer), gehacktem Spinat (mit etwas Sahne) oder Beinwellblättern, Pfeffer und Salz vermengen. Die Masse bei sanfter Hitze in Butter einrühren. Vom Herd nehmen und mit einem Teelöffel kleine Portionen ausstechen. Die Blätter füllen und zusammenrollen. Mit Zahnstochern zustecken und die Wickel mit Olivenöl einpinseln. Die Ampferwickel in eine gebutterte Raine legen und bei 180 °C 20 bis 25 Minuten überbacken. Ampferwickel schmekken heiß oder kalt und sind ein hervorragender Gaumenkitzler vor großen Menüs.

Käsesuppe mit Vogelmiere

1 großes Bund Vogelmiere, 40 g Butter, 10 g Mehl, 425 ml Brühe oder Rindfleischfond, Milch, 50 g geriebener Käse.

Pflanzen waschen und alle harten Teile entfernen. Das Blattgrün fein hacken und in Butter 10 Minuten dünsten. Mehl einrühren und unter ständigem Rühren die Milch und die Brühe aufgießen. Den Käse zugeben und schmelzen lassen. Heiß servieren.

Frühlingssalat

Junge Löwenzahnblätter, junge Haselnußblätter, Tomaten, junge Lauchstengel (oder Schnittlauch), Vinaigrette.

Die Löwenzahnblätter waschen, abtropfen lassen und zerzupfen. Die gewaschenen Haselnußblättchen und die in dünne Scheiben geschnittenen Tomaten zufügen. Den wilden Lauch (oder den Schnittlauch) in feine Ringe schneiden und in den Salat geben. Mit einer Vinaigrette aus Salz, Pfeffer, Essig und Öl abschmecken.

Sandwich mit Marmite* und Birkenblättchen

Scheiben von Weiß- oder Schwarzbrot (Pumpernickel) buttern. Dünn mit Marmite bestreichen und mit gehackten Birkenblättchen belegen. Jeweils eine Weißbrotscheibe und eine Schwarzbrotscheibe aufeinanderlegen. Die Sandwiches in Dreiecke schneiden und auf einem Holzteller anrichten. Mit einigen Birkenblättern garnieren.

Löwenzahnwein

Ein 2-l-Gefäß voll Löwenzahnblüten, 4 l heißes Wasser, 225 g Sultaninen, 1 unbehandelte Zitrone, 1 Würfel Weinhefe (Drogerie), 1125 g Zucker, 1 Sterilisiertablette (Drogerie/Apotheke).

(Weinherstellung siehe August-Rezepte)

Ende April/Anfang Mai an einem *sonnigen* Tag offene Löwenzahnblüten sammeln. Die Stengel und den grünen Blütenboden abzupfen, nur

* Marmite ist ein Gewürz, das aus Bierhefeextrakt und verschiedenen pflanzlichen Zutaten besteht.

die gelben Blüten verwenden. Die Blüten in eine mit *kochendem* Wasser ausgespülte Schüssel oder einen Steinguttopf geben. Mit kochendem Wasser überbrühen und die Blütenblätter mit einem sterilisierten Holzkochlöffel am Rand der Schüssel zerreiben. Zudecken und abkühlen lassen. Sultaninen waschen und verlesen. Zitronenschale und den durchgeseihten Zitronensaft zugeben. Mit der Hefe verrühren und zu den abgekühlten Blüten in das Wasser schütten. Den Brei vier Tage gären lassen. Dabei jeden Tag umrühren und die Folie über der Schüssel jeweils erneuern. Nach vier Tagen den Ansatz filtrieren und die Masse gut ausdrücken. Den Zucker in die Flüssigkeit rühren und in einen sterilisierten Gärballon füllen. Gärröhrchen (Drogerie) aufsetzen und drei Wochen an einem warmen Ort gären lassen, bis die Gärung abgeschlossen ist. Den Gärballon kalt stellen, damit der Wein klar wird. In einen anderen sterilisierten Behälter umgießen, das Sediment wegwerfen. Abgekochtes, kaltes Wasser zufügen, eine Sterilisiertablette dazugeben und so lange im Keller kühl lagern, bis der Wein kristallklar ist. In sterilisierte Flaschen (z.B. Bierflaschen mit Bügelverschluß) abfüllen und bis Weihnachten lagern. Kühl servieren. Der Wein schmeckt ganz leicht süßlich.

Holunderwein läßt sich nach dem gleichen Rezept herstellen. Man nimmt 570 ml Holunderblüten auf die gleiche Menge Zutaten.

Mai

Der Wonnemonat Mai beginnt mit einem Festtag. Dieser Maifeiertag war in heidnischer Zeit ein Tag der Freude über den beginnenden Sommer. Auch wenn in den Städten heute weitgehend die Politik den Ablauf dieses Tages bestimmt, ist er in ländlichen Gegenden immer noch im alten Sinne lebendig. Als Symbol dieses Tages wird mitten auf dem Dorfplatz der Maibaum errichtet und mit bunten Bändern geschmückt. Am Vorabend des 1. Mai bewachen die Dorfburschen den lange zuvor ausgewählten Baum. Es ist alter Brauch unter den jungen Männern nahe zusammenliegender Dörfer, sich gegenseitig den Maibaum zu stehlen. Gelingt das, bedeutet dies, daß die rechtmäßigen Besitzer den schlecht bewachten Maibaum mit mehreren Fässern Bier wieder auslösen müssen. Spott und Schadenfreude gibt es kostenlos dazu. Am Maifeiertag tanzt die Jugend um den Maibaum. Die bunten Bänder bilden einen heiteren Kontrast zu den althergebrachten Trachten und Gewändern, wie sie zum Beispiel im oberfränkischen Effeltrich heute noch getragen werden.

Am ersten Sonntag im Mai feiern viele Tausende Oberfranken das Walberla-Fest. Hoch über dem Wiesenttal bei Forchheim steht auf dem Sattel des Walberla, eines Dolomitfelsens, die Walburgis-Kapelle aus dem 16. Jahrhundert. Wie Girlanden umfassen Hecken im Südwesten den doppelgipfligen Bergklotz; Hexen und wilde Jäger sollen hier gehaust haben.

Viele Dichter haben den Berg besungen, und Maler wie Albrecht Dürer haben das Walberla porträtiert. Überlieferung und Mythos haben dem Berg ebenso einen Kranz aus Legenden und Sagen umgewunden, wie das blühende Weißdorn- und Schlehenhecken tun. Die Menschen fürchteten die Hexen des Berges, die Äckern und Vieh Schaden zufügen konnten. Sie legten Holunderzweige aus oder stellten Rechen und Eggen überkreuz, damit die Hexen hängenbleiben sollten. »Wenn es heute noch in den Hecken des Walberla spukt, dann in den Köpfen derer, die vom Kirchweihbier und von der frischen Mailuft zuviel erwischt haben«, schrieb Monika Reichmann über das größte Maifest Oberfrankens.

Im Mai liegen viele kirchliche Festtage, wie Pfingsten, Himmelfahrt und die Bittage der Himmelfahrtswoche. Überall in katholischen Gegenden finden Prozessionen durch die Felder statt, um Segen für reiche

Ernte und gutes Wetter zu erbitten. Viele Bauernregeln weisen auf die Bedeutung des Maiwetters für die spätere Ernte hin.

Mai, nicht zu kalt und nicht zu naß,
füllt die Scheune und das Faß.

Mairegen auf die Saaten
ist soviel wert wie Dukaten.
(Oberfränkischer Bauernkalender)

Das Vogelleben im Mai

Im Mai erreicht das Vogelleben in Hecken und Flurgehölzen seinen Höhepunkt. Es ist Brutzeit. Überall sieht man Buchfinken, Grünlinge und Drosseln mit Moos, Wurzelhaaren und Grashalmen in den Schnäbeln zwischen belaubten Zweigen verschwinden. Im Schutze grüner Blätter werden jetzt kunstvolle Nester in Astgabeln gebaut oder zwischen Halmen aufgehängt. Jede Vogelart besitzt ihre eigene Bauweise, ihren eigenen typischen Nistort und ihre Nestform.

In unserer landwirtschaftlich intensiv genutzten Kulturlandschaft haben Hecken eine große Bedeutung als Lebensraum und Nistplatz zahlreicher Singvogelarten. Dies gilt umso mehr, seit durch Flurbereinigungsmaßnahmen alte Heckenstrukturen oft beseitigt werden und neu angepflanzte Flurgehölze erst nach Jahren wieder geeignet sind, Vögeln Zuflucht zu bieten. Die Bedeutung von Hecken als Lebensraum kann nicht hoch genug bewertet werden, wie neuere wissenschaftliche Untersuchungen in England und Deutschland beweisen:

1967 unternahm der englische Professor Norman Moore zusammen mit Kollegen der ökologischen Station in Monks Wood (England) eine Studie der Vogelwelt von Weißdorn- und Ulmenhecken in der englischen Grafschaft Huntingdonshire. Für seine Untersuchungen teilte Moore die Hecken in sieben Typen ein. Diese Einteilung erfolgte nach Kriterien wie Alter, Höhe, Dichte, Unterwuchs und Art der Nutzung. Die Heckentypen sind auf Seite 43 schematisch dargestellt. Das Ergebnis war eindeutig: In Weißdornhecken lebten deutlich mehr Vogelarten als in Ulmenhecken. Auch die Zahl der Brutpaare lag bei Weißdornhecken höher. Den Grund dafür sahen die Wissenschaftler in der unterschiedlichen Pflanzenstruktur. Weißdornbüsche wachsen weitaus dich-

1 Heckenreste

2 Niedergebundene Hecken

3 Gekappte Hecken

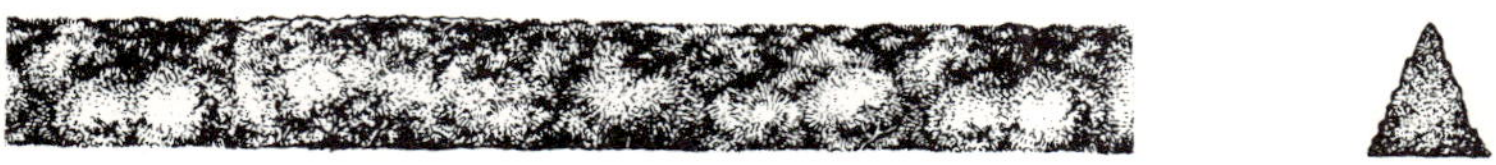

4 In Form geschnittene Hecken

5 Aufgeschossene Hecken ohne Unterwuchs

6 Stockausschläge nach mehrmaligem Knicken

7 Kronenreiche Hecken mit ausladendem Unterwuchs

Heckenquerschnitte

ter und belauben sich auch früher im Jahr als Ulmen. Neben dem zeitlich früheren Schutz durch ein dichtes Blätterkleid verfügen Weißdornbüsche über ein weitaus reicheres Insektenleben als Ulmen.

Neben diesen biologischen Aspekten zeigte sich ein deutlicher Einfluß des Nutzungsgrades beziehungsweise des Pflegezustandes auf die Vogelfauna. Bei weitem die besten Vogelhecken waren dichte, kronenreiche Feldgehölze mit dichtem, ausladendem Unterwuchs. Weißdornhecken dieser Struktur wiesen im Schnitt 45 Vogelpaare aus 19 verschiedenen Arten in 900 laufenden Heckenmetern auf. Die »schlechtesten« Hecken waren ausgelichtete Restbestände von Flurgehölzen. Dort brüteten weniger als fünf Vogelpaare auf einer Länge von 900 Metern. Unter den beschnittenen Feldgehölzen zeigten die im Kronenbereich gestutzten Hecken die größte Anzahl an Brutpaaren. In gekappten Hecken ließen sich zwar weniger Brutpaare beobachten, dort lag aber die Artenzahl mit 10 Vogelarten pro 900 Metern Hecken höher als in den übrigen bearbeiteten Hecken.

Zwischen 1977 und 1981 wurden fränkische Lesesteinhecken in der Umgebung Bayreuths (Oberfranken) auf den Bestand an Vogelarten untersucht. Den Biologen des Lehrstuhls für Tierökologie (Leitung: Professor H. Zwölfer), denen der Bearbeiter der deutschen Fassung dieses Buches angehörte, ging es bei den Untersuchungen um folgende Fragen:

Werden Hecken je nach ihrer Altersstruktur unterschiedlich häufig von Vögeln als Brutplatz angenommen? Haben verschiedene Straucharten einen Einfluß auf die Besiedelung? Welchen Einfluß hat das landwirtschaftlich genutzte Umland auf die Vogelarten in Hecken? Folgende Ergebnisse wurden erzielt: Bei der Nistplatzwahl bevorzugen die untersuchten Vogelarten unterschiedliche Altersklassen von Heckensträuchern. Goldammer und Dorngrasmücke nisten in Sträuchern, die etwa fünf Jahre alt sind, am häufigsten. Mönchs-, Garten- und Klappergrasmücke, Neuntöter, Amsel und Bluthänfling sind sowohl in jüngerem wie in älterem Strauchwerk zu finden. Die Vogelarten Heckenbraunelle, Grünling, Turtel- und Türkentaube sowie Elstern bevorzugen Sträucher, die älter als 20 Jahre sind. Einige Heckenvögel legen ihre Nester bevorzugt in bestimmten Sträuchern an: Amsel, Neuntöter, Raubwürger und Grünling brüten gerne in Weißdornbüschen; Goldammer, Heckenbraunelle und die vier Grasmückenarten haben dagegen eine Vorliebe für Schlehen.

Bei der Untersuchung von insgesamt fast 17 Kilometern Hecken stellten die Bayreuther Biologen 68 Vogelarten fest, die im Bereich von

Lesesteinhecken oder Dornensträuchern auf Ödländern brüteten oder dort Nahrung suchten. Als man das landwirtschaftliche Umland in die Betrachtungen mit einbezog, zeigten sich auch hier Einflüsse auf den Brutvogelbestand. Die Nester des Sumpfrohrsängers fanden sich meist in Hecken, die an Ackerland grenzten.

Lagen Hecken in der Nachbarschaft von Wiesen und Weiden, wiesen sie deutlich mehr Nester von Heckenbraunelle, Neuntöter, Garten-, Mönchs-, Klapper- und Dorngrasmücke auf. Aus diesen Ergebnissen läßt sich der Schluß ziehen, daß eine ausgewogene Altersstruktur von Hecken für die Erhaltung einer reichen Vogelfauna wichtig ist. Überalterte Hecken sind stets vogelärmer als jüngere Hecken.

Vom Standpunkt des Vogelschutzes aus müßte man daher eine vernünftige Nutzung von Hecken fordern, wie sie früher üblich war. Jahrhundertelang haben Bauern Hecken zur Brennholzgewinnung zurückgeschnitten und damit Feldgehölze in einem für Vögel günstigen Zustand gehalten. Bei Neuanlagen von Hecken ist darauf zu achten, daß einheimische Sträucher in bunter Mischung gepflanzt werden. Weißdorn, Schlehe und Rose sollten in jeder Vogelschutzhecke stehen und einander abwechseln.

Mit der Zunahme des Umweltbewußtseins und der Naturbegeisterung wird auch der Wert unserer Hecken als »ökologische Zellen« für viele Vogelarten langsam erkannt. Zur Abschätzung des ökologischen Wertes einer Hecke sind Bestandsaufnahmen von Vögeln geeignet. Jeder Interessierte kann solche Bestandserhebungen durchführen.

Die einfachste Methode, Vogelpopulationen von Hecken zu erfassen, ist das Zählen singender Männchen zur Brutzeit. Die meisten einheimischen Singvögel besetzen im Frühjahr Reviere. Damit die Nachbarn der gleichen Art das Revier erkennen und respektieren können, müssen Vögel sich untereinander verständigen. Als Sprache verwenden Singvögel ihren arttypischen Gesang. Weithin hörbar lassen zum Beispiel Goldammern von einem erhöhten Sitzplatz ihr »Zizizizizidüü« erklingen. Ein Revierbesitzer wiederholt etwa alle zehn Sekunden die gleiche Strophe. Mit der ständigen Wiederholung der Strophe sorgen Goldammern für eine kontinuierliche Verbreitung der Information: »Dieses Revier ist besetzt!«

In offenen Landschaften sind Singwarten Mangelware. Die hier lebenden Vogelarten mußten andere Verhaltensweisen entwickeln, um Reviere abzustecken. Vögel, die in Brachland, auf Wiesen oder im offenen Grasland leben, verwenden den Flug in Kombination mit dem Gesang als Reviermarken. Das Aufsteigen der Lerche und das jubelnde

Lied aus der Höhe sind nichts anderes als ein Singflug zur Reviermarkierung. Zur Erfassung von singenden Männchen ist die erste Maihälfte die beste Jahreszeit. Mit dem Fortschreiten des Sommers läßt die Gesangsaktivität unserer Vögel nach. Reviere sind jetzt nicht mehr wichtig, da die Nester längst gebaut und die Jungen meist schon erwachsen sind. Die beste Tageszeit zum Vogelzählen ist der frühe Morgen. Jetzt singen die Männchen besonders intensiv. Geht man langsam an einer Hecke entlang, lassen sich singende Revierinhaber leicht beobachten und erfassen. Jeder von ihnen wird sorgfältig in Heckenskizzen oder in Landkarten eingetragen. Aufpassen muß man allerdings, daß ein singendes Männchen nicht mehrmals notiert wird. Revierinhaber wechseln häufig ihre Singwarten, um alle Himmelsrichtungen und alle Grenzen gleichermaßen zu »beaufsichtigen«. Vogelzählungen müssen mehrmals wiederholt werden. Einmalige Bestandserhebungen sind zu ungenau.

Um gute Aussagen über die Siedlungsdichte machen zu können, sind mindestens acht Begehungen des gleichen Geländes im Abstand von jeweils 8 bis 14 Tagen notwendig. Faßt man nach allen Begehungen die Aufzeichnungen zusammen, läßt sich ein guter Überblick über die Vogelpopulation einer bestimmten Heckenlandschaft gewinnen. Zum Notieren haben sich auf Landkarten gelegte Folien bewährt, in die man auch bei feuchtem Wetter mit Filzschreibern die Beobachtungen, für jede Begehung gesondert, einträgt. Werden die Folien zum Schluß übereinandergelegt, läßt sich abschätzen, wie gut die Beobachtungen sind. Liegen mehrere Aufzeichnungen eines singenden Männchens am gleichen Ort vor, kann man sicher sein, ein Brutpaar erfaßt zu haben. Zufallsbeobachtungen eines Männchens beeinträchtigen so nicht die Qualität der Erfassung, da sie durch diese Kontrolle erkannt und ausgemerzt werden können. Wie eine brauchbare Endübersicht einer Bestandserhebung aussehen sollte, ist auf Seite 47 am Beispiel einer Hekke in Sussex (England) gezeigt. Das Schema enthält die beobachteten Arten, ihre Reviergrößen und den Maßstab. Aus dieser Skizze läßt sich später errechnen, daß in dieser 580 Meter langen Hecke 16 Vogelpaare brüten. Umgerechnet auf die üblichen 1000 Meter sind das also 28 Paare von zwölf verschiedenen Arten.

Wer ein wenig Erfahrung besitzt, kann aus solch einer Bestandserhebung weitere Rückschlüsse ziehen. Das Auftreten der Kohl- und der Blaumeisen deutet auf morsche Bäume hin. Viele Meisenarten sind Höhlenbrüter und suchen sich Astlöcher zur Anlage ihrer Nester. Wenn gelegentlich in der Presse von Meisen berichtet wird, die in Briefkästen brüten, zeigt das, wie findig diese Vögel bei der Suche nach geeigneten

Singvogelreviere in einer Wallhecke

(Sussex, Mai 1981)

Zaunkönig	3 Paare
Kohlmeise	2 Paare
Blaumeise	2 Paare
Buchfink	3 Paare
Rotkehlchen	3 Paare
Amsel	2 Paare
Heckenbraunelle	1 Paar
	16 Paare

(entspricht 28 Paaren/1000 m)

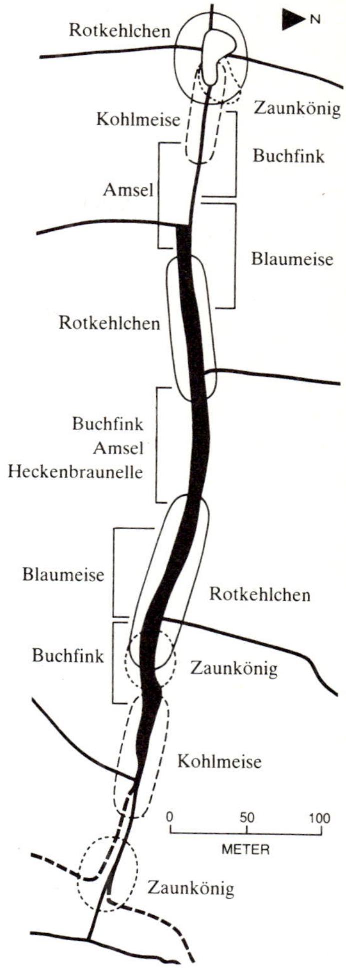

Höhlen sind. Gleichzeitig ist eine derartige »Notwohnung« auch ein Hinweis darauf, wie arm unsere Gärten und Parks an morschen Bäumen mit genügend natürlichen Höhlen sind.

Auch die Kartierung des Zaunkönigs in unserem Beispiel läßt weitere Schlüsse zu. Diese Hecke muß über gut bewachsene Erdabbrüche oder Überhänge eines Erdwalls verfügen. Denn hier bauen Zaunkönige ihre kunstvollen Kugelnester, die durch die Kugelform sogar ein Regendach für die Jungen besitzen. Auch das Vorkommen des Rotkehlchens ist ein

Hinweis auf Grabenabbrüche oder Überhänge. Diese Vogelart versteckt als Bodenbrüter die Nester gerne unter freiliegenden Baumwurzeln. Die Beobachtung von Amsel und Buchfink schließlich beweist, daß Wallhecken Reste von Waldflächen darstellen. Diese Vogelarten sind eigentlich im Wald zu Hause und sehen Hecken nur als verlängerte »Waldfinger« an, die in die offene Landschaft hinausragen.

In ihrem bekannten Buch ›Hedges‹ (Hecken) geben die Biologen Pollard, Hooper und Moore an, daß mindestens 34 Vogelarten regelmäßig in Hecken brüten. Treten in Wallhecken sogenannte »Überhälter« auf, das sind Hecken überragende Einzelbäume, kann die Artenzahl noch steigen. In den Zweigen hoher Bäume brüten Rabenkrähen und Elstern. Asthöhlen werden von Staren, Hohltauben oder Kleineulen besiedelt. Gerade unsere heimischen Kleineulen wie zum Beispiel der Steinkauz sind in den letzten Jahren beängstigend selten geworden. Schuld daran sind fehlende Nisthöhlen in morschen Eichen oder in alten Obstbäumen, da alte Bäume immer seltener von Landwirten, Förstern oder Straßendiensten geduldet werden. Das 1979 begonnene Notprogramm einer Bayreuther Jugendgruppe von Vogelschützern bewies, daß den Steinkäuzen mit dem Aufhängen von Brutröhren in Heckennähe wirksam geholfen werden kann. Dem Interessierten liefern Vogelschutzverbände, die in jeder größeren Stadt zu finden sind, ideenreiche Informationen und Anregungen zum Bau solcher künstlichen Nisthilfen.

Wer Glück hat, findet beim Heckenspaziergang ein Nest der Schwanzmeise. Aus weichem Moos und Flechten, aus Federn und Wildhaaren weben Schwanzmeisen eine weiche, aber feste Kugel, die in Astgabeln dorniger Büsche versteckt wird. Schwanzmeisen sind unbestritten die Meister des Nestbaus in unserer heimischen Vogelwelt.

Leider sind die zwei ursprünglichsten Heckenvogelarten selten geworden. Die Klappergrasmücke und die Dorngrasmücke gehörten früher zu den häufigsten Vögeln dorniger, undurchdringlicher Dickichte. Ihr schlagartiger Rückgang Anfang der siebziger Jahre hängt mit einer Serie von Dürrekatastrophen in der Sahel-Zone und der Südsahara zusammen. Die Dürre raubte den Vögeln ihre Nahrungsbasis in den Winterquartieren und brachte ihnen große Verluste bei. Glücklicherweise erholen sich die Bestände langsam wieder. Schon Ende April kehren die Grasmücken in unsere Hecken zurück und lassen ihre kehlig-markanten Gesänge erschallen; sie sind die ersten Frühlingsboten einer Heckenlandschaft. Die Nester bauen Dorngrasmücken bevorzugt in das Rankengewirr der Zaunrübe oder in Brombeergestrüpp. Grasmückennester sind leicht zu erkennen. Sie sehen immer sehr »schlampig« aus. Nur wenige Zweige sind zusammengesteckt und tragen den Nestboden. Die gewandtere Klappergrasmücke legt ihr Nest meist höher an als die Dorngrasmücke. Beide Arten bauen dort, wo Weißdornbüsche und Schlehen am dichtesten sind.

Keine Vogelart ist so typisch für den Lebensraum Hecke wie die Heckenbraunelle. Die Vorliebe dieses Vogels für Hecken dürfte so alt sein wie diese selbst. Obwohl Heckenbraunellen oft als »Heckenspatz« bezeichnet werden, sind sie mit den Sperlingen nicht verwandt. Nur das satte Dunkelbraun und Dunkelgrau des Gefieders erinnern an Spatzen. Wer sich am Rand einer Hecke ruhig hinsetzt, wird diesen Vogel beobachten können. Braunellen suchen ihre Nahrung am Boden und bewegen sich dabei langsam und unauffällig. Der spitze, dünne Schnabel funktioniert wie eine Pinzette, mit der Insekten aufgepickt werden. Ein unverkennbares Verhaltensmerkmal der Heckenbraunelle ist das häufige Flügelzucken. Tief versteckt im Brombeergestrüpp liegen die sorgfältig aus Moos und Zweigstückchen gebauten Nester. Die zufällige Entdeckung eines Nestes mit den himmelblauen Eiern darin gehört zu den schönsten unverhofften Freuden, die Hecken bieten können.

Dornenreiche Büsche wie Weißdorn und Schlehe sind der bevorzugte Lebensraum des Neuntöters. Diese Würgerart zeigt in ihrem Verhaltensinventar erstaunliche Anpassungen an die ökologische Nische »Dornbusch«. Neuntöter spießen an bestimmten Plätzen, den sogenannten »Schlachtbänken«, Teile ihrer Beute auf. Oft findet man auf Schlehendornen gespießte Hummeln, Rosenkäfer und sogar Mäuse. Die Bedeutung dieser Verhaltensweise ist noch unklar. Wahrscheinlich dienen gespießte Beutetiere als Nahrungsreservoir. Für diese Annahme sprechen Ergebnisse, die ein Jungforscher im Rahmen des Wettbewerbs »Jugend forscht« vorstellte: Wolfgang Mann fand bei Untersuchungen zur Ernährung des Neuntöters in Abhängigkeit vom Insektenangebot heraus, daß diese Vögel Opportunisten sind. Sie nehmen immer gerade das Beutetier als Nahrung, das am häufigsten auftritt oder das am leichtesten zu fangen ist. Möglicherweise legen Neuntöter ein Depot an, wenn mehr leicht zugängliche Beute vorhanden ist, als der Vogel gerade benötigt. Derartige Nahrungsreserven sind sehr sinnvoll, weil Insekten als wechselwarme Tiere bei kühlem Wetter nicht fliegen können und dann als Beute ausfallen. Neuntöter sind für den Insektenfang besonders gut ausgerüstet. Der kräftige Schnabel trägt einen scharfkantigen Zahn, der das sichere Festhalten glatter Insekten ermöglicht. Auch die Art und Weise, wie Neuntöter Beute fangen, ist aufregend. Vom höch-

Brütendes Neuntöterweibchen *(Lanius collurio)*

Häufig spießt der Neuntöter Beutetiere wie Mäuse und Insekten als Nahrungsvorrat auf spitze Dornen oder Zweige

sten Punkt eines Busches halten sie Ausschau nach Bodeninsekten. Ist die Beute entdeckt, fliegt der Neuntöter im eleganten Gleitflug von seinem Ausguck und ergreift das Insekt. Wie gut muß ein Vogel sehen können, um aus einer Entfernung von 6 bis 10 Metern die Bewegung eines zwei Zentimeter großen Insekts erkennen zu können!

Neuntöter gehören in Deutschland zu den gefährdeten Vogelarten. Obwohl sie nicht mehr gejagt werden, gehen die Bestände zurück. Die Gründe für die Gefährdung der Populationen liegen in der Beseitigung von Hecken und in der Nutzung von Ödländern als bestellbares Ackerland. Nur landwirtschaftlich ungenutzte Streifen entlang von Hecken und brachliegende Grenzertragsböden können die Vielfalt und die Anzahl an Insekten hervorbringen, die Neuntöter zur Aufzucht ihrer Jungen benötigen.

Knickwälle – Dokumente der Vergangenheit

Hecken und Knicks erlauben einen Blick in das Geschichtsbuch unserer Landschaften. Sie erzählen, wie Landschaften in vergangener Zeit vom Menschen geformt oder umgestaltet wurden. Feldgehölze variieren in Aufbau und Form je nach der geographischen Lage und spiegeln so die historische Entwicklung einzelner Landstriche und ihrer Bewohner wider. Hecken sind Dokumente, die wie ausgegrabene Handwerkszeuge viel über den Menschen und seine Geschichte erzählen können, wenn man die Spuren zu lesen versteht.

Zunächst geben die unterschiedlichen Profile der Hecken Informationen über ihre Entstehung. Das Profil eines Knicks oder einer Hecke ist gewissermaßen ein Querschnitt, den man erhielte, wenn man sie mit dem Messer eines Riesen quer durchschneiden würde. Wie lassen sich derartige Heckenprofile gewinnen, wenn man kein Riesenmesser zur Verfügung hat? Zur Untersuchung von Heckenquerschnitten benötigt man kein professionelles Gerät, wie es Geometer besitzen. Eine Schnur, 5 bis 10 einfache Pfosten, eine Wasserwaage und ein Zollstock genügen. Ein Block Millimeterpapier, Schreibzeug und ein Bestimmungsbuch für Pflanzen ergänzen die Ausrüstung.

Zunächst suche man eine günstige Stelle, wo der Knick oder die Hecke von allen Seiten leicht zugänglich ist. Quer zum Verlauf der Hecke werden zwei Pflöcke in den Boden geschlagen. Zwischen diesen Pfosten spannt man eine Schnur, und zwar etwa 30 bis 50 Zentimeter über dem höchsten Punkt des Walles, auf dem die Sträucher stehen. Die Schnur muß sehr straff gespannt sein, sie darf nicht durchhängen. Mit der Wasserwaage prüfe man, ob die Schnur waagerecht gespannt ist. Sie ist die Bezugslinie, von der aus gemessen wird. Um die Schnur wirklich straff zu halten, sollten die Pflöcke nur etwa 2 bis 3 Meter auseinander stehen. Jetzt kann die Messung beginnen. Alle 50 Zentimeter von einer Seite fortschreitend zur anderen werden der Zollstock oder eine Meßlatte senkrecht zur Schnur angelegt und der Höhenwert vom Boden zur Schnur abgelesen und notiert. Alle Werte zusammen liefern ein genaues Profil des Walls, das sich maßstabgerecht auf Millimeterpapier übertragen läßt. Auf der waagerechten Abszisse wählt man am besten den Maßstab 1 : 100. Ein Meter in der Natur entspricht dann einem Zentimeter in der Zeichnung. Die senkrechte Linie, die Ordinate, gibt das Höhenprofil wieder. Hier eignet sich der doppelte Maßstab: Ein Meter in der Natur entspricht zwei Zentimetern auf der Skizze. Ergänzen lassen sich solche Profile durch das Vermessen der einzelnen Strauchar-

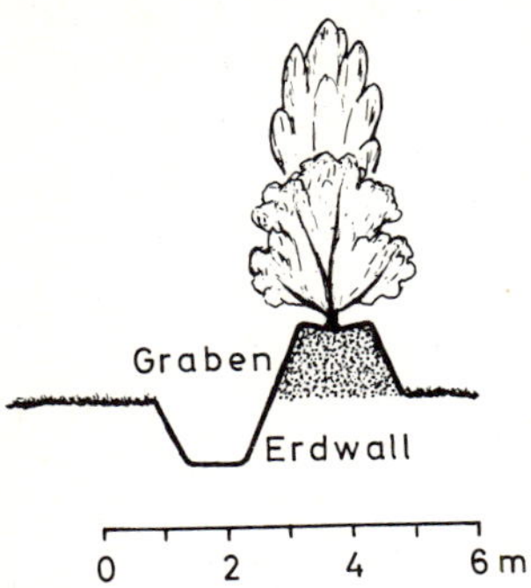

Profil einer norddeutschen Wallhecke

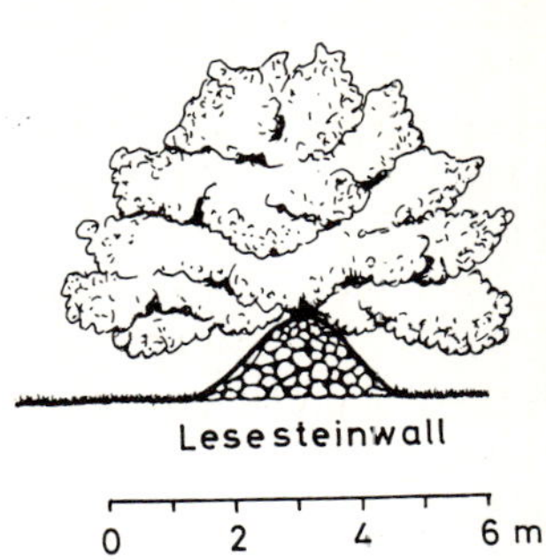

Profil einer fränkischen Lesesteinhecke

ten, die auf den Heckenwällen stehen. Legt man viele derartige Profile durch einen Knick unter Berücksichtigung einzelner Straucharten, erhält man sogar Aussagen über die typischen Wuchsformen verschiedener Heckenpflanzen.

Solche Profile sind besonders aufschlußreich, wenn man verschiedene Hecken- und Knicktypen miteinander vergleicht. Auf dieser Seite oben sind typische Querschnitte der norddeutschen Wallhecken und der fränkischen Lesesteinhecken wiedergegeben. Die Unterschiede sind auf einen Blick erkennbar. Das Fundament der norddeutschen Knicks besteht aus einem Wall mit abgeflachter, 2 bis 3 Meter breiter Krone. Das Erdmaterial zur Aufschüttung des Walls wurde durch die Anlage eines Grabens gewonnen. In manchen Gegenden Schleswig-Holsteins sind auf beiden Seiten der Knickwälle Gräben angelegt. Die breiten Wälle gaben den norddeutschen Knicks ihren typischen Charakter – sie werden daher oft als »Wallhecken« bezeichnet.

Den fränkischen Lesesteinhecken fehlt der Graben. Hier bestehen die Heckenfundamente lediglich aus Wällen aus Muschelkalkbrocken, die von den Bauern an den Rand der Felder geworfen wurden. Die dünne Bodendecke über den Steinwällen ist im Laufe der Zeit angeweht oder durch dichtes Heranpflügen an die Hecke entstanden. In den Hecken um Stadtsteinach ist besonders deutlich zu sehen, wie es manche Sträucher geschafft haben, im blanken Muschelkalkgeröll zu wurzeln.

Die Wälle und Gräben der Knicks und Hecken stellen einen eigenen Lebensraum für Pflanzen und Tiere dar. Es ist besonders reizvoll, den

Unterwuchs von Knickwällen mit in die Untersuchung der Heckenprofile einzubeziehen. Die Wälle norddeutscher Knicks zeigen besonders deutlich, daß dieser Lebensraum ursprünglichen Waldrändern ähnlich ist. Erfaßt man das Arteninventar an Pflanzen eines von Ost nach West verlaufenden Hasel-Schlehen-Knicks, zeigen die Pflanzengesellschaften eine unterschiedliche Ausprägung an der Süd- beziehungsweise an der Nordseite. Wir können sechs Zonen unterscheiden, wie in der Grafik auf dieser Seite unten dargestellt ist:

Zone 1: Am südlichen Wallfuß beginnt die Queckenzone, die nach der Quecke *(Agropyron repens)* benannt ist. Dieser Abschnitt stellt den Übergang von Äckern und Weiden in einen waldrandähnlichen Lebensraum dar. Die hier lebenden Gräser sind lichtliebend.

Zone 2: Am unmittelbaren südlichen Heckenrand wachsen Ackerdisteln und Lianen. Die Arten der Lianenzone stellen kletternde, rankende oder windende Pflanzen wie das Geißblatt *(Lonicera periclymenum),* die Zaunwinde *(Calystegia sepium)* oder der Hopfen *(Humulus lupulus).* Ihre Sprosse reicht bis in das Kronendach der Knicks.

Zone 3: Auf der Krone des Knickwalls wachsen zahlreiche Pflanzen, die im Buchenwald zu Hause sind. In dieser »Geophytenzone« stehen vor allem Frühlingsblüher, die vor der Belaubung der Heckenkrone blühen und so die Lichtkonkurrenz des sommerlichen Blätterdaches umgehen. Hier wachsen Schlüsselblumen *(Primula elatior)* und Buschwindröschen *(Anemone nemorosa).*

Zone 4: In diesem Bereich stehen Florenelemente des geschlossenen Buchenwaldes. Die Hain-Rispengräser *(Poa nemoralis)* brauchen nur diffuses Licht zum Gedeihen. Brombeerranken verschaffen sich mit langen Ausläufern, ähnlich wie die Lianenpflanzen, einen Weg zum Licht.

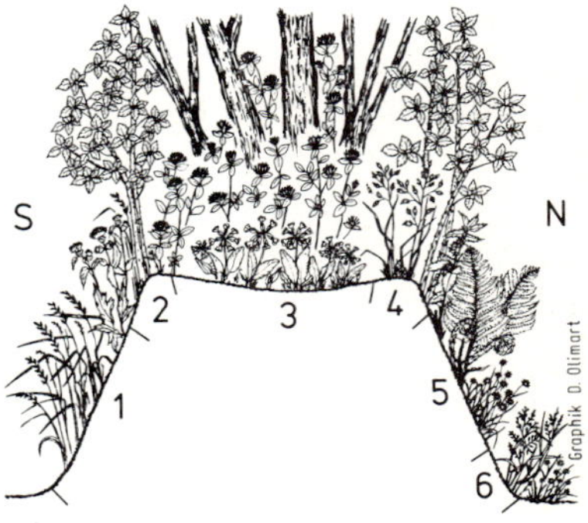

Pflanzenzonen eines von Ost nach West verlaufenden Hasel-Schlehen-Knicks in Schleswig-Holstein

Zone 5: Im nördlichen Bereich der Wälle stehen feuchteliebende Pflanzen wie der Wurmfarn *(Dryopteryx filix-mas)*. Diese Zone wird auch gerne vom feuchteliebenden Wiesenkerbel *(Anthriscus sylvestris)* besiedelt. Pflügt der Bauer zu dicht an die Knicks heran, so daß der Rand überdüngt wird, kommt es in diesem Bereich zum Aufkommen großer Brennesselbestände, die die typischen Pflanzen dieser Zone »hinwegkonkurrieren«.

Zone 6: Am nördlichen Fuß der Knickwälle sammelt sich die Feuchtigkeit. Tropfwasser der Sträucher oder das austretende Hangwasser schaffen ideale Bedingungen für das Gemeine Rispengras *(Poa trivialis)* oder für den Stumpfblättrigen Ampfer *(Rumex obtusifolius)*.

Die einzelnen Pflanzenzonen werden von zahlreichen Tierarten bewohnt, die sich je nach ihren ökologischen Ansprüchen hier »einnischen«. Wenn auch in Schleswig-Holstein über 80 verschiedene Knicktypen auftreten, die alle Variationen des geschilderten Wallheckenaufbaus darstellen, zeigt das Schema doch, daß Knicks Abkömmlinge einer artenreichen Waldrandfauna und -flora sind. An ihnen kann man erkennen, wie im Laufe der Zeit ähnliche ökologische Bedingungen sofort von Pflanzen und Tieren als Ersatz-Lebensraum angenommen wurden: So anpassungsfähig Tiere und Pflanzen auch sein mögen, sie sind doch letztlich abhängig von einem Angebot an gleichen oder ähnlichen Lebensbedingungen. Nur ein dichtes Netz von »ökologischen Zellen« sichert ihnen das Überleben.

Wohl kaum ein anderer Lebensraum bietet soviel Einblick in ökologisch vernetzte Systeme wie Knicks und Hecken. Sicherlich ist es ein lohnendes Unternehmen für Schulklassen, an Wallhecken mit wenig Mitteln wichtige ökologische Zusammenhänge zu erfahren und zu erleben.

Tagfalter

Zu den schönsten Eindrücken eines Frühsommertages gehören Schmetterlinge, die über blühende Wiesen und Hecken gaukeln. Tagfalter ergänzen das Bild einer Landschaft. Sie runden es harmonisch ab und bringen Leben und Bewegung hinein. Für viele Menschen sind Schmetterlinge Sinnbilder unbeschwerter Schönheit. Was wir an diesen Insekten als farbenfroh und ästhetisch empfinden, ist Ergebnis von Millionen Jahren ständiger Auslese. Schmettlinge sind bunt, weil die jeweiligen

Farbkombinationen und Muster sich bei der Lösung der Lebensanforderungen bewährt haben. Sie helfen den Tieren, Geschlechtspartner zu erkennen, Feinde abzuschrecken oder sich zu tarnen. Die farbigen Schuppen auf den Flügeln der Schmetterlinge sind umgewandelte Haare, die bei Berührung sehr leicht abbrechen. Auch diese geniale Neuerung im Insektenbereich wurde in langen Zeiträumen aus dem Spiel von Versuch und Irrtum als erfolgreich herausgefiltert. Geraten Schmetterlinge in Spinnennetze, haben die Spinnen das Nachsehen. Die Schuppen haften an den Klebfäden, brechen ab und retten so den Falter. Schmetterlinge durchlaufen während ihres Lebens vier Stadien: Ei, Raupe, Puppe und Falter. Raupen und Falter unterscheiden sich stets in der Wahl ihrer Nahrung. Die Larven ernähren sich phytophag, das heißt, sie fressen Pflanzen. Die Falter sind dagegen Blütenbesucher und naschen Nektar.

Jede Jahreszeit hat ihre charakteristischen Schmetterlingsarten. Im Frühling und im Frühsommer beherrscht der Aurorafalter *(Anthocharis cardamines)* das Landschaftsbild. Den Namen trägt dieser Schmetterling nach einem orangefarbenen Fleck im Vorderflügel der Männchen. Dem Weibchen fehlt Orange als Flügelfarbe, es ist überwiegend weiß gezeichnet. Typische Bestimmungsmerkmale sind die schwarzen Flekken in der Mitte des Vorderflügels und an der Basis der Flügel. In der Ruhe klappen Tagschmetterlinge die Flügel zusammen. Bei Aurorafaltern wird dann die Unterseite mit dem scheckigen, grün-weißen Flekkenmuster sichtbar. Dieses Muster tarnt die Falter, wenn sie zwischen den Blütenständen des Kerbels hängen. Fleckenmuster lösen optisch die Gestalt auf und lassen Tiere vor einem schattigen Hintergrund verschwinden. Grüne Farbstoffe gibt es bei Tagschmetterlingen nur selten. Beim Aurorafalter wird der grünschimmernde Eindruck durch eine Mischung aus gelben Adern und schwarzen Flecken hervorgerufen. Eine perfekte optische Täuschung, die den Schmetterling im Pflanzengewirr hervorragend tarnt und vor Räubern schützt. Den Winter verbringen Aurorafalter in der schützenden Puppe; erst im Mai schlüpft der Schmetterling. Ist das Frühlingswetter vorzeitig warm, fliegen »Auroras«, wie diese Schmetterlinge bei Fachleuten heißen, schon ab Ende April. Rund sechs Wochen gaukeln die Weibchen umher, bis sie im Juni ihre Eier einzeln an den Fruchtständen des Wiesenschaumkrautes *(Cardamine pratensis)* und des Lauchkrautes *(Alliaria petiolata)* ablegen. Die verstreute Ablage der Eier ist sinnvoll. Die Raupen geraten so nicht in Konkurrenz um eine Futterpflanze. Hält man Raupen künstlich zusammen, neigen sie zu Kannibalismus – sie fressen sich gegenseitig. Die

Färbung des Raupenkleides weist erstaunliche Ähnlichkeiten mit den Farben ihrer Wirtspflanzen auf. Perfekte Tarnung ist für die Larven auch sehr wichtig. Jungraupen des Aurorafalters besitzen Drüsenhaare, die süße Sekrete absondern. Diese Ausscheidungen locken Ameisen an, die durch ihre Anwesenheit Räuber und Parasiten fernhalten sollen. Zwei Monate fressen die Raupen. Im August häuten sie sich zum letzten Mal zur Puppe. In der festen Puppenhülle erfolgt der Umbau der Raupe zum Schmetterling. Die Puppe überdauert den Winter und entläßt im folgenden Frühjahr den schönen Falter der neuen Generation.

Ein weiterer häufiger Frühlingsschmetterling ist der Heckenweißling *(Pieris napi)*. Diesen Falter kann man leicht erkennen. Die Unterseiten der Flügel sind von grünlich-grauen Adern überzogen. Dieses Streifenmuster dient ebenfalls der Tarnung, es löst die Konturen der Tiere auf, wenn sie zwischen Grashalmen hängen. Die Weibchen tragen 2 bis 3 dunkle Flecken auf den Vorderflügeln, den Männchen fehlt meist diese Zeichnung.

Genauso wie der Aurorafalter verbringt der Heckenweißling den Winter in der Puppe. Erst Ende April oder Anfang Mai schlüpfen die Falter. Beide Schmetterlingsarten bevorzugen das gleiche Pflanzenspektrum bei der Wahl ihrer Nahrung. Damit dies nicht zur Konkurrenz führt, sind die jeweiligen Freßperioden etwas verschoben. Der Heckenweißling durchläuft zwei Generationen im Jahr. Die Raupen der Frühjahrsgeneration fressen im Juni/Juli. Die Falter fliegen im Juli und im August und legen sofort Eier. Die Raupen der Sommergeneration fressen bis in den September hinein und verpuppen sich dann zur Überwinterung. Obwohl die Falter alle zu einer Art gehören, sind die der Frühjahrsgeneration anders gezeichnet als die Sommertiere. Dieser Saisondimorphismus bewirkt deutlich dunklere Flecken bei Tieren der Zweitbrut und viel schönere grüne Adern bei den Frühjahrsfaltern. Eine ähnliche Lebensweise zeigt der Laubfalter *(Pararge aegeria)*. Auch er bringt zwei Generationen pro Jahr durch. Laubfalter lieben mehr die schattigen Ränder der Hecken.

Allen drei Arten ist gemeinsam, daß sie eine Vorliebe für Hecken und Böschungen haben. Dort wachsen ihre Nahrungspflanzen. Deshalb ist es wichtig, Hecken, Ackerränder und Wegsäume von chemischen Unkrautbekämpfungsmitteln zu verschonen. Denn mit den Nahrungspflanzen verschwinden auch die Schmetterlinge. Viele Arten dieser Blumenkavaliere sind leider schon äußerst selten geworden.

Die vorherrschende Farbe blühender Maihecken ist Weiß: Weiße Blütenteppiche des Weißdorns überziehen die Heckenbänder, begleitet von weißen Doldenschirmen des Wiesenkerbels. Dazwischen setzen zarte Blütensterne der Sternmiere kleine weiße Akzente.

Weißdorne sind die dominierenden Straucharten der fränkischen Lesesteinhecken, sie kommen aber auch häufig in den Eichen-Birken-Knicks Ostholsteins vor. Leider sind die *Crataegus*-Arten nur schwer zu bestimmen. Früher glaubte man, es gäbe nur zwei Weißdornarten: Den Eingriffeligen Weißdorn *(Crataegus monogyna)* und den Zweigriffeligen Weißdorn *(Crataegus laevigata)*. Aus natürlichen Kreuzungen zwischen diesen beiden Arten und weiteren, angepflanzten Weißdornen ist mittlerweile ein großer Formenschwarm an Bastarden hervorgegangen, der eine Unterscheidung der Sippen schwierig macht. Obwohl der Botaniker Dr. W. Lippert 1978 zeigen konnte, daß die Blätter nicht zur sicheren Bestimmung der Sippen geeignet sind, sollen hier zur Vereinfachung zwei Blattypen dargestellt werden: *Crataegus laevigata* besitzt wenig geteilte Blätter mit stumpfen Blattlappen. Tief geteilte Blätter mit spitzen, scharf gezähnten Blattlappen haben der Eingriffelige Weißdorn *(Crataegus monogyna)* und viele weitere Sippen, die aus den Kreuzungen hervorgegangen sind. Auch die Zahl der Stempel in den Blüten ergibt ungenügende Bestimmungsmerkmale, da sie bei den einzelnen Sippen schwanken kann. Verläßlicher ist da schon die Form der Kelchblätter.

C. laevigata-Kelchblätter sind stumpf und gleichseitig-dreieckig. Alle übrigen Formen haben lange, spitze bis seesternförmige Kelchblätter. In jedem Fall empfiehlt es sich, zur Bestimmung Spezialliteratur wie die

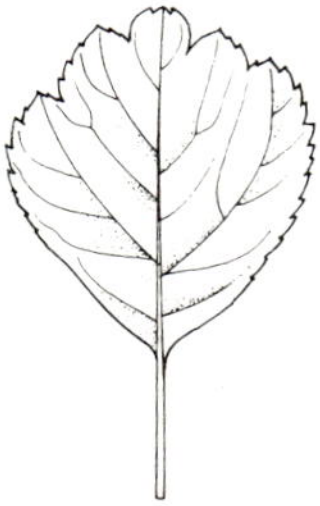

Zweigriffeliger Weißdorn *(Crataegus laevigata)*

Eingriffeliger Weißdorn *(Crataegus monogyna)*

Arbeit von Lippert (1978) heranzuziehen. Den Zweigriffeligen Weißdorn kann man bevorzugt in alten Hecken finden. Seine Blätter erscheinen ledrig und saftig grün. Er gehört wohl zu den Charakterarten alter Hecken auf den Muschelkalkhängen des Fränkischen Jura. Der Eingriffelige Weißdorn ist heute sehr weit verbreitet. Diese Art scheint bevorzugt angepflanzt worden zu sein, wovon Vorkommen in siedlungsnahen Hecken zeugen. *C. monogyna* steht heute an Bahndämmen, an Autobahnen und in den Knicks Schleswig-Holsteins. Dazwischen wachsen 6 oder 7 Bastarde, die *C. monogyna* mit *C. laevigata* gebildet hat. Ein guter Hinweis auf die Unterscheidbarkeit sind die Blühzeiten. *C. laevigata* blüht rund zwei Wochen früher als die verschiedenen Bastarde.

Die herrlichen Weißdornblüten gehören zum Mai wie die ersten warmen Nächte. Sie entfalten ihre weißen bis rötlichen Blütenkelche um den 12. Mai herum und wurden früher mit dem Maifeiertag in Verbindung gebracht. Vor der Neufestsetzung des Kalenders (1752) lag der Maifeiertag am heutigen 12. Mai, also zu der Zeit, in der der Weißdorn in voller Blüte steht. Früher war der Maitag ein Fest, um den einziehenden Sommer zu begrüßen. In Scharen zogen die Menschen hinaus, um Weißdornzweige zu schneiden und um damit Häuser und Kirchen zu schmücken. Eine Girlande aus blühenden Weißdornzweigen über der Eingangstür schützte Haus und Hof vor Blitzen. Junge Mädchen knüpften ihre Hoffnungen auf ewige Schönheit an eine Gesichtswäsche mit morgendlichem Tau von blühenden Weißdornen.

Im Morgengrau'n des 1. Mai
ein junges Mädchen draußen sei.
Im Weißdorntau spazierengeh'n,
macht junge Mädchen wunderschön!
(England)

Vielen Pflanzen wurden im Mittelalter übernatürliche Kräfte zugesprochen. Für den Weißdorn gilt dies in besonderem Maße: Unsere Urahnen glaubten, es bringe Unglück, Weißdornblüten ins Haus zu tragen, binnen eines Jahres werde daraufhin ein Familienmitglied sterben. Ähnliches gilt für jemand, der in einem Zimmer mit *Crataegus*-Blüten schläft. Auch soll man sich niemals unter einen Weißdorn setzen, die Hexen bekommen sonst Gewalt über den Betreffenden. Bis auf den heutigen Tag weigern sich angeblich Förster, einen Weißdorn zu fällen, weil es Unglück bringt. In einigen Landstrichen glaubte man, es sei gefährlich, auch nur ein Blatt von alten Büschen abzuzupfen, weil hier

Feen und Elfen ihre Rendezvousplätze hätten. Möglicherweise stammt der Aberglaube über den Weißdorn aus dem 14. Jahrhundert, als die Pest ganze Gegenden entvölkerte. In den menschenleer gewordenen Landstrichen breiteten sich Weißdorne sprunghaft aus, weil die Felder nicht mehr bestellt wurden. Wahrscheinlich hängt der Aberglaube auch mit den Duftstoffen der Blüten zusammen. Blühende Büsche verbreiten einen aasartigen »Duft«, der durch die Substanz Trimethylamin hervorgerufen wird. Dieser Geruch zieht blütenbestäubende Schmeißfliegen *(Calliphoridae)* an. Für die Menschen des 14. Jahrhunderts roch dieser Duftstoff ähnlich wie die pestverseuchten Dörfer. Die Todesangst der damaligen Bevölkerung vor dem Schreckgespenst Pest macht diesen Aberglauben nur allzu verständlich.

Andererseits ist ein glückverheißender Mythos des Weißdorns nicht minder weit verbreitet. Dieser Busch soll dort entstanden sein, wo ein Blitz in die Erde fuhr. Seitdem wird der Weißdorn verehrt. Die Griechen sahen in dieser Pflanze ein Symbol der Hoffnung und der Verheißung, ein Symbol der Fruchtbarkeit und des Eheglücks. Weißdornblüten schmückten früher Traualtäre und Hochzeitstafeln und fehlten in keinem Brautstrauß. Die Jungvermählten wurden mit Fackeln aus Weißdornholz zu ihrem Brautgemach geleitet. Später, nach der Christianisierung, glaubte man, ein am Gründonnerstag geschnittener Weißdornzweig hielte jeden Blitz vom Hause fern, da man sagte:

Unter einem Dorn
ward' Jesus gebor'n.

Der Weißdorn soll der König aller Dornenbüsche sein, was sich vom französischen Namen *l'épine noble* ablesen läßt. Er heilt vielerlei Leiden und ist vielseitig verwendbar. Sein hartes und dauerhaftes Holz wurde früher zur Herstellung von Druckstöcken und Griffen für allerlei Gerät benutzt. Sogar in der Wetterprognose hat der Weißdorn seinen Platz, wenn der Herbst reichen Fruchtansatz bringt:

Gibt's viel Weißdorn und viel Schlehen –
bringt der Winter kalte Zehen.

Blüht der Weißdorn viel zu früh,
schneit's noch viele Flocken Schnee
(England)

Im mittelalterlichen Arzneischrank hatte der Weißdorn seinen festen Platz, weil man gute Erfahrungen mit seinen vielfältigen Wirkungen gemacht hatte. Die Inhaltsstoffe lieferten ein wichtiges Herz-Kreislaufmittel und halfen gegen hohen Blutdruck. Alte Kräutersammler beschrieben das Destillat aus Weißdornfrüchten als hilfreich überall dort, »wo Dornen und Splitter im Fleisch stecken«. Das Elixier »wird sie hervorragend herausziehen«. In modernen Kräuterbüchern ist der Weißdorn ebenfalls zu finden. Der Weißdorn wirkt cardiotonisch, er vermag niedrigen und hohen Blutdruck zu korrigieren und wirkt beruhigend und heilsam bei Schlafstörungen. Man bereitet einen Aufguß aus 2 Eßlöffeln Blüten auf eine Tasse kochenden Wassers. Die Kur besteht aus 2 bis 3 Tassen täglich, und zwar einen Monat lang. Weißdorn beugt auch der Arterienverkalkung vor, seine Wirkung auf die Gefäße ist bedeutend.

So wie der Weißdorn die verbreitetste Charakterart unter den Heckensträuchern ist, gehört der Wiesenkerbel *(Anthriscus silvestris)* zu den stetigsten Heckenbegleitern unter den Kräutern. Seine weißen Blütenschirme beginnen den Jahresreigen der Doldengewächse und ziehen unzählige Nektar und Pollen suchende Insekten an. Schwebfliegen, Bienen, Dungkäfer, Skorpionsfliegen und Weißlinge tummeln sich auf den wolkenartigen Landeflächen des Kerbels.

Obwohl der Wiesenkerbel eine wunderschöne Pflanze ist, bezeichnen die Bauern ihn oft als Teufelskraut. Vielleicht deshalb, weil der Wiesenkerbel mit der giftigen Gemeinen Hundspetersilie *(Aethusa cynapium)* und dem sehr giftigen Gefleckten Schierling *(Conium maculatum)* verwechselt werden kann. Deshalb heißt der Wiesenkerbel im Volksmund auch »Hundskerbel« und »Schafkerbel«, wohl um auszudrücken, daß diese Pflanze nur vom Vieh vertragen wird. Gefährlich für das Vieh kann dagegen der Schierling werden, wenn er dem Grünfutter beigemischt wird. Schuld daran ist das giftige Alkaloid Coniin.

Auch die Gespenst-Gelbdolde *(Smyrnium olusatrum)* gehört zu den früh blühenden Doldengewächsen, die den Frühjahrsaspekt von Hekken und Knicks so charakteristisch gestalten. Diese Pflanze stammt ursprünglich aus Südeuropa. Die Gelbdolde spielte früher eine große Rolle als Gemüsepflanze; heute ist sie leider aus den modernen Küchen verbannt. Die alte Gemüse- und Salatpflanze ähnelt im Geschmack dem Sellerie und wurde später von diesem verdrängt. Früher standen Gelbdolden in jedem Klostergarten. Noch heute blühen sie rings um ehemalige Klöster und Burgen als Zeugen vergangener Zeiten. Der Nachweis ihrer Verwendung als Gemüsepflanze reicht bis in das

1. Jahrhundert nach Christi Geburt zurück. Schon damals wurde die Gelbdolde angebaut und wie Sellerie verwendet. Die Wurzeln kochte man zart, die Blütenköpfe gaben den Salaten einen Hauch von Myrrhegeschmack.

In Irland gab es früher einen Eintopf, der nur aus Gelbdolden, Kresse und Brennesseln bestand. Obwohl Gelbdolden im Mittelalter eine herausragende Rolle als Gemüse- und Salatpflanzen spielten, wurden sie Ende des 18. Jahrhunderts vom Sellerie abgelöst. Die kräftige, aufrechte, zweijährige Pflanze trägt typische, gelblich-grüne Blüten, die in halbkugeligen Dolden zusammenstehen. Der wissenschaftliche Name *Smyrnium olusatrum* leitet sich aus dem Griechischen ab und bedeutet: nach Myrrhe schmeckend. *Olus* bedeutet in der lateinischen Sprache Gemüse, und *atrum* weist auf die schwärzliche Farbe der reifen Früchte hin. In England heißt die Gelbdolde *»alexanders«*, und zwar nach ihrem Entdecker Alexander dem Großen oder nach der Stadt Alexandria, wo vielleicht der natürliche Standort dieser Pflanze lag.

Jahrhundertelang genoß die Gelbdolde auch als Heilkraut großes Ansehen: Ihre Wurzeln und Samen wurden bis ins 19. Jahrhundert hinein medizinisch verwendet. Samen in Wein eingelegt sollen gegen Menstruationsbeschwerden geholfen haben. Die Blätter dienten zur Vorbeugung gegen Vitamin-C-Mangel, zum Beispiel gegen den gefürchteten Skorbut. Den Wurzeln sagte man eine milde harntreibende Wirkung nach.

»Zerstoßene Blätter auf offene Wunden gelegt unterbinden das Nachbluten und bringen die Wunde schmerzfrei zum Abheilen«, steht in einem medizinischen Handbuch des 16. Jahrhunderts.

Wohl die sonderbarste Heckenpflanze ist der Gefleckte Aronstab *(Arum maculatum).* Diese Pflanze gehört zu den seltenen europäischen Vertretern der Aronstabgewächse *(Araceae),* die mit über 100 Arten hauptsächlich in den Tropen zu Hause sind. Der eigenwillige Aufbau des in Maihecken häufigen Aronstabs wird deutlich erkennbar, wenn man die kronblattartige Blattscheide (Spatha) vorsichtig herabzieht. Der Blütenstand kommt nun zum Vorschein. Die Blüten sind am unteren Ende des Kessels in zwei Gruppen aufgeteilt. Am Grunde eines Kolbens (Spadix) stehen in spiraliger Anordnung die weiblichen Blüten. Sie bestehen nur aus dicht gedrängten Fruchtknoten und sehen wie Maiskörner an einem Maiskolben aus. Darüber liegen zu flaschenartigen Anhängseln mit borstigen Fortsätzen umgewandelte sterile Blüten. Über diesen Borsten liegen dicht gedrängt zahlreiche Staubblätter. Darüber folgt ein weiterer Ring von Borsten, die wie ein Fliegengitter den Zugang zum Kessel versperren. Die komplizierte Blüte des Aronstabs ist eine Insektenfalle. Wie funktioniert sie? Am späten Nachmittag öffnet sich das schützende Hüllblatt des Gefleckten Aronstabs, der Kolben verströmt einen unangenehmen Duft nach Urin und lockt winzige Schmetterlingsmücken an. Die Insekten rutschen über die schleimige Innenwand wie auf einer Rutschbahn in das Innere der Falle. Dicke, klebrige Sekrettropfen auf den Narben nehmen den Fliegen, die schon Pollenkörner einer anderen Aronstab-Pflanze tragen, den Pollen ab. Gleichzeitig versorgen sie die Mücken mit Nahrung. Die Nacht müssen die Gefangenen in der Falle verbringen. In dieser Zeit reifen die männlichen Blüten und pudern die gefangenen Insekten mit Pollenstaub ein. Erst am nächsten Morgen öffnet sich die Falle und gibt die mit Pollen beladenen Fliegen frei. Das Spiel kann dann von neuem beginnen. Die weiblichen Narben werden stets vor den männlichen Blüten reif. So verhindert der Aronstab Selbstbestäubung.

Lange hat man sich gefragt, was die Insekten in die Falle lockt. Ist es nur der Geruch, oder gibt es weitere Lockmittel? Heute wissen wir, daß der Aronstab neben dem Geruch auch Wärme einsetzt, um Fliegen anzulocken. Die Keule am Eingang des Helmes wirkt wie ein kleiner Heizofen, der den Insekten während der oft kühlen Nächte ein warmes »Versteck« bietet. Die Heizleistung des Kolbens ist erstaunlich. Im Inneren des Blütenstandes herrscht eine Temperatur von rund 40 °C, also 15 bis 20 °C mehr als in der Umgebung. Diese erstaunliche Heizleistung erreicht die Pflanze durch Umwandlung von Stärke in Wärme. Kein Wunder, daß der Aronstab für Insekten so attraktiv ist. Duft, ein »warmer Schlafplatz« und süße Nahrung sind das Geheimnis dieser Pflanze im Wettbewerb um bestäubende Insekten. Leider lassen sich die Vorgänge im Aronstab nur schwer beobachten. Botaniker konnten die seltsamen Vorgänge nur aufklären, weil sie kleine Fenster in das Hüllblatt schnitten, mit hauchdünnen Gläschen zuklebten und Tag und Nacht beobachteten, was in der Blüte vorging. Wenn aber im Herbst die roten Beeren des Aronstabs unter den Hecken hervorleuchten, weiß der Betrachter, daß das komplizierte Spiel von Werbung, Anlockung und Bestäubung wieder einmal erfolgreich war. Man sollte die Beeren nicht berühren, sie sind sehr giftig. Auch wenn die seltsame Biologie erst in unseren Tagen erforscht wurde, hat der eigenartige Aufbau des Aronstabs schon immer die Phantasie der Betrachter angeregt. In ländlichen Gegenden heißt er »Adam und Eva«, »Mann und Frau« oder »Herr und Dame«. In der Symbolwelt des Mittelalters spielte der Aronstab eine zweifelhafte Rolle. Er wurde als Aphrodisiakum, als Gesichtswasser oder als Antigiftmittel verwendet. Der Gattungsname *Arum* stammt aus dem Griechischen und bedeutet »Giftpflanze«; *maculatum* bedeutet »gefleckt« und bezeichnet die purpurfarbenen Flecken auf den Blättern.

Nachtnelken setzen leuchtende Farbkleckse in die Heckenlandschaft. An den Knickrändern Schleswig-Holsteins gedeihen meist zwei Nachtnelkenarten recht üppig: Die Weiße Nachtnelke *(Melandrium album)* und die Rote Nachtnelke *(Melandrium rubrum)*. Beide Arten sind zweihäusig, männliche und weibliche Blüten stehen also auf getrennten Pflanzen. Den Namen tragen sie, weil zumindest die Weiße Nachtnelke erst abends die Blütenkelche öffnet. Die Rote Nachtnelke ist fest in Bräuchen und der Folklore verwurzelt. Die Römer flochten Girlanden und bekränzten damit ihre Sieger bei den Gladiatoren-Wettkämpfen in Rom. Im 16. Jahrhundert eroberte die Nachtnelke die Gärten. Der weich behaarten Pflanze mit den lockeren Blütenständen sagte man nach, sie bringe dem, der sie abpflückt, den Tod ins Haus.

Nicht weniger Farben bringen Wicken in Hecken und Knicks. Die Zaunwicke *(Vicia sepium)* bevorzugt die schattigen Heckentraufen. Ihre violetten Blüten sehen ähnlich aus wie die der Berg-Platterbse *(Lathyrus montanus)*, die anfangs karminrot sind und später bläulich werden. Beide Arten können jedoch leicht unterschieden werden: Die Platterbse trägt die Fiederblättchen zu je 2 bis 4 Paaren angeordnet, während die Zaunwicke 4 bis 9 Paare Fiederblättchen besitzt. Darüber hinaus hat sie Ranken, die der Platterbse fehlen. Die Berg-Platterbse liebt trockene, saure Böden und fehlt in den Hecken auf Muschelkalk.

Die Echte Sternmiere *(Stellaria holostea)* hilft bei Seitenstechen. Bei den Kelten glaubte man, Seitenstechen werde von Schüssen der Kobolde verursacht, denen die Sternmieren gehörten. »Ein Sträußchen Sternmiere in Wein getaucht, vertreibt das Seitenstechen«, verheißt ein altes Kräuterbuch. Sternmieren sind zarte, zerbrechliche Pflanzen mit locker verzweigten Blütenständen und großen, weißen sternförmigen Blüten. »Stern von Bethlehem« werden sie auch genannt. Sternmieren wachsen am Fuße der Wallhecken, wo sich auch gerne Ringelnattern und Kreuzottern sonnen. Deshalb glaubten die Kinder in Cornwall (England), sie würden von Schlangen gebissen, wenn sie die leuchtenden Blütensterne abpflückten. Wie fast alle Heckenpflanzen sollen auch Sternmieren Donner und Blitz verursachen, wenn man sie abreißt. Viel angenehmer ist da schon die Verheißung, daß ein Sud aus Sternmieren für männliche Nachkommen sorgt.

Geißfußsuppe

1 große Handvoll zermörserter Geißfußblätter, 50 g Butter, 25 g Mehl, 275 ml Fleischbrühe, 150 ml Milch, Sahne, Salz, Pfeffer.

Die Blätter und Blattstiele waschen und in etwas Butter weichdünsten (10 bis 15 Minuten). Häufig umrühren. Das Mehl einrühren und langsam mit heißer Brühe aufgießen. Würzen. Wenn die Masse eindickt, Milch aufgießen, umrühren und abschmecken. Mit einem Schuß Sahne heiß servieren.

Gelbdolden-Pastete mit Wegerichsahne

Die jungen Blätter und Blattstiele der Gelbdolden *(Smyrnium)* etwa 10 Minuten weichkochen. Klein hacken und in wenig Béchamelsauce in Blätterteigpastetchen füllen. Bei 190 °C 20 Minuten überbacken.

Wegerichsahne

(ohne Mengenangabe)

Junge Wegerichrosetten ausstechen, die Blätter ohne Blattstiele abschneiden und waschen. In Salzwasser 10 bis 15 Minuten weichkochen. Abgießen und die Blätter abtrocknen. Klein hacken und in Béchamelsauce löffelweise über die Pasteten geben.

Apfelblüten-Eis

Blütenblätter von Wildem Apfel, Wildkirschen, Pfirsich, 150 ml Schlagrahm, 40 g Puderzucker, 2 Eßlöffel Orangenlikör, Eiweiß von 2 Eiern.

Die Blütenblätter in erwärmtem Orangenlikör 1 Stunde ziehen lassen. Den Schlagrahm mit dem Puderzucker steif schlagen und die Blüten (in Orangenlikör) einrühren. Vorsichtig den sehr steifen Eischnee unterziehen und die Masse gefrieren lassen.

Weißdornbowle

1 Fl. herber Weißwein, 1 Fl. herber Rotwein, 1 zerteilte Orange, Zucker; Kräuter: Thymian, Borretsch, Minze, Weißdornblüten.

Alle Zutaten mischen und dann junge, gut gewaschene Weißdornblüten dazugeben. Zugedeckt 24 Stunden stehen lassen. Gut gekühlt an einem schönen Maisonntag servieren (auch vormittags!).

Weißdornhappen

Junge Weißdorntriebe und Blättchen sammeln und gut waschen. Die Blättchen abtrocknen und auf Toastbrot legen. Weichkäse darüberstreichen und im Ofen überbacken.

Hopfensprossen-Beignets

Junge Hopfensprossen, 110 g glattes Mehl, etwas Salz, 3 Eßlöffel Pflanzenöl, 150 ml warmes Wasser, 1 Eiweiß.

Beignet-Teig: Gesiebtes Mehl, etwas Salz und das Pflanzenöl einrühren. Langsam unter ständigem Rühren das Wasser zugeben. Wenn der Teig cremig ist, etwa 2 Stunden kühl stehen lassen. Dann den sehr steifen Eischnee unterziehen.

Junge Hopfensprossen waschen und sehr gründlich abtrocknen. In Beignet-Teig eintauchen und in heißem Öl goldbraun herausbacken. Auf Küchenpapier abtropfen lassen, salzen und sofort heiß auf den Tisch bringen.

Juni

Der Monat Juni ist nach der Göttin Juno, der Frau des Jupiter, benannt. Im Ablauf eines Jahres, im Kommen und Gehen von Wachsen, Blühen und Vergehen gebührt dem Juni der Platz einer Königin unter den Monaten. Junihecken sind jetzt blühende Inseln inmitten monoton grüner Felder. Zart rosa leuchten die Kelche der Wildrosen aus dem weißen Blütenteppich des Holunders und dem Meer der weißen Blütenkugeln des Schneeballs. Wie ein vereinigendes Band schlingen sich blühende Lianen der Heckenkirsche durch Strauch und Busch. Und wie Schriftsätze in einem altertümlichen Buch unterstreichen Girlanden von bunten Wildkräutern die blühenden Heckenzeilen: Klee, Wicken, Margeriten und der Waldziest blühen jetzt und setzen leuchtende Farbtupfer wie Synkopen in das Farbkonzert der Hecken. Eine Symphonie verschiedenster Gräser, begleitet vom betörend süßen Duft des Mädesüß, gestalten Hecken jetzt zum intensiven Erlebnis von Farben, Formen und Düften. Emsige Bienen und Hummeln auf der Suche nach Nektar und Pollen begleiten mit ihrem Fluggeräusch das musikalische Bild gleichsam als *Basso continuo.*

Der Juni ist der Monat wichtiger Kirchenfeste, die teilweise schon in heidnischer Vorzeit gefeiert wurden: Pfingsten, Fronleichnam und der St.-Barnabas-Tag. (11. Juni). Mit dem Barnabas beginnt die Heuernte.

St. Barnabas nicht die Sichel vergaß,
hat langen Tag und das längste Gras.
(Oberfranken)

Auch der 15. Juni ist einem Heiligen gewidmet. St. Veit, der Schutzpatron vor Epilepsie (»Veitstanz«) entscheidet über leere Scheunen oder reichen Segen:

O, heiliger Veit, so regne nicht,
daß es uns nicht an Gerst gebricht.
(Oberfranken)

Regnet's an Veit ohn' Unterlaß,
bleibt es 40 Tage naß.
(England)

Im Volksmund sind eine Reihe weiterer Bauernregeln lebendig:

Der Kuckuck kündet teure Zeit,
wenn er noch nach Johanni schreit.
(Oberfranken)

Das wichtigste Fest aus heidnischer Vorzeit ist der 23. Juni, »Sonnwend«. Nach dem Kalender wird eigentlich schon der 21. Juni als Sommeranfang bezeichnet. Etwa 16 bis 17 Stunden ist es jetzt hell und 7 bis 8 Stunden dunkel. Sonnwendfeiern haben sich in England am 23. Juni, in fränkischen Gegenden am 24. Juni eingebürgert. Am 21. Juni begann im alten England ein neues Quartal. Miet- und Pachtzins waren fällig, Grund genug, in dieser Nacht alte Zeremonien aus grauer Druidenzeit lebendig werden zu lassen. Überall im Land brennen Freudenfeuer (Johannisfeuer) bis weit nach Mitternacht, um der nachlassenden Sonne symbolisch nachzuhelfen. Wenn nach Mitternacht die Johannisfeuer langsam abbrennen, ist es alter Brauch, übers Feuer zu springen. Das bedeutet Glück und schützt vor Hexen und Zauber. Viele Ehepaare heiraten an Johanni und erhoffen sich von diesem Tag Glück und Segen für die Ehe. Auch das Johanniskraut soll Glück bringen. Noch heute werden in England, Norddeutschland und Franken Sträuße des Johanniskrauts über Tür und Tennen aufgehängt.

Dem Juni gelten besonders viele Wetterregeln. Das Klima dieses Monats hat entscheidenden Einfluß auf die Ernte.

Wenn's im Juni sehr viel regnet,
ist der Graswuchs nicht gesegnet.

Plötzliche, schwere Gewitter sind typisch für den Juni und gefährden oft die Erträge der Bauern. Für die Landwirte heißt es jetzt, fest zuzupakken. Denn Bauern kennen keinen 8-Stunden-Tag, wenn es gilt, die Ernte einzubringen:

Der Sommer kommt, der längste Tag,
bringt Bauern Arbeit, Müh und Plag!
Statt sparsam Haus und Hof zu führen,
heißt's jetzt, die Hände kräftig rühren.
(Frei nach V. Sackville-West)

Wann die ersten Hecken von Menschenhand angelegt wurden, weiß niemand ganz genau. Aber die Nachweise reichen bis in prähistorische Zeiten zurück. So lassen Luftaufnahmen in Südostengland darauf schließen, daß ein beträchtliches Netz von Wallhecken schon in der vorrömischen Eisenzeit vorhanden war. Auch Cäsar berichtet in seinem ›De bello gallico‹ von lebenden Einfriedungen, die feindliche Reiter von den Feldern der Nervier fernhalten sollten. Die Angelsachsen setzten die Heckenkultur in England fort. Sie pflanzten darüber hinaus neue Hecken und bauten das vernetzte System aus. Nach der Eroberung Englands durch die Normannen (Wilhelm der Eroberer) im Jahre 1066 fuhren auch die neuen Herren des Landes fort, die Hecken zu pflegen und zu erneuern.

Die Knicks und Wallhecken Schleswig-Holsteins lassen sich ziemlich genau datieren. Sie entstanden in der zweiten Hälfte des 18. Jahrhunderts aufgrund staatlicher Verordnungen. Vor der Agrarreform des 18. Jahrhunderts gab es in Schleswig-Holstein eine vielgestaltige Flur aus Äckern, Wiesen und Weiden, die mit Gebüsch und Krattwäldern durchsetzt war. Mit den »Verkoppelungsgesetzen« von 1770 wurden die alten Feldgemeinschaften aufgelöst. Jeder Bauer bekam sein eigenes Land zugewiesen, das gerade so groß war, daß es ein Paar Ochsen an einem Tag pflügen konnte. Diese Koppeln mußten nach der Verordnung ausdrücklich mit »lebendem Pathwerk« umgeben werden, das regelmäßig geknickt werden mußte. Die »Knicks« wandelten den Charakter der Landschaft – die typische Knicklandschaft Schleswig-Holsteins entstand. Aus dieser Zeit berichtet ein Holzschnitt, der auf Seite 69 abgebildet ist.

Ein dichtes Netz von regelmäßig angeordneten Wallhecken durchzieht seither das Land. Im Laufe der Jahre zeigten sich die Vorteile der Knicks: Sie wirken als Windbremse, fördern die Taubildung, spenden Schatten, verhindern die Erosion und beherbergen ein reiches Pflanzen- und Tierleben.

Wenn auch über die Entstehung der fränkischen Lesesteinhecken kaum zeitgeschichtliches Material vorliegt, kann es als sicher gelten, daß diese Hecken anders entstanden als Knicks. Die meisten fränkischen Hecken sind nicht mit Grünland, sondern mit dem Daueracker-land der Hügellandschaft des Muschelkalkes verknüpft: Dort, wo der Muschelkalk zutage tritt, treten bevorzugt Hecken auf. Der Hauptteil der Hecken scheint auf folgende Weise entstanden zu sein: Mit dem

Der zeitgenössische Holzschnitt berichtet von der Heckenkultur im Schleswig-Holstein des 18. Jahrhunderts.

Beginn des Ackerbaus mußten die Bauern wegen der engen Täler des Fränkischen Jura auf die Berghänge ausweichen. Sie legten mit den damals geringen mechanischen Mitteln Terrassen an, die streng den Höhenlinien der Hügel folgten. Zur Abgrenzung der Terrassen entstanden Steinwälle aus Lesesteinen, die von Hand aus dem mageren, aber steinigen Ackerland an die Feldränder geworfen wurden. Diese Technik der Terrassierung erlaubte nur schmale, dafür aber sehr lange Felder, die sich wie Bänder an die Hügelkonturen anschmiegten.

Die Besiedelung der Lesesteinwälle mit Heckensträuchern geschah weitgehend ohne die Mithilfe des Menschen. Auf den ursprünglich kargen Steppenheiden und Trockenrasen der Jurahänge sind Sträucher wie Weißdorn, Rose und Schlehe natürlich vorkommende Pflanzenelemente, die durch die Bearbeitung der Äcker lediglich auf die Lesesteinwälle zurückgedrängt wurden.

Sicher haben die Bauern im Laufe der Jahrhunderte die Pflanzenzusammensetzung der Lesesteinhecken beeinflußt. So wurde der Weißdorn Anfang des 19. Jahrhunderts bevorzugt in Hecken geduldet und sogar gefördert, weil seine Blätter, Blüten und Samen wichtige Naturheilmittel gegen Herzschwäche, Blutarmut und Herzasthma lieferten.

Die enge Vertrautheit der früheren Landbevölkerung mit den Pflanzen der Lesesteinhecken hat dafür gesorgt, daß Hecken als wichtige Lieferanten von Heilkräutern, Herbstfrüchten oder Winterholz geschätzt waren.

Die große geologische Vielfalt fränkischer Böden bewirkte, daß die Pflanzenzusammensetzung und die Häufigkeit einzelner Sträucher von Ort zu Ort variiert. Sicher gehören aber Weißdorn, Schlehe und Wildrose zu den typischen Sträuchern der Lesesteinhecken. Das Gelände südwestlich von Stadtsteinach (bei Kulmbach) kommt wohl der ursprünglichen fränkischen Heckenlandschaft am nächsten und gibt Zeugnis von dem heute und einst mühsamen Ackerbau auf den Jurahängen.

Der geologische Untergrund und der Kampf der Bauern gegen Wind und Erosion haben in vielen Gegenden Europas unterschiedliche Hekken entstehen lassen. Im berühmten Schweizer Gebiet um Les Verrières östlich des Doubs-Tales liegt ein ausgedehntes Heckengebiet im Bereich des Jura, das den fränkischen Lesesteinhecken ähnlich ist. Es besitzt den gleichen geologischen Untergrund: Ablagerungen des Millionen Jahre alten Jura-Meeres.

Die österreichischen voralpinen Hecken bestehen meist aus Haselsträuchern, die sich auf Lesesteinwällen der alpinen Landwirtschaft angesiedelt haben. Sie sind wohl eher dem atlantisch geprägten, kühlnassen Klima Schleswig-Holsteins vergleichbar.

Einen Sonderfall stellen sicher die Windschutzgürtel des Wiener Bekkens und des österreichischen Burgenlandes dar. In den burgenländischen Hecken wachsen die Robinie *(Robinia pseudacacia),* der Götterbaum *(Ailanthus altissima)* und manchmal der Flieder *(Syringa vulgaris)* sowie Hybrid-Pappeln.

Leider finden wir hier viele fremdländische Pflanzenarten, die in Hecken gepflanzt wurden und eigentlich keine bodenständigen Pflanzengesellschaften repräsentieren. Es gibt jedoch im Wiener Raum Bestrebungen, diese Windschutzgürtel wieder mit einheimischen Gehölzen aufzuforsten.

Gräser

Ende Juni sind die Heckentraufen von Gräsern überwuchert. Diese grazilen Wildpflanzen sind es wert, besonders aufmerksam betrachtet zu werden. Viele der 150 bis 180 einheimischen Arten blühen jetzt, sehr zum Leidwesen vieler von Heuschnupfen geplagter Menschen. Rund 25 Grasarten sind typische Begleitpflanzen von Hecken. Sie waren wohl ursprünglich wegen ihrer Vorliebe für schattige Standorte charakteristische Waldpflanzen. Auch einige Wiesenarten haben in Hecken Rückzugsgebiete gefunden. Das häufigste Gras in Hecken ist der Glatthafer *(Arrhenatherum elatius)*. Diese Pflanze war früher vor allem an den Küsten zu finden, sie ist aber heute als Folge der Grünlandbewirtschaftung als Futtergras über ganz Europa verbreitet. Die meisten Gräser lassen sich recht leicht bestimmen. Ein Bestimmungsschlüssel findet sich am Ende dieses Kapitels (Seite 84 bis 88).

Gräser tragen keine auffallend bunten Blüten wie andere Pflanzengruppen. Grasblüten bestehen aus Hochblättern, die man Spelzen nennt und die die Staubblätter und Narben schützen. Jede Einzelblüte ist sehr einfach gebaut. Drei Staubgefäße umrahmen den weiblichen Blütenteil, die Narbe. Die Narben tragen federartige Fortsätze, um gewissermaßen als Staubwedel Pollenkörner aus der Luft zu fischen. Das ist auch der Sinn dieser Narben, denn Gräser sind Windbestäuber. Die einzelnen Blüten stehen in einem meist als Ähre oder Rispe ausgebildeten Gesamtblütenstand zusammen. Die Art des Aufbaus einer Blütenähre ist charakteristisch für jedes Gras und oft auch namensgebend: Man denke zum Beispiel an Rispengras, Knäuelgras oder Kammgras. Selbst wenn Gräser nicht blühen, können sie bestimmt werden: Blätter und Stengel besitzen genügend Bestimmungsmerkmale. Die Grasblätter erinnern an dünne Klingen mit sehr scharfen Kanten. Diese Blattspreiten sind mit einer Blattscheide am Stengel verwachsen. Dort, wo die Blattscheide den Stengel umfaßt, findet man ein farbloses Blatthäutchen, die Ligula. Diese Häutchen sind für die Bestimmung der meisten Gräser wichtig, da sie bei jeder Art anders geformt sind.

Gräser sind eine sehr ästhetische Pflanzengruppe. Man muß nur einmal beginnen, sie näher zu betrachten. Wo findet sich eine bessere Gelegenheit dazu, als bei einem Heckenspaziergang?

Auch wenn es unglaublich klingt, ist es doch wahr: Die Menschheit ist von Gräsern abhängig. Weizen, Gerste, Roggen, Reis und Mais – alle diese Nahrungspflanzen des Menschen sind Zuchtformen wilder Gräser.

Gräser lassen sich leicht pressen und trocknen und ergeben wunderschöne Motive für Bilder oder Lampenschirme. Man sollte sie stets abschneiden und nie abrupfen, weil allzuleicht der Wurzelstock dabei verletzt wird.

Oben links: Kammgras *(Cynosurus cristatus)*
Oben rechts: Gemeines Knäuelgras *(Dactylis glomerata)*
Unten: Englisches Raygras (Lolium perenne)

Das früheste Gras im Jahreslauf ist der Fuchsschwanz *(Alopecurus pratensis)*. Die seidig glänzenden Blütenstände erscheinen schon im April. Wie der Name *pratensis* sagt, wächst der Fuchsschwanz bevorzugt auf Weideland. Das gilt auch für das Englische Raygras *(Lolium perenne)* und das Kammgras *(Cynosurus cristatus)*. Das Ruchgras *(Anthoxanthum odoratum)* gedeiht auf mageren Wiesen und an Hecken. Die cumarinhaltige Pflanze riecht beim Zerreiben intensiv nach Waldmeister. Viele der hochwachsenden Gräser wie der Glatthafer, die Taube Trespe *(Bromus sterilis)* und das Knäuelgras *(Dactylis glomerata)* stehen an Wegrändern oder begleiten Straßenhecken. An schattigen Seiten von Feldhecken wachsen meist typische Waldgräser wie der Riesen-Schwingel *(Festuca gigantea)*, die Waldtrespe *(Bromus ramosus)* und die Waldzwenke *(Brachypodium sylvaticum)*. Wo Laubbäume in die Hecken hineinwachsen, stehen häufig die violetten Blütenstände des Einblütigen Perlgrases *(Melica uniflora)*. Wer Gräser betrachtet, wird bald die stille Schönheit dieser grazilen Pflanzen entdecken und sich daran freuen.

Kuckucksspeichel

Dem aufmerksamen Spaziergänger werden im Juni überall silbrig glänzende Schaumtropfen auffallen, die an Pflanzenstengeln oder Zweigen von Büschen zu Hunderten kleben und weithin in der Sonne leuchten. Im Volksmund heißen diese klebrigen Schaumbällchen »Kuckucksspeichel«. Zerteilt man diese Gebilde vorsichtig mit den Fingern, kommt ein winziges, blaßgelbes Insekt zum Vorschein. Es ist die Larve eines unserer häufigsten Insekten, der Wiesenschaumzikade *(Philaenus spumarius)*.

Die ausgewachsene Zikade ist etwa 5 Millimeter groß und bräunlich gezeichnet. Die Muster auf dem Rücken variieren je nach der Färbung der Wirtspflanzen und ermöglichen dem Insekt, sich ausgezeichnet zu tarnen. Zikaden gehören zur Ordnung der Homoptera, der Gleichflügler oder Pflanzensauger. In dieser Ordnung sind Zikaden, Pflanzenläuse, Schildläuse und Mottenschildläuse zusammengefaßt. Alle Arten der Gleichflügler haben eines gemeinsam: Sie saugen Pflanzensäfte, die sie mit spitzen, rüsselartigen Mundwerkzeugen wie mit einem Strohhalm aus den Leitungsbahnen von Pflanzen pumpen. Wer Zikaden beobach-

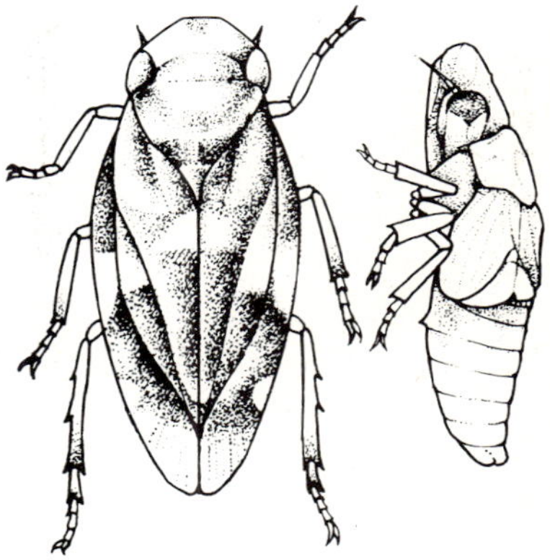

Wiesenschaumzikade *(Philaenus spumarius)*
links: ausgewachsenes Insekt
rechts: Larve seitlich

ten will, muß sich ganz vorsichtig bewegen. Bei der kleinsten Störung springen sie davon.

Das Sprungvermögen der mit verdickten Hinterbeinen ausgerüsteten Zikaden trug diesen Tieren volkstümliche Namen wie »Blattflöhe« oder »Froschhüpfer« ein. Tatsächlich erinnern Zikaden an Miniaturfrösche, wenn sie sich auf Gräsern und Blättern tummeln.

Der schaumige Kuckucksspeichel ist eine phantastische Erfindung dieser Tiergruppe und erfüllt vielerlei Funktionen im Leben der Larven. Inmitten des blasigen Schaumes sind die winzigen Jungzikaden vor Austrocknung geschützt und vor Nachstellungen vieler Fraßfeinde wie Wanzen und Ameisen sicher. Nur wenige Spezialisten unter den räuberischen Insekten können den schützenden Schaummantel überwinden. Zu diesen spezialisierten Räubern gehören einige solitär lebende Wespenarten, die Zikadenlarven aus dem »Schaumbad« fischen können, um ihre Brut mit dem Lebendfutter zu versorgen.

Auf welche Weise Schaumzikaden den Speichel herstellen, war lange unbekannt. Heute weiß man, daß die Larven am Bauch eine Atemhöhle besitzen, in die Atemöffnungen (Stigmen) münden. Zur Schaumbildung pumpen die Larven Luftbläschen aus der Atemhöhle in eine aus dem After tretende Flüssigkeit. Bei der Entwicklung des schützenden Schaummantels hatten die Zikaden während ihrer Evolution ein weiteres Problem zu lösen: Der Schaum durfte nicht wasserlöslich sein. Jeder Regenschauer würde sonst den Schutz der Larven gefährden. Die Lösung dieses Problems ist die Beimengung einer geringen Menge tierischen Eiweißes aus speziellen Drüsen. Der Schaum wird durch das Eiweiß fester und unempfindlicher gegen Wasser. Zum Luftschöpfen müssen die Larven ihr Hinterleibsende jeweils kurzfristig aus dem Kukkucksspeichel herausstrecken.

Ähnlich wie die häufige Wiesenschaumzikade leben noch weitere Zikadenarten in Hecken. Die auffällig rotgefleckten Blutzikaden *(Cercopis vulnerata)* sind nicht zu übersehen, wenn sie an Pflanzen wie bunte Perlen sitzen und saugen. Statt Tarnfarben tragen Blutzikaden Warnfarben. Gerade das auffallende Rot soll Räuber abschrecken. Auch das Larvenleben der Blutzikaden unterscheidet sich von dem der Wiesenschaumzikaden. Die Larven von *Cercopis vulnerata* leben unterirdisch und saugen gesellig an den Wurzeln krautiger Pflanzen. Zikaden sitzen im Juni überall und verführen mit ihrer eigenwilligen Färbung und ihrer sonderbaren Biologie aufmerksame Heckenbesucher dazu, einen Juni-Sonntag auf dem Bauch am Heckensaum zu verbringen. Eines steht fest, dieser Sonntag lohnt sich!

Ohne Zweifel sind Wildrosen die auffälligsten und schönsten Heckenpflanzen im Juni. Sie gaben dem Juni den Beinamen »Rosenmonat«. Rund 23 Rosenarten sind für Deutschland nachgewiesen, die meisten wachsen in Hecken. Die häufigsten Rosenarten sind die Hundsrose *(Rosa canina)* und die Feldrose *(Rosa arvensis)*. Die Hundsrose ist weit verbreitet. Von Nordeuropa bis nach Nord- und Südwestafrika reicht ihr Lebensraum. Diese anspruchslose Pflanze wurde früher mit der Damaszener-Rose *(Rosa damascena)* gekreuzt. Das Ergebnis war die berühmte Weiße Rose von York, benannt nach dem englischen Herrscherhaus, das sogar in »Rosenkriege« verwickelt war. Hundsrosen blühen weiß bis rosa, die Narben stehen als Gruppe auf einer Erhöhung im Zentrum der Blüte. Feld- und Hundsrose lassen sich leicht unterscheiden: Bei der niedrig wachsenden Feldrose sind die Griffel zu einer Griffelsäule verwachsen und gerade so lang wie das kürzeste Staubblatt. Bei der Hundsrose stehen die Griffel frei in der Blütenmitte. Anders als die großbuschigen Hundsrosen kriechen Feldrosen am Boden und dienten deshalb als Ausgangsart bei der Züchtung von unzähligen Kletterrosensorten. Der betörende Duft wird aus Drüsen der Staubblätter abgesondert und nicht, wie üblich, von den Kronblättern ausgeschieden.

Im Norden Deutschlands findet man auf Lehmböden häufig die Weinrose *(Rosa rubiginosa)*, die an Straßenböschungen oft auch angepflanzt wird. Die Blüten der Weinrose sind tiefrot, die Fiederblättchen fein behaart. Beim Zerreiben der Blätter verströmt ein intensiver Duft nach Obst.

Wildrosen spielten schon im antiken Griechenland eine herausragende Rolle. In Homers ›Ilias‹ sind Rosen die Blumen der Aphrodite, die als Göttin der Liebe häufig mit Rosenblüten abgebildet wurde. Aphrodite heilte Hektors Wunden mit Rosenöl. Rosenblüten wurden zum Symbol der Liebe und später als heilige Rosa Mystica ein Wahrzeichen der Jungfrau Maria. Rhodos, die Blumeninsel im östlichen Mittelmeer, erhielt ihren Namen nach den berühmten Zuchtgärten für Rosen. Mit dem Nebeneinander von spitzen Stacheln und lieblichem Blütenduft wurden Rosen zum Symbol von Liebe und Leben. Glück und Unglück liegen oft ebenso nah beieinander wie Stacheln und Duft auf einer Rosenpflanze. Jahrhundertelang waren Dichter und Poeten von dieser Pflanze fasziniert. Rosen gelten als die ungekrönten Prinzessinnen unter dem Gefolge der Heckenpflanzen.

Die cremigweißen Dolden des Holunders setzen leuchtende Tupfer in das Grün der Junihecken. Ihr süßlich-schwerer Duft macht benommen. Wegen der narkotisierenden Wirkung wurden Holunderbüsche auf den Bauernhöfen nie unter Schlafzimmerfenstern gepflanzt. Wer unter einem Hollerstrauch einschläft, wacht nie wieder auf, sagte man früher. Selbst für das Vieh kann der Duft schädlich sein, wenn Rinder im Sommer unter Holunderbüschen Schatten suchen. Aber der Duft konnte auch segensreiche Wirkungen entfalten. Blütendolden, an das Zaumzeug von Pferden gesteckt, vertrieben die lästigen Fliegen und dienten in getrockneter Form als natürliches Insektenschutzmittel. Von französischen Obstbauern ist bekannt, daß sie Birnen in Blütendolden des Holunders lagerten. Der leichte Muskatgeschmack des Holunders drang in das Fruchtfleisch und verfeinerte das Birnenaroma.

Im nördlichen Europa glaubte man, daß Holunderblüten, in Bier getaucht, einen Trank für Verliebte ergaben, der beide binnen Jahresfrist zu Eheleuten machte. Ein Sud aus Holunderblüten wird noch heute in englischen Arzneibüchern als Lotion für Augen- und Hautleiden empfohlen. Sie werden auch heute noch als Rasierwasser, zur Linderung von Sonnenbrand und in der Kosmetikindustrie verwendet. Holundermarmelade ist wegen ihres hohen Gehaltes an Mineralen und Vitaminen gesundheitlich besonders wertvoll.

Daß auch der Ehrenpreis in Aberglauben und Volksmedizin zu hohem Ansehen gelangte, mag man an dem Namen dieser schönen Pflanze ablesen. Wanderer und Reisende trugen früher Ehrenpreissträußchen am Hut, um vor allen Gefahren gefeit zu sein. Leider fallen die zarten blauen Blüten kurz nach dem Pflücken ab, man sollte daher den Ehrenpreis stets draußen bewundern. Der lateinische Name ist ebenfalls wohlklingend: *Veronica.* Vielgeschätzt wurden die heilsamen Wirkungen des Ehrenpreises: Auszüge aus *Veronica*-Pflanzen ergaben, mit Wein mehrfach destilliert, einen zähen, rötlichen Saft, der vorzüglich gegen Husten und Entzündungen der Luftwege half. In den Hecken Norddeutschlands kommt der Gamander-Ehrenpreis *(Veronica chamaedrys)* besonders häufig vor. Er gedeiht in Hecken und Wiesen auf nährstoffreichen Böden. Typisch für den Gamander-Ehrenpreis sind zwei Haarleisten, die am Stengel hinablaufen. Auf den Kalkböden des Jura in Franken begleiten die leuchtend blauen Stauden des Großen Ehrenpreises *(Veronica teucrium)* die Heckensäume. Die Blütenkronen dieser Art sind wunderschön. Dunkelblaue Adern durchziehen die himmelblaue Blütenkrone und dienen Insekten als Saftmale zur Orientierung. Die Saftmale reflektieren das ultraviolette Licht. Nur Bienen sehen diese leuchtenden Wegweiser. Wir Menschen können UV-Strahlen nicht sehen und die Schönheiten des Ehrenpreises deshalb nicht voll und ganz genießen.

Und doch begeistern die leuchtenden Blütensterne den Betrachter. Die Autorin Ann Pratt beschrieb im vorigen Jahrhundert den Ehrenpreis: »Strahlend blaue Blüten leuchten wie Edelsteine auf der Perlenschnur glänzender Gräser.« So schön können häufig Pflanzen empfunden werden, wenn man sie nur betrachtet.

Das Pflanzenbild der Juni-Hecken wird von Wicken mitbestimmt. Die dichten Trauben der Vogelwicke *(Vicia cracca)* ranken sich durch Heckenbüsche. Blauviolett schimmern die Einzelblüten. Der intensive Farbeindruck wird noch verstärkt, da 10 bis 40 Einzelblüten in einem traubigen Blütenstand zusammenstehen. Die Saatwicke *(Vicia sativa)* bevorzugt dagegen mehr den krautigen Lebensraum der Heckentraufe. Ihre Blüten leuchten purpurn, manchmal sind die Kronröhren auch zweifarbig.

Den Ranken von Wicken sagt man nach, sie seien unausrottbar und unverwüstlich. Den Bauern waren Wicken schon immer ein Dorn im Auge, weil ihre Ranken auch Nutzpflanzen zu einem unentwirrbaren Filz verflechten. Wer noch die Zeit erlebt hat, als Getreide von Hand gemäht und zu Garben gebunden wurde, kann von Wicken ein Lied singen:

> Wicken ranken alles zu,
> wachsen selbst durch einen Schuh!
> (England)

Die Fähigkeit der Wicken, andere Pflanzen einfach zu überwuchern, ist das Ergebnis eines langen Konkurrenzkampfes vieler Pflanzen um notwendiges Sonnenlicht. Das dichte Kronendach der Hecken schirmt das Licht weitgehend ab und läßt Kräutern am Boden nur wenig Lebenschancen. Die Strategie der Wicken besteht darin, jeden Sonnenstrahl in den Zwischenräumen von Zweigen und Blättern auszunutzen. Schnelles Wachstum und die Ausbildung von Ranken haben sich als Rezept im Kampf um das notwendige Sonnenlicht bewährt. Kein Wunder, daß Wicken bei Bauern berühmt-berüchtigt sind. Und das, obwohl Saatwikken früher aus Asien eingeführt und angebaut wurden, um als Futter für Rinder und Kühe zu dienen. Die Samen der Wicken werden sehr gerne von Tauben gefressen, und so verbreitet sich die Pflanze.

Die häufigste Art des Beinwell *(Symphytum)* an Hecken und Wegrändern ist der Russische Beinwell *(Symphytum x uplandicum)*. Diese

Beinwellblüten werden häufig von Hummeln besucht

Pflanze entstand wahrscheinlich als Bastard aus dem Gemeinen Beinwell *(S. officinale)* und dem Rauhen Beinwell *(S. aspersum)*. Auf die nahe Verwandtschaft zum Gemeinen Beinwell deuten auch die ähnliche Blütenfärbung (rosa-bläulich) und die geflügelten Stengel hin. Auch beim Russischen Beinwell laufen die Stengelblätter etwas am Stengel herab und bilden »Flügel«.

Der Beinwell diente in der frühen Medizin als Wundmittel. Kompressen aus Blättern verschlossen Schnittwunden, und ein Brei aus zerstoßenen Stengeln half bei Knochenbrüchen. Der Name *Symphytum* stammt aus dem Griechischen und bedeutet »zusammen stehen«. Damit weist diese Bezeichnung auf die Eigenart des Beinwell hin, stets in Gruppen zu wachsen. Als wertvolle Heilpflanze wurde der Beinwell oft in Gärten angepflanzt. Mit den ersten Auswanderern gelangte diese Pflanze auch in die Neue Welt. Tee aus Beinwellblättern war hilfreich bei Lungenentzündungen, ein Sirup aus den Stengeln diente als Hausmittel gegen Husten. Jahrhundertelang bereicherte diese Pflanze als gesundes Gemüse den Speisezettel der Bauern. Obwohl wir heute wissen, daß Beinwellblätter wesentlich mehr Eiweiß als Spinat besitzen, ist diese segensreiche Naturgabe des Juni weitgehend in Vergessenheit geraten.

Hecken bieten im Laufe eines Jahres unzählige Motive, die darauf warten, mit der Kamera gesehen zu werden. Der Einsatz eines »dritten Auges«, des Objektivs, erlaubt Sehweisen und Blickwinkel, die weit über das Wahrnehmungsvermögen des menschlichen Auges hinausgehen. Es sind vor allem die kleinen Dinge in den Hecken, die großartige Motive liefern. Die Form einer Blüte, der Fruchtstand einer Pflanze oder das Muster einer Pflanzengruppe vermitteln im Bild oft wunderbare geometrische Harmonie oder erstaunlichen Einblick in natürliche Architektur.

Ein weiterer interessanter Bereich der Naturfotografie sind Fotos von Bewegungsabläufen: Wespen, die auf Dolden nach Nektar suchen, Schmetterlinge bei der Paarung oder Spinnen beim Beutefang verlangen verschiedene Strategien des Kameraeinsatzes. Wir wollen einige wenige Beispiele im folgenden erläutern: Die Ausrüstung für die Naturfotografie ist schnell beschrieben – eine Spiegelreflexkamera, ein Makroobjektiv von 100 Millimetern Brennweite (oder ein Normalobjektiv mit Nahlinsen), ein leichtes Stativ und ausreichend Filmmaterial mit einer Empfindlichkeit von 50 bis 100 ASA (18 bis 19 DIN) gehören zur Grundausstattung.

Wespe auf einer Bärenklaublüte

Drei Grundregeln sind Voraussetzung für gute Bilder:

1. Nah an das Motiv herangehen!
2. Den Bildaufbau so wählen, daß das Wichtigste und zugleich am schärfsten Abgebildete etwas rechts oder links neben der Bildmitte liegt.
3. Der Hintergrund muß ruhig sein und auf dem Bild in einer ruhigen Mischfarbe erscheinen.

Das Bild von den Fruchtständen des Wiesen-Bärenklau *(Heracleum sphondylium)* soll die Grundregeln verdeutlichen. Das Motiv ist nahezu bildfüllend und gibt Informationen über die Samenform, den Fruchtstand und über die Geometrie einer Dolde. Die Schärfe liegt etwas neben der Bildmitte, die unscharf abgebildete zweite Dolde bildet einen Kontrapunkt und verleiht dem Bild Spannung. Der Hintergrund ist ruhig. Dies erreicht man durch mittlere Blendenzahlen wie etwa 5.6 oder 8. Mit größeren Blendenzahlen verbessert sich zwar die Tiefenschärfe, störende Strukturen des Hintergrundes werden aber mit abgebildet.

Genug der Theorie, hinein in die Fotopraxis!

Pflanzen haben für den Fotografen einen großen Vorteil: Sie laufen nicht weg. In aller Ruhe lassen sich Motive auswählen, Einstellungen überprüfen und günstige Lichtverhältnisse abwarten. Sternmieren eignen sich bestens als Motiv. Die weißen Blütensterne leuchten vor dem dunklen Hintergrund der Hecke und stehen dicht bei dicht. Hier lohnt sich eine Aufnahme senkrecht von oben. Die Kamera auf dem Stativ erleichtert die Einstellung. Durch den Sucher schauend prüft man folgende Fragen, die ein Naturfotograf im Schlaf hersagen kann:

- Bin ich nahe genug am Motiv?
- Ist der Hintergrund ruhig?
- Liegt die Schärfe neben der Mitte?

Wer diese Fragen mit »Ja« beantworten kann, wird bald gute Resultate erzielen.

Schwieriger sind Fotos von Insekten, die dauernd in Eile sind. Bei diesen Motiven bleibt kaum Zeit, den Ausschnitt zu wählen oder die Belichtung zu überprüfen. Hier hilft nur gute Planung und Vorbereitung. Ein Beispiel: Das gewünschte Motiv ist eine Wespe auf einer Bärenklaudolde. Die Wespe läuft schnell umher und nascht nur kurz an jeder Blüte. Was ist zu tun?

Zunächst prüft man kurz an einer »gedachten Wespe«, wie groß sie abgebildet werden soll. Möglichst bildfüllend! Die zappelige Wespe erfordert mindestens 1/125 Sekunde Belichtungszeit. Anschließend wählt

Fruchtstände des Wiesen-Bärenklau *(Heracleum sphondylium)*

man die Blende, um einen ruhigen Hintergrund zu bekommen. Ab jetzt bleiben alle Kameraeinstellungen unverändert. Man setzt sich vor eine Dolde und wartet. Mit Sicherheit kommen im Laufe der nächsten Stunde Wespen, Weichkäfer oder Fliegen zum Blütenbesuch. Ist das Insekt gelandet, heißt es, ruhig mit der Kamera auf das Motiv zugehen. Durch langsames Herangehen wird das Objekt scharf abgebildet. Klick. Hat es geklappt? Wenn nicht – die nächste Wespe, Fliege oder Biene kommt bestimmt. Und Geduld bringt mit Sicherheit gute Bilder. Sie werden staunen, wie erlebnisreich ein Fototag an der Hecke sein kann. Die Hecke und ihr reiches Pflanzen- und Tierleben werden Ihnen ans Fotografenherz wachsen. Aber Vorsicht! Insektenfotografie macht süchtig.

Motivideen für ein ganzes Heckenjahr

April

- Knoblauchsrauke *(Alliaria petiolata)* im Gegenlicht
- Blühende Schlehen *(Prunus spinosa)*
- Blütenteppich des Scharbockskrauts *(Ranunculus ficaria)*
- Haselkätzchen und -narben *(Corylus avellana)*

Kleiner Fuchs *(Aglais urticae)* beim Blütenbesuch
Knospen und Blattformen (Fotoherbar)
Veilchenblüte *(Viola spec.)*

Mai
Bildserie: Das Aufbrechen einer Knospe
Aronstab *(Arum maculatum)*
Nachtnelkenblüten *(Melandrium spec.)*
Weißdornblüten *(Crataegus spec.)*
Aurorafalter *(Anthocharis cardamines)* auf Wiesenkerbel *(Anthriscus sylvestris)*
Waldbrettspiel oder Laubfalter *(Pararge aegeria)* beim Blütenbesuch
Blüten mit spiegelnden Tautropfen
Bienen auf Wickenblüten *(Vicia spec.)*

Juni
Rosenblüte *(Rosa spec.)*
Gräser sammeln mit der Kamera
Beinwellblüte *(Symphytum officinale)* mit Biene
Kuckucksspeichel
Zikaden
Insekten auf Weißdornblüten *(Crataegus spec.)*
Blühende Hecken

Blüte der Hundsrose *(Rosa canina)*

Juli

Fingerhutblüte *(Digitalis purpurea)*

Bildserie: Entwicklung des Stumpfblättrigen Ampfers *(Rumex obtusifolius)*

Raupen des Tagpfauenauges *(Inachis io)*

Schwebfliegen auf Rosenblüten

Erntebienen

Weichkäfer auf Wiesenkerbel

Krabbenspinnen beim Beutefang auf Wiesenkerbel

August

Distelblüte *(Carduus spec.)*

Geißblattblüte im Gegenlicht *(Lonicera spec.)*

Rosengallen

Schmetterlinge auf Brombeerblüten *(Rubus spec.)*

Lebenszyklus des Kleinen Fuchses auf Brennesseln *(Urtica)*

Gallen auf Eichenblättern

Minen in Blättern der Stechpalme *(Ilex aquifolium)*

September

Nebelstimmung in Hecken

Früchte von Heckenpflanzen

Spinnennetze mit Tau

Heuschrecken auf Blättern

Laufkäfer am Boden

Tausendfüßler

Oktober

Früchte des Pfaffenhütchens *(Euonymus europaeus)*

Dornen der Stechpalme

Knospen von Bäumen und Sträuchern

Fraßspuren an Haselnüssen

Ansitz an einem Vogelnest, das von der Rötelmaus *(Clethrionomys glareolus)* als Vorratskammer benutzt wurde

Tierspurensammlung

Singdrosseln an Weißdornfrüchten (mit Teleobjektiv)

Bestimmungsschlüssel für die wichtigsten Heckengräser

Der vorliegende Schlüssel ist ein dichotomer Bestimmungsschlüssel, das heißt, es wird immer nach Merkmalspaaren gefragt, die einander ausschließen. Vergleicht man die Merkmale der gefundenen Pflanze mit dem ersten Fragenpaar, hat man sich für eine der beiden Möglichkeiten zu entscheiden. Die Ziffern am rechten Rand verweisen auf ein weiteres Fragenpaar und so fort, bis der Name der Pflanze gefunden ist. Die Abbildungen ergänzen den Bestimmungsschlüssel, eine sichere Bestimmung ist mit ihrer Hilfe allein oft nicht möglich. Nähere Informationen zu den einzelnen Arten findet man oben in diesem Kapitel unter der Überschrift »Gräser« (Seite 70).

1	Blütenstand unverzweigt oder Ährchen auf ganz kurzen, unverzweigten Stielen sitzend, so daß der Blütenstand walzenförmig oder ähnlich einer Kornähre erscheint		2
	Reife Blütenstände reich verzweigt		10
2	Ährchen einzeln direkt an der Blütenachse		3
	Ährchen sitzen gruppenweise direkt am Stengel und bilden einen zylindrischen Blütenstand		5
3	Ährchen sind mit der breiteren Seite gegen den Pflanzenstengel gestellt		4
	Ährchen sind mit der schmaleren Seite zum Pflanzenstengel gestellt. Blätter grün leuchtend, mit erhöhter Mittelrippe, gerieft durch zahlreiche parallele Blattadern	Englisches Raygras *(Lolium perenne)*	
4	Blätter blaß gelbgrün, Blattscheide behaart. Ährchen mit langen Grannen. Kommt an schattigen Hecken vor.	Waldzwenke *(Brachypodium sylvaticum)*	
	Blätter rauh, wenig behaart. Ährchen ohne Grannen.	Gemeine Quecke *(Agropyron repens)*	
5	Ährchen stehen alle auf einer Stengelseite (= Blütenstand einseitswendig)	Kammgras *(Cynosurus cristatus)*	
	Ährchen stehen gleichmäßig um den Stengel (= Blütenstand allseitswendig)		6
6	Deckspelze mit Granne		7
	Deckspelze ohne Granne		8

1 Wiesenfuchsschwanz *(Alopecurus pratensis)*
2 Knäuelgras *(Dactylis glomerata)*
3 Glatthafer *(Arrhenaterum elatius)*
4 Einzelblüte

5 Englisches Raygras *(Lolium perenne)*
6 Wiesen-Rispengras *(Poa pratensis)*
7 Wiesen-Schwingel *(Festuca pratensis)*
8 Schema der Blattscheide mit Ligula und Blattöhrchen

7	Hüllspelzen mit einer Granne, länger als 1 cm. Blattscheide im unteren Teil behaart	Roggen-Gerste *(Hordeum secalinum)*
	Hüllspelzen ohne Grannen, Blattscheide im unteren Teil haarlos. Blütenrispe weich und seidig	Wiesen-Fuchsschwanz *(Alopecurus pratensis)*
8	Blätter mit langen Haaren am Grund (zwischen Blattspreite und Blattscheide)	Wohlriechendes Ruchgras *(Anthoxanthum odoratum)*
	Blätter ohne Haare am Grund Ährenrispe schmal und dicht	9
9	Blütenstand 1 bis 6 cm lang Blattspreiten 3 bis 12 cm lang	Knotiges Lieschgras *(Phleum bertolonii)*
	Blütenstand 6 bis 15 cm lang Blattspreiten bis 45 cm lang	Wiesen-Lieschgras *(Phleum pratense)*
10	Blattscheiden zu einer Röhre verwachsen, Blätter frischgrün, Blütenstand kaum verzweigt; jeder Ast trägt 1 bis 5 große Ährchen mit rotbraunen Hüllspelzen. An schattigen Hecken	Einblütiges Perlgras *(Melica uniflora)*
	Andere Merkmale	11
11	Rispen oder Blätter zumindest teilweise flaumig behaart	12
	Pflanze völlig ohne Behaarung	17
12	Grannen sehr kurz und unauffällig. Gesamte Pflanze weich behaart, Blätter graugrün, unterer Teil der Blattscheiden rötlich angelaufen	Wolliges Honiggras *(Holcus lanatus)*
	Merkmale anders. Grannen lang und gut sichtbar	13
13	Grannen gekniet, Ährchen mit 2 bis 4 Blüten	14
	Grannen gerade, Ährchen mit mehr als 4 Blüten. Blattspreiten dicht behaart	15
14	Grannen länger als 1 cm	Glatthafer *(Arrhenatherum elatius)*
	Grannen kürzer als 1 cm, Rispe goldglänzend	Goldhafer *(Trisetum flavescens)*

15	Blattspreiten breiter als 7 mm mit 2 Öhrchen am Grunde; Blätter dunkelgrün. Das robuste Gras wächst an feuchten, schattigen Hecken.	Waldtrespe *(Bromus ramosus)*
	Blattspreiten schmaler als 7 mm, ohne Öhrchen	16
16	Ährchen auf langen, herabhängenden Zweigen. Robustes Gras in Hecken und auf Ruderalflächen	Taube Trespe *(Bromus sterilis)*
	Aufrechte, zusammengezogene Ährchen	Weiche Trespe *(Bromus hordeaceus)*
17	Scharfe, zweischneidige Blattriebe, die an der Spitze kahnförmig werden	18
	Blattspreite an der Spitze flach	21
18	Sprosse an der Basis deutlich zusammengedrückt, ebenso die Ährchen	Gemeines Knäuelgras *(Dactylis glomerata)*
	Sprosse an der Basis nicht deutlich zusammengedrückt	19
19	Blatthäutchen (Ligula) 1 bis 2 mm, kürzer als breit	Wiesen-Rispengras *(Poa pratensis)*
	Blatthäutchen (Ligula) länger als breit	20
20	Pflanze weniger als 25 cm hoch	Einjähriges Rispengras *(Poa annua)*
	Pflanze höher als 25 cm	Gemeines Rispengras *(Poa trivialis)*
21	Grundblätter dunkelgrün, mit roten Blattscheiden, borstenförmig zusammengefaltet	Roter Schwingel *(Festuca rubra)*
	Blätter flach, nicht borstenförmig zusammengefaltet	22
22	Blattspreiten mit einer deutlichen Mittelrippe oberseits	23
	Blattspreiten mit vielen feinen Rippen auf der Blattoberseite (Lupe!)	24

23	Blattspreiten mit großen, gekrümmten Öhrchen, Deckspelzen mit langer, gebogener Granne	Riesen-Schwingel *(Festuca gigantea)*
	Blätter ohne Öhrchen, Deckspelzen ohne Grannen	Wiesen-Schwingel *(Festuca pratensis)*
24	Deckspelzen mit Grannen	Hunds-Straußgras *(Agrostis canina)*
	Deckspelzen ohne Grannen	25
25	Blatthäutchen (Ligula) nicht blühender Triebe kürzer als breit	Rotes Straußgras *(Agrostis tenuis)*
	Blatthäutchen (Ligula) nicht blühender Triebe länger als breit	26
26	Pflanzen mit bis zu 2 m langen, oberirdischen Ausläufern (Kriechsprossen). Rispe auch während der Blüte zusammengezogen.	Weißes Straußgras *(Agrostis stolonifera)*
	Pflanze ohne Ausläufer. Rispe ausgebreitet, sobald sie reif ist	Großes Straußgras *(Agrostis gigantea)*

Rezepte im Juni

Kartoffel-Malven-Suppe

2 Handvoll junge Malvenblätter, 25 g Butter, 275 ml Brühe, 225 g Kartoffelbrei, Salz, Pfeffer, Sahne.

Die Malvenblätter hacken und in zerlassener Butter 7 bis 10 Minuten dünsten. Die Brühe mit den gekochten Kartoffeln zu einem glatten Brei verrühren und in die Butter mit den Malvenblättern rühren. Abschmekken und mit einem Schuß Sahne verziehen. Dieses Gericht ist zum Einfrieren geeignet und schmeckt als schnelles Gericht an Winterabenden.

Beinwell-Auflauf

450 g junge Blätter des Beinwell, 175 g Reis, 225 g Käse, Butter, Milch, Salz, schwarzer Pfeffer.

Junge Beinwellblätter sammeln, solange sie klein und grün sind (ältere, dunklere Blätter schmecken bitter!). Die Blätter gut waschen und in wenig Salzwasser etwa 10 Minuten wie Spinat weichdünsten. Den Reis in Salzwasser weichkochen. In eine gebutterte Raine Lagen von Beinwell, Reis und Käse abwechselnd geben. Mit Reis abschließen. Mit Butterflöckchen bestreuen und mit der Milch übergießen. Mit schwarzem Pfeffer würzen und bei 190 °C 25 bis 40 Minuten überbacken.

Juni-Salat

Einen Bund Vogelmiere sammeln und die Pflanzen von den holzigen Teilen befreien. Gut waschen. Mit Bohnenschößlingen vermischen und in einer Tunke aus Sojasauce, Knoblauch, Olivenöl, Salz und Pfeffer ziehen lassen.

Dessert aus Holunderblüten und Erdbeeren

5–6 Blütendolden von Holunder, 275 ml Milch, 2 Eier, 40 g Zucker, 10 g Mehl, 1 Eßlöffel Holunder-Orangenlikör (siehe nächstes Rezept), 1 Stückchen Butter, 25 g Puderzucker, 225 g Erdbeeren.

Die Holunderblüten bei möglichst geringer Hitze in der Milch ziehen lassen (½ Stunde). Abkühlen lassen. Den Zucker in das Eigelb schlagen und das Mehl einrühren. Die Milch unter ständigem Rühren bei schwacher Hitze zugeben, bis die Masse dicklich wird. Den Likör zugeben, rühren. Dann die Butter zufügen. Rühren. Das Eiweiß mit dem Puderzucker sehr steif schlagen und unter die heiße Masse ziehen. Dessertschälchen mit halbierten Erdbeeren auslegen, dabei einige Erdbeeren zur Garnierung übriglassen. Die Masse über die Erdbeeren gießen und 1 bis 2 Stunden erstarren lassen. Vor dem Servieren mit den restlichen Erdbeerhälften verzieren.

Holunder-Orangenlikör

25 g gewaschene Holunderdolden, 1 kg Zucker, 1,7 l Wasser, 50 g Weinstein, 1 Zitrone, 4 Orangen (in Stücken).

Hinweise zur Weinherstellung siehe »August-Rezepte«.

Die Zutaten in einen großen Topf geben und von Zeit zu Zeit innerhalb 24 Stunden umrühren. Durchseihen und in sterilisierte Flaschen füllen. Von Zeit zu Zeit abschmecken und gegebenenfalls verdünnen.

Kräutersauce

Zu 150 ml Sauerrahm dazugeben: 8 verschiedene gehackte Wildkräuter, 8 Stengel Pimpinelle, 2 Sprosse (= Spitzenblätter) Minze, 1 junges Blatt Rainfarn, Salz, Pfeffer. Etwa eine Stunde ziehen lassen. Mit Kartoffelchips zum Eintauchen servieren.

Juli

Mit dem Juli beginnt der Hochsommer: Alle Bäume und Heckensträucher tragen jetzt schwer unter der Last ihrer entfalteten Blätter. Jeder Sonnenstrahl wird mit dem Blattgrün eingefangen, um Reserven für das Wachstum anzulegen. In dem flirrenden Licht der Sommerhitze sieht die Landschaft aus, als halte sie den Atem an. Nach den langen Wintertagen und dem Aufbruch in den Frühling ist jetzt die Zeit der Erfüllung: Das Heckenleben ist auf dem Höhepunkt angekommen. Abgesehen von den leuchtend roten Tupfen des Klatschmohns an den Feldrainen haben viele Wildpflanzen ihre Farbenpracht bereits verloren. Jetzt winden sich weißblühende Ranken der Zweihäusigen Zaunrübe *(Bryonia dioica)* durch die Hecken. Das Vogelgezwitscher des Frühlings ist verstummt. Nur das einsame »Zizizizidä« der Goldammer ist noch zu hören. Unglücklicherweise werden im Juli die Säume der Hecken oft abgemäht. Diese Maßnahme gefährdet viele zweijährige Wildpflanzen, die dadurch ihre Samen nicht mehr entwickeln können. Der natürliche biologische Zyklus dieser Pflanzen ist unterbrochen, das weitere Vorkommen in Hecken gefährdet. Für die Bauern ist der Juli der erste Erntemonat. Die Heuernte muß eingebracht werden. Sorgfältiger als sonst beobachten die Bauern das Wetter, denn jedes Juli-Gewitter kann die Ernte gefährden. Im langjährigen Durchschnitt ist der Juli der wärmste Monat des Jahres, er kann aber gelegentlich auch sehr regenreich sein.

Von den Wetterlaunen des Juli und den Einflüssen des Juliwetters auf die Landwirtschaft zeugen alte Bauernregeln aus dem ›Oberfränkischen Heimatkalender‹: »Wenn die sieben Brüder naß (10. Juli), regnets ohne Unterlaß.« – »Bringt Margarete Regen (13. Juli), tut er sich 14 Tag nicht legen.« – »Juli kühl und naß, leere Scheun, leeres Faß.« – »So golden im Juli die Sonne strahlt, so golden sich der Roggen mahlt.«

In England ist der 15. Juli der Schlüsseltag für die Bauern. Regnet es an St. Swithin (15. Juli), kommen 40 Tage Regen übers Land, lautet eine alte englische Wetterregel. Diese Erfahrung beruht auf einer Legende. St. Swithin war im 9. Jahrhundert Bischof von Winchester. Seine Gebeine wurden außerhalb der Kathedrale beigesetzt und waren damit der Nässe des Juliregens ausgesetzt. 100 Jahre nach seinem Tod wurde er in einen Schrein ins Innere der Kathedrale umgebettet und heiliggesprochen. Diese langjährige Mißachtung des Heiligen bringt dem englischen Bauern nach der Legende heute noch 40 Tage Regen, wenn es am Todestag des Heiligen zufällig schüttet. So leicht ist das Wetter zu erklären.

Bei Sonne lohnt sich ein Heckenspaziergang. Im Juli kann man hier unfreiwillige Bekanntschaft mit dem Klebkraut *(Galium aparine)* machen. Diese Pflanze besitzt dicht behaarte Sprosse und Blätter. Der biologische Sinn dieser Einrichtungen ist, an allem Beweglichen haften zu bleiben und so die Samen von Heckenbesuchern forttragen zu lassen. Diese geschickte Ausbreitungsstrategie einer Pflanze funktioniert bei Felltieren (Rehe, Hasen) ebenso wie bei Menschen, deren Baumwollhosen nichts anderes sind als ein Fellersatz zur Ausbreitung der Samen. Die Engländer nennen das Klebkraut »Gänsegras«. Gänsegras diente in England dazu, die berühmten Martinsgänse zu mästen. Außerdem soll es das Geflügel vor Krankheiten schützen. Auch Pferde und Kühe fressen diese widerspenstige Pflanze. Im antiken Griechenland benutzten Schäferfrauen die behaarten Klebkrautblätter, um Verunreinigungen aus der Schafsmilch zu fischen. Die Wurzeln dieses Labkrautes dienten früher auch dazu, roten Farbstoff zur Färbung von Wolle zu gewinnen. Die gerösteten Samen dienten als Kaffee-Ersatz. Im 16. Jahrhundert, einer Zeit des schlanken weiblichen Schönheitsideals, kochten die Frauen Labkraut als Gemüse, das zusammen mit Hammelfleisch als kalorienarmes und damit schlankmachendes Gericht galt. Pflanzen der bäuerlichen Umgebung vielfältig zu nutzen, war früher die Stärke der naturnah lebenden Landbevölkerung. Wieviel ist davon bis heute verlorengegangen.

Blüten und Insekten

An den Südseiten von Heckenstreifen blühen im Juli blaßrote Moschusmalven *(Malva moschata)*. Diese Pflanze ist mit dem Hibiskus verwandt, den man als Zimmerpflanze aus Asien einführte. Schon der Blütenbau verrät die Verwandtschaft. Die dem Betrachter verschwenderisch erscheinende Vielfalt der Farben und Formen der Blüten erfüllt im Naturhaushalt einen wichtigen Zweck. Blüten locken Insekten, die dienstbaren Geister der Blumen, an. Wir wollen den langen Weg dieser Entwicklung rekonstruieren.

Im Laufe einer langen Evolution haben Pflanzen Blüten entwickelt. Blüten mit bunt gefärbten, prächtig entwickelten Kronblättern dienen dazu, um Insekten zu werben. Das Ziel ist, Blütenbesucher zu gewinnen, um die Pollen, die männlichen Geschlechtsprodukte, zur nächsten Pflanze tragen zu lassen. In den blütenreichen Tropen sind auch Vögel und Fledermäuse regelmäßige Blütenbesucher. Zur Anlockung der Pollentransporteure haben Blütenpflanzen verschiedene Mechanismen entwickelt. Duftstoffe treiben mit dem Wind und locken. Im Nahbereich verleiten auffallende Farben und geeignete Landeplätze das Insekt zum Anflug. Das zugkräftigste Werbemittel der Blüten ist der Nektar, ein zuckerreicher Saft. Nektar ist das lebensnotwendige »Flugbenzin« vieler Insekten und wird gewissermaßen als Belohnung für die Landung verabreicht.

Die Abhängigkeit zwischen Blütenpflanzen und Insekten geht noch weiter. Bei vielen blütenbesuchenden Hautflüglern reifen erst dann Eier, wenn das Weibchen eine bestimmte Vitaminmenge mit dem Nektar aufgenommen hat. Diese Notwendigkeit wird von Blütenpflanzen weidlich genutzt. Der Fruchtbarkeit bringende Nektar wird so versteckt, daß die Blütenbesucherin tief in die Blütenkelche eindringen muß. So wird die Chance erhöht, Pollen in das Haarkleid der Insekten abzustreifen und von den unfreiwilligen »Lufttaxis« auf die weiblichen Narben transportieren zu lassen.

Der Sinn der Bestäubung durch Insekten liegt darin, Pollen zwischen den Pflanzen einer Art auszutauschen. Selbstbestäubung innerhalb eines Blütenstandes würde normalerweise zur Inzucht und damit zur Gefährdung des Pflanzenbestandes führen. Zur Aufrechterhaltung eines »frischen genetischen Windes« ist es wichtig, den Pollen einer anderen Pflanze der gleichen Art zu gewinnen. Nur so kann schädliche Inzucht vermieden werden. Das Problem der Inzucht ist so wichtig, daß viele Pflanzenarten ausgeklügelte Mechanismen entwickelt haben, um ganz sicher zu gehen. So reifen zum Beispiel die männlichen Pollenträger der Moschusmalve, bevor die weibliche Narbe belegungsfähig ist. Dies ist ein Mittel, um das Risiko von Fehlbestäubungen zu verringern. Ein Malven besuchendes Insekt *kann* so nur eine Nachbarblüte bestäuben. Und das ist der Zweck dieser Einrichtung. In dem Bemühen, eine Zuchtwahl der bestangepaßten Formen zu finden, hat die Natur viele Wege beschritten. So besitzt die Brombeere nicht den Sicherungsmechanismus der Malve. Hier kann Selbstbestäubung vorkommen. Die Folge sind zahlreiche Unterarten und Rassen von Brombeeren, die kaum noch eindeutig zu bestimmen sind. Aber diese Inzucht hat sich für Brombeeren offensichtlich bewährt. Brombeeren betreiben auf diese Art Rassenzüchtung, wie sie Menschen mit Obstsorten versuchen. Man

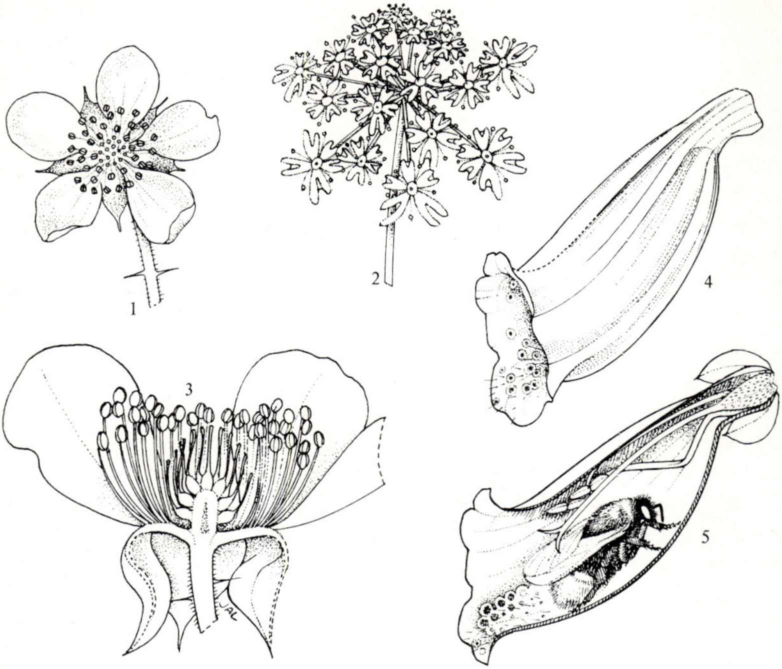

1 Blüte einer Brombeere
2 Beim Blütenstand des Bärenklau sind die äußeren Blüten größer und dienen als Schauapparat.
3 Querschnitt durch eine Brombeerblüte. Die Nektarien liegen an der Basis der Blütenblätter.
4 Kronröhre des Fingerhuts
5 Der Längsschnitt durch die Fingerhutblüte zeigt, wie der Pollen von der Hummel auf die Narbe übertragen wird.

vermutet heute, daß diese Aufspaltung von Arten in viele Rassen dazu dient, blattfressende Insektenarten abzuwehren. Denn jede neue Rasse besitzt andere Inhaltsstoffe, die von Blattfressern mehr oder weniger gut vertragen werden und die so die Pflanze vor den lästigen Fraßschäden an ihren Blättern schützen. Die heutige Ökologie steht hier noch vor vielen Rätseln. Zwischen Pflanzen und blütenbesuchenden Insekten gibt es kein einheitliches Beziehungsschema. Viele Mechanismen zur Bilanzierung von Kosten und Nutzen sind in Jahrmillionen entwickelt worden.

Einen anderen Weg als Malven sind die Doldengewächse (Umbelliferae) gegangen. Viele dieser typischen Heckenbegleiter wie der Wiesenkerbel *(Anthriscus sylvestris)*, der Klettenkerbel *(Torilis japonica)* und der Bärenklau *(Heracleum sphondylium)* tragen besonders insektenfreundliche Einrichtungen, die nicht so sehr auf spezielle Besuchergruppen ausgerichtet sind. Doldengewächse haben viele kleine, noch zusammenstehende Einzelblüten entwickelt. Diese Blütenstände bilden eine riesige, auffällige Landeplattform für Insekten. Aus der Luft gesehen, üben diese Landeflächen einen starken optischen Reiz auf Bienen und Käfer aus. Aber das ist noch nicht alles. Rund um die Landebahn stehen vergrößerte Einzelblüten, die den Lockreiz noch verstärken. Mit den großen Dolden bilden Umbelliferen im Juli leuchtende Blütenteppiche an unseren Hecken.

An einem sonnigen Nachmittag lassen sich an Wallhecken und auf Ruderalflächen von Muschelkalkhängen umfangreiche Insektenstudien treiben. Es lohnt sich, ein paar Stunden vor den leuchtend weißen Dolden des Bärenklau zu verbringen. Hummeln, Bienen, Schwebfliegen, Soldatenkäfer, Streifenwanzen und der auffällig gelb-schwarz gefärbte Bockkäfer *Strangalia maculata* stellen sich ein. Dieser Käfer imitiert die Schreckfärbung von Wespen.

Ein so großes Angebot an Blütenbesuchern verleitet viele Insektenjäger dazu, auf Bärenklaublüten den hungrigen Gästen aufzulauern. Viele Wespenarten und Raubwanzen finden hier einen reich gedeckten Tisch.

Zwischen den Blütenteppichen des Bärenklau wächst eine Pflanze mit leuchtend roten Blütenröhren, der Fingerhut *(Digitalis purpurea)*. Treffender kann man diese Blüte nicht benennen. Die langen Kronröhren könnten Vorbild für das Nähutensil gewesen sein. Der Fingerhut ist sehr anspruchsvoll in seiner Standortwahl. Er wächst gern auf der schattigen Nordseite von Hecken und nur auf saurem, frischem Sandboden, wie er zum Beispiel in Norddeutschland auf der Geest zu finden ist.

Die langen Glockenblüten lassen vermuten, daß nur spezielle Bestäuber in Frage kommen: Der Durchmesser einer Blüte ist genau an die Körpergröße von Hummeln angepaßt. Sie müssen tief in den Kelch schlüpfen, um an den Nektar zu gelangen. Dabei streifen sie unfreiwillig über Narben und Pollenträger. Die Pollenkörner bleiben im struppigen Borstenkleid der Hummeln hängen. Mit dem an Hummeln angepaßten Blütenbau und der von diesen Insekten gut wahrgenommenen violetten Farbe sorgt die Pflanze für blütenstete Besucher und optimalen Verbreitungserfolg der Pollen.

In Mitteleuropa leben rund 30 Hummelarten, die alle eine unterschiedliche Größe und Rüssellänge aufweisen. Parallel zu dieser Artenvielfalt gibt es zahlreiche Pflanzen, deren Blütenbau an die unterschiedliche Größe von Hummeln angepaßt ist. Auf kleinere Hummelarten haben sich die Weiße Taubnessel und der Waldziest eingestellt. Die Blüten dieser beiden Pflanzen sind kompliziert gebaut. Sie bestehen aus einer »Unterlippe« und einem »Blütendach«. Die Unterlippe bildet die Landeplattform für anfliegende Insekten. Die dachartige Oberlippe beherbergt Pollenträger und Narbe. Die Blüte verengt sich nach hinten und bildet ein schmaler werdendes Rohr, das am Grund den Nektar enthält. Das Rohr ist gerade so breit und lang, daß die gewünschte Hummelart den Nektar erreichen kann und dabei Pollen aufgeladen bekommt. Allerdings wird dieser Schlüssel-Schloß-Mechanismus auch oft umgangen. Erdhummeln können mit ihrem starken Rüssel auch seitlich in die Blüten einbrechen und so den Nektar stehlen, ohne Pollen mitzunehmen.

Bei der Taubnessel und dem Waldziest *(Stachys silvatica)* reifen Pollen und Nektar gleichzeitig. Offensichtlich besitzen diese Pflanzen besondere, noch unbekannte Mechanismen, um eine Selbstbestäubung zu verhindern.

Die häufigsten Blütenbesucher unter den Insekten sind Bienen und Hummeln. Bienen verwenden den Nektar nicht nur als Flugbenzin, sondern sie ziehen damit auch ihre Larven auf. Die bienenartigen Insekten haben dazu einen speziellen »Honigmagen« entwickelt. Er dient zum Transport und zur Fermentierung des Nektars in eine spezielle

Wildbiene mit Pollenhöschen

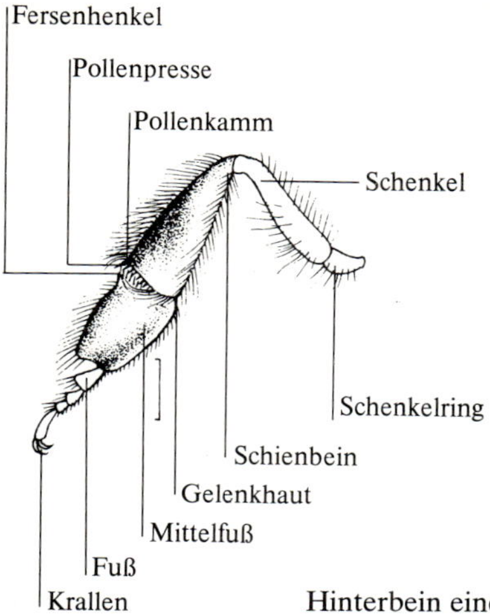

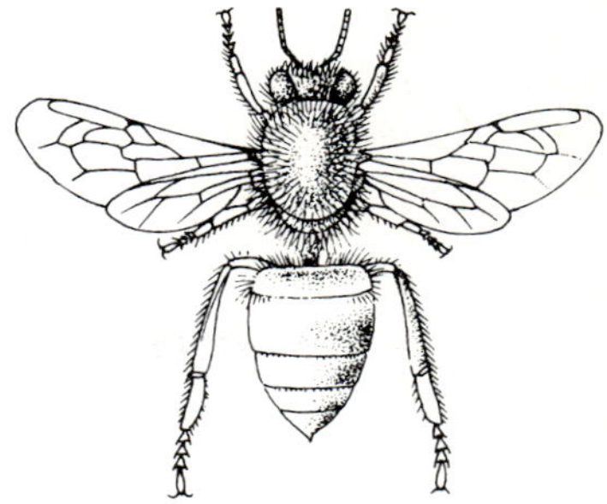

Honigbiene

Hinterbein einer Arbeitsbiene

Zuckerlösung, die wir Honig nennen. Neben dem Nektar sammeln Bienen Blütenpollen. Die Arbeiterbienen tragen an den Hinterbeinen kammartige Einrichtungen, die als Pollenkörbchen dienen. Imker nennen den gefüllten Pollenkorb einer Biene »das Höschen«. Wie füllen Bienen diese Körbchen?

Während des Blütenbesuches gelangen Pollenkörner überall in das Haarkleid des Insekts. Nach jedem Sammelflug putzen sich die Bienen. Mit den mittleren und hinteren Beinen streifen sich die fleißigen Arbeiterinnen den Pollen aus den Haaren des Kopfes, der Fühler und des Hinterleibs. Die Borsten der mittleren Beine dienen dabei als Bürsten. Ständig werden die zusammengebürsteten Pollenpakete mit ausgespucktem Nektar befeuchtet. Erst die gekneteten Pollenkugeln in den Körbchen der Hinterbeine sind transportfähige Nahrungspakete, die den stabilisierten Heimflug ermöglichen. Aber diese Pollenpakete müssen erst gepackt werden. Eines der Gelenke der Hinterbeine von Bienen ist ausgehöhlt und dient als Pollenpresse. Die zusammengebürsteten Pollen werden vom linken Hinterbein in die rechte Pollenpresse gedrückt und umgekehrt. Die fertig gepreßten Pollenballen werden dann in Halteborsten an der Außenseite der Beine geknetet. So entstehen die »Höschen« der Bienen und Hummeln. Bauern nennen derartig beladene Hautflügler »Erntebienen«.

Nicht alle Blütenpflanzen werden von Insekten bestäubt. Eine Reihe von Pflanzen verläßt sich auf den Wind als Pollentransporteur. Dazu gehören der Haselstrauch, alle Gräser und viele Binsen und Seggen. Wie kann eine derartige »Alles-oder-Nichts-Strategie« funktionieren? Windbestäuber erzeugen viel mehr Pollenkörner als Insektenbestäuber. Das erhöht schon die Chance, mit dem Wind zu Pollen einer Nachbarpflanze zu gelangen. Die wichtigste Voraussetzung dafür, daß sich eine Pflanze Unabhängigkeit von Insekten leisten kann, ist das häufige Vorkommen dieser Pflanzenart. Gräser wachsen immer in Gemeinschaft. Die ungarische Steppe besteht meist nur aus Gräsern einer Art, dem Steppengras *(Stipa spec.)*. In den norddeutschen Dünen stehen riesige Bestände des Strandhafers *(Ammophila arenaria)*. Gräser bilden also oft natürliche Monokulturen, wie es zum Beispiel auch ein Schilffeld deutlich demonstriert. Ein einziger Windhauch genügt, um Milliarden von Pollen zu verbreiten. Pollenverbreitung durch Insekten wäre hier Luxus. Die Monokulturen des Menschen in Form des Getreideanbaus sind nur die nützliche Imitation einer lange bewährten natürlichen Situation.

Auch in Hecken wachsen Pflanzen, die auf den Pollentransport durch Insekten verzichten können. Typische Beispiele sind die Brennessel und das Bingelkraut *(Mercurialis perennis)*. Ebenso wie das Bingelkraut gehört die Rote Lichtnelke zu den zweihäusigen Pflanzenarten. Es gibt davon jeweils männliche und weibliche Pflanzen.

Brennesseln gedeihen auf gut gedüngten Böden besonders gut. Das erklärt, warum ausgedehnte Brennesselbestände meist in der Nähe von Bauernhöfen, Weideländereien oder am Ufer von Abwassergräben wachsen. Hier ist das Angebot an Phosphor, einem wachstumsfördernden Mineral, besonders hoch. Obwohl Brennesseln über Brennhaare verfügen, die Freßfeinde abhalten sollen, ist der Insektenreichtum auf dieser Pflanze auffallend groß. Zwei unserer schönsten Schmetterlingsarten leben auf der Brennessel. Die Raupen des Kleinen Fuchses *(Aglais urticae)* und des Tagpfauenauges *(Inachis io)* fressen ausschließlich die Blätter dieser Pflanze. Auf Streifzügen, zum Beispiel durch norddeutsche Wallhecken, stößt man immer wieder auf die »Raupennester« dieser gesellig lebenden Schmetterlingslarven. Im Juli sieht man häufig die Falter des Kleinen Fuchses und des Tagpfauenauges an Heckenrainen entlangfliegen. Sie suchen dort geeignete Brennesselpflanzen.

Die Falterweibchen legen jetzt ihre Eier in dicken Klumpen an den obersten Blättern von Brennesseln ab. Die 100 bis 200 Junglarven eines Geleges spinnen ein seidiges Wohngespinst, das weithin in der Sonne glänzt. Erst die älteren Raupen wandern im geselligen Verband zur

Die männlichen Blütenstände der Brennessel *(Urtica dioica)*

nächsten Pflanze und fressen sie kahl. Der Weg durch einen Brennesselbestand, den gefräßige Larvenkolonien gewandert sind, läßt sich leicht verfolgen. Die Raupen hinterlassen eine breite Spur von nackten, bis auf den Stengel abgefressenen Pflanzen.

Die Raupen des Tagpfauenauges sind pechschwarz. Nur kleine, glänzend weiße Punkte leuchten wie Tautropfen auf dem Körper. Der Zweck des Sozialverhaltens dieser auffälligen Larven ist nicht leicht einzusehen. Zu auffällig sind die Gruppen für Feinde. Bei näherem Hinsehen entdeckt man aber, daß die Raupen des Tagpfauenauges mit stachligen Borsten und Haaren übersät sind. Wie gepanzerte Raubritter sehen sie aus. Bei Untersuchungen dieser Stacheln fand man, daß die dolchartigen Spitzen Sollbruchstellen aufweisen. Einem Vogel würden beim mutigen Angriff Dutzende von kleinen Dolchen in der Zunge stecken bleiben. Möglicherweise liegt der Sinn des sozialen Verbandes darin, diese stachligen Waffen in der Gruppe noch stärker zur Schau zu tragen und dadurch Feinde abzuschrecken.

Sind die Larven des Tagpfauenauges und des Kleinen Fuchses ausgewachsen, löst sich die Gruppe auf. Die Larven wandern einzeln umher, um sich in der Nähe des Erdbodens einen geeigneten Platz zum Verpuppen zu suchen. An Weidezäunen oder Pflanzenhalmen hängen sie sich kopfabwärts auf und häuten sich zur goldglänzenden Puppe. Etwa 12 bis 14 Tage dauert die Puppenruhe.

Ende Juli tauchen dann die Falter auf. Sie taumeln von Blüte zu Blüte, um genügend Nahrungsvorräte für den Winter zu sammeln, denn diese beiden Schmetterlingsarten überwintern als Falter in Baumhöhlen und manchmal auch auf Dachböden von Gehöften. Ab Mitte September ziehen sich die Falter zur Winterruhe zurück. Schon im kommenden März werden die Schmetterlinge wach und besuchen die ersten Heckenpflanzen zur Nektaraufnahme. Für die Bauern sind Füchse und Pfauenaugen Frühlingsboten, wenn sie auf den ersten gelben Huflattichblüten Nektar saugen. Bald schließt sich der Lebenskreis. Die männlichen Falter verteidigen in der Nähe der Hecken Reviere und warten auf Weibchen. Nach der Begattung und der Eiablage an frisch gewachsenen Brennesseln beginnt das Falterleben von neuem.

Insektenvielfalt

Die große Mannigfaltigkeit, die die Hecken an Nahrung und an Lebensräumen aufweisen, führte dazu, daß Tausende von Insektenarten hier leben. Wahrscheinlich weisen Hecken im Juli unter allen Biotopen in unseren Breiten die größte Insektenvielfalt auf. Dem zufälligen Heckenbesucher fällt das rege Treiben in den Zweigen meist gar nicht auf. Zu gut sind die Tiere an ihren Lebensraum in Farbe und Form angepaßt, um ihren Feinden zu entgehen. Ein einfaches Hilfsmittel kann dazu dienen, Heckeninsekten auf die Spur zu kommen. Insektenforscher benutzen für derartige Untersuchungen einen Klopfschirm. Dieses Gerät ist leicht selbst zu bauen. Es besteht aus einem kreuzartig verschraubten Holzrahmen, über den ein heller, dünner Stoff (zum Beispiel ein Gardinenrest) locker gespannt wird. Für diesen Fangtrichter benötigt man noch einen Schlagstock. Eine Haselnußgerte oder ein Bambusrohr wird mit Isolierband dick umwickelt, um beim Abklopfen

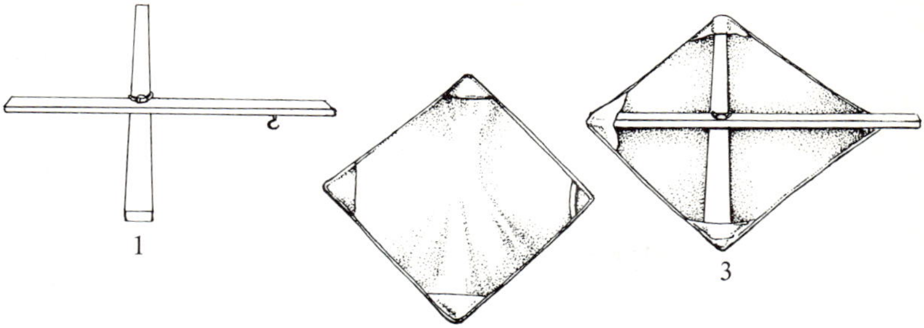

1 2 3

Einfacher Klopfschirm
1 Holzkreuz aus zwei Schenkeln (1 m lang, 80 cm breit). Beide Schenkel hält eine Schraube mit Flügelmutter zusammen. Am längeren Schenkel befindet sich zusätzlich ein Haken.
2 Gardinenstoff wird zu einem Quadrat von 80 cm Seitenlänge verarbeitet. Drei Ecken sind mit Stoff verstärkt, an der vierten wurde eine Stofflasche aufgenäht.
3 Das Holzkreuz wird in drei Ecken des Quadrats eingesetzt, die Lasche in den Haken eingehängt.
4 Klopfschirm in Gebrauch

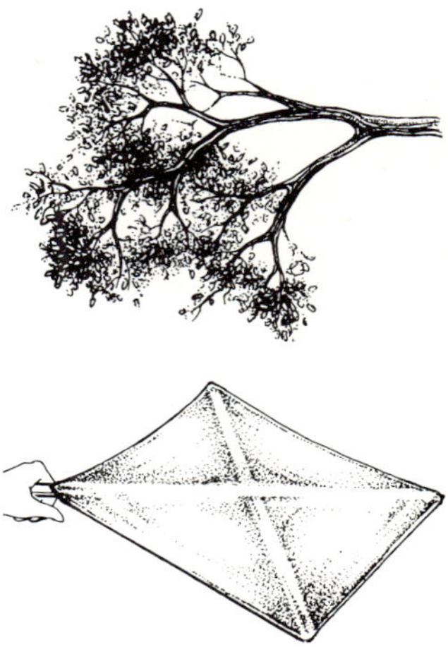

4

der Äste die Rinde nicht zu verletzen. Zum Insektenfang wird der Stofftrichter unter einen Ast gehalten. Ein kräftiger Schlag mit dem gepolsterten Schlagstock auf die Zweige über dem Trichter bringt das Insektenleben der Hecke zum Vorschein. Zu Hunderten purzeln Spinnen, Blattläuse, Blattflöhe, Ohrwürmer, Marienkäfer, Kleinschmetterlinge und kleine Schlupfwespen auf den hellen Stoff des Fangschirms. Nach wenigen Schlägen wimmelt es nur so von Kerbtieren, die vorher die Zweige und Blätter der Hecke bevölkerten.

Will man die Tiere näher beobachten, ist ein sogenannter Exhaustor sinnvoll. Mit diesem Gerät lassen sich die Tiere in ein Glasröhrchen saugen, ohne sie anzufassen und damit zu verletzen. Ein Exhaustor ist schnell gebaut. Er besteht aus einem Glasröhrchen (zum Beispiel einem Tablettenröhrchen) mit zweifach durchbohrtem Korken. Durch den Korken schiebt man zwei dünne, rechtwinklig gebogene Glasröhrchen

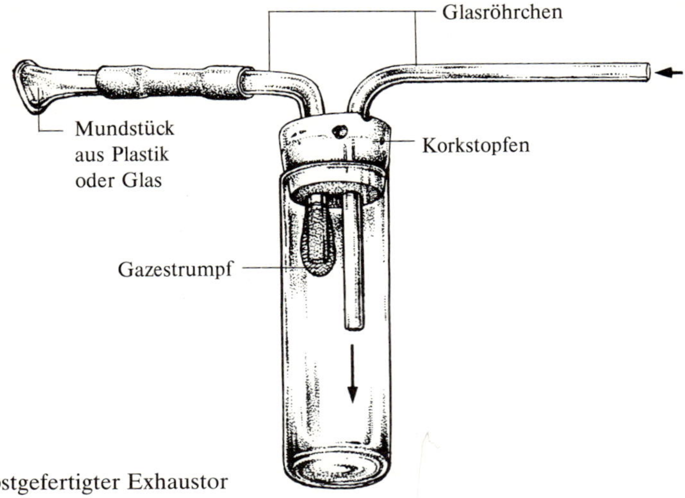

Selbstgefertigter Exhaustor

oder dünne Plastikschläuche. Das eine Ende im Innern des Fangröhrchens wird mit Gardinenstoff verschlossen, das andere bleibt offen. Saugt man durch das mit Gaze verschlossene Rohr Luft an, werden die Insekten durch das andere Rohr in das Fangröhrchen gezogen. Dort lassen sie sich in aller Ruhe betrachten. Vergessen sollte man aber nie den Gazeverschluß, sonst saugt man die Insekten in den Mund! Einfache Modelle dieser beiden Fanggeräte sind auf Seite 101 und auf dieser Seite oben abgebildet.

Überraschenderweise haben es nur relativ wenige Insektengruppen im Laufe ihrer Evolution geschafft, das reiche Angebot an Blättern von Bäumen und Sträuchern auszunutzen. Das mag daran liegen, daß Blätter als Nahrung schwer zu erschließen sind. Ständig besteht für ein Insekt auf Blättern die Gefahr, vom Regen abgewaschen oder vom Wind verweht zu werden. Viele Pflanzen, wie zum Beispiel die Hasel, tragen zudem zahlreiche feine Härchen auf den Blättern, die Insekten das Festhalten erschweren. Eichenblätter enthalten giftige Gerbstoffe, die Tannine, und vermögen so, viele Blattfresser fernzuhalten. Trotz dieser pflanzlichen Abwehrmaßnahmen leben auf Heckenpflanzen zahlreiche Phytophage, wie Blattfresser wissenschaftlich heißen. Einigen dieser phytophagen Formen wird man im Klopftrichter begegnen. Es sind vor allem Raupen von Kleinschmetterlingen, Larven von Blattwespen und zahlreiche Käferarten wie Blattkäfer und Rüsselkäfer. Alle

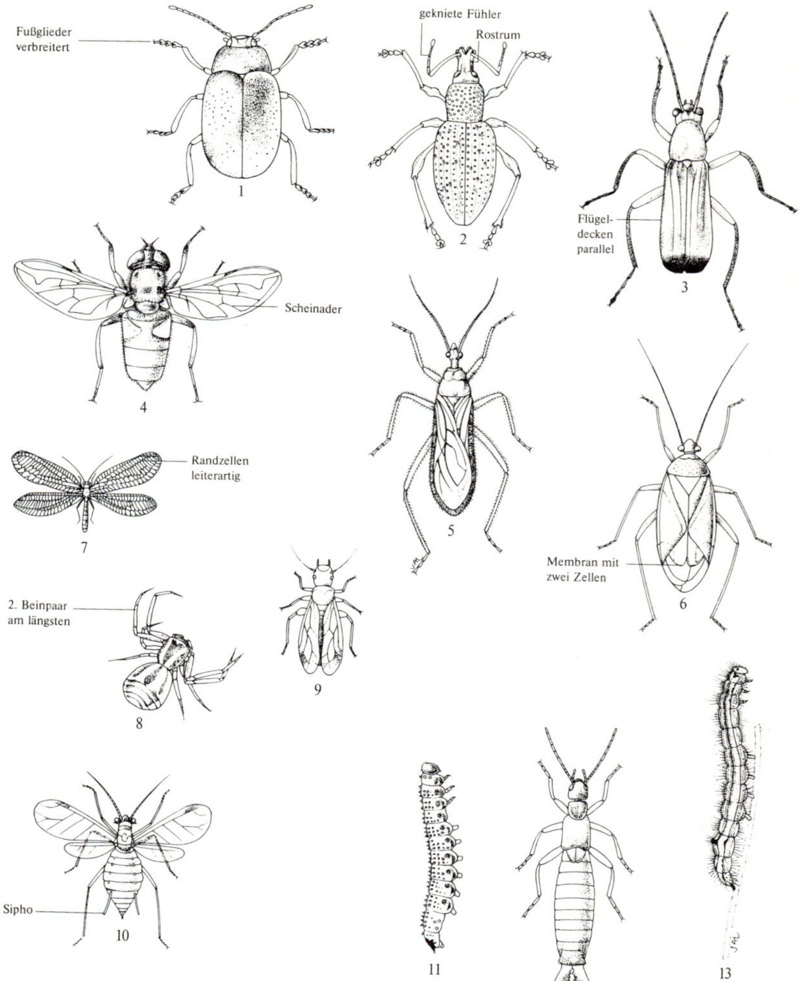

Häufige Kleintiere in Hecken

1 Blattkäfer (Chrysomelidae)
2 Rüsselkäfer (Curculionidae)
3 Soldatenkäfer (Cantharidae)
4 Schwebfliege (Syrphidae)
5 Sichelwanze (Nabidae)
6 Weichwanze (Miridae)
7 Netzflügler (Neuroptera)
8 Krabbenspinne (Thomisidae)
9 Rindenlaus (Psocoptera)
10 Blattlaus (Aphididae)
11 Blattwespen-Larve (Hymenoptera/Symphyta)
12 Ohrwurm *(Forficula auricularia)*
13 Schmetterlingslarve (Lepidoptera)

diese Insekten besitzen spezielle Mundwerkzeuge, die geeignet sind, Blätter anzubohren, anzuschneiden oder abzuschaben. Viele Wanzenarten, Blattflöhe und Blattläuse verfügen über Stechrüssel, mit denen sie die Leitbündel der Pflanzen anstechen und den Nahrungsstrom anzapfen können. Diese Vielzahl von phytophagen Pflanzenausbeutern lockt Räuber an. Spinnen lauern auf den Blättern, Ohrwürmer, Florfliegen und Raubwanzen sind ständig auf Blattlausjagd. Die winzigen Rinden- und Staubläuse weiden Rinden und Zweigstücke nach mikroskopisch kleinen Algen und Pilzen ab. Einige dieser Lebensformtypen sind auf Seite 103 schematisch dargestellt, um das Erkennen zu erleichtern.

Die Pflanzen einer Hecke werden unterschiedlich stark von Phytophagen heimgesucht. Besonders auf Rosengewächsen (zum Beispiel Weißdorn, Schlehe, Rose) ist die Zahl der das Blattgrün ausbeutenden Arten hoch. Allein auf dem Weißdorn fressen in Europa über 300 Arten; davon sind allein 13 Kleinschmetterlingsarten auf diese Pflanze spezialisiert, während 50 weitere Kleinschmetterlingsraupen von Weißdornblättern leben können, aber auch andere Pflanzen als Futter annehmen. Dagegen werden die dickhäutigen, bestachelten Blätter der Stechpalme nur von rund zwölf Arten befressen.

Die Eiche wiederum beherbergt 380 phytophage Arten. Natürlich wird man auf einem Baum nicht all diese Insektenarten gleichzeitig finden. Für die Besiedlung spielen Alter, Standort, Größe des Baumbestandes und andere Faktoren ebenfalls eine Rolle. Wären die phytophagen Ausbeuter des Blattgrüns die einzigen Tiere in den Hecken, wären Büsche und Bäume ständig kahlgefressen. Aber alle Tierarten unterliegen der biologischen Regel: Fressen und gefressen werden. Zahlreiche Heckenvögel brüten im Juli zur Hauptfraßzeit der Phytophagen. In den Nestern warten stets hungrige Junge darauf, mit Larven und Raupen gefüttert zu werden. Ameisen belauern ständig die Gespinste von Kleinschmetterlingslarven, um sie als Beute in den Bau zu tragen. Parasitisch lebende Insekten wie Schlupfwespen und Raupenfliegen stechen Schmetterlingsraupen an und legen ihre Eier hinein. So sorgen Räuber dafür, daß eine ausgeglichene Bilanz zwischen Pflanzen, Blattfressern und deren Feinden erreicht wird. Julihecken haben mit ihrer überaus reichen Tierwelt eine wichtige Funktion im Naturhaushalt.

In der Sagen- und Märchenwelt ist der Fingerhut *(Digitalis purpurea)* die Blume der Feen und Elfen. Viele Geschichten sind im Volksmund lebendig, in denen es um diese auffallende Pflanze geht. Sie beziehen sich auf den Blütenbau oder darauf, daß diese Pflanze bevorzugt in der Nähe von Fuchsröhren wächst. An dieser Beobachtung ist sicher etwas Wahres. Dort, wo Füchse ihre Röhren in den Sand graben, können auch Erdhummeln, die Bestäuber des Fingerhuts, ihre Nester in dem aufgelockerten Boden anlegen. Wahrscheinlich geraten mit den Hummeln auch Samen in den Sandboden. Im Englischen heißt der Fingerhut *foxglove* – Handschuh des Fuchses. Schon in der lateinischen Sprache des 16. Jahrhunderts hieß der Fingerhut *Digitalis* in Anlehnung an die fingerähnliche Blüte. Diese Pflanze hat in der ländlich-bildhaften Sprache viele Namen, wie »Omas Handschuh«, »Frauenfingerhut« und »Fingerhut der Kobolde«. In der Sagenwelt Irlands ist der Fingerhut das Kleid der Mondelfen. In Wales heißen die Pflanzen »Hexenglocken«.

Elfen und Feen sagt man nach, sie versteckten sich in den großen Blütenkelchen. Wer eine Fingerhutblume in der Hand hält, verfügt über magische Kräfte, erzählten die Ahnen. Andere Sagen berichten, daß Elfen Fingerhüte den Füchsen schenken, um sie vor den Nachstellungen der Menschen zu schützen. Füchse mit Fingerhut sollen lautloser schnüren können. Unglück allerdings soll der Fingerhut an Bord von Schiffen bringen.

Wahrscheinlich hängt der Sagenreichtum, der sich um die Pflanze rankt, mit ihren chemischen Inhaltsstoffen und ihrer Verwendung in der Alchemie des Mittelalters zusammen. Fingerhüte gehören zu den giftigsten Pflanzen unserer einheimischen Flora. Die Inhaltsstoffe der Blätter sind aber auch die wirksamsten Naturheilmittel gegen Herzschwäche und finden als »Digitalis« auch in der modernen Medizin Anwendung. Mitte des 18. Jahrhunderts untersuchte in England William Withering, wie der Fingerhut in der Volksmedizin eingesetzt wurde. Er fand, daß Tee aus Fingerhutblättern gegen Wassersucht verwendet wurde. Withering war es, der erkannte, daß Digitalis vor allem bei Herzbeschwerden hilft. Seinen Grabstein aus dem Jahr 1799 ziert heute noch das in Stein gehauene Bild einer Fingerhutblüte.

Auch die Brennessel *(Urtica dioica)* spielte früher eine wichtige Rolle als natürlicher Rohstoff. Im 18. Jahrhundert wurden in Schottland Bettlaken, Tischdecken und Hemden aus der faserigen Pflanze hergestellt. Die Herstellung war mühsam. 40 Kilogramm Nesseln brauchte man für ein einziges Hemd. Kein Wunder, daß bald andere Naturfasern wie zum Beispiel Leinen die Brennesseln ablösten. Aber trotzdem behielt die Brennessel ihre Bedeutung als kostenloser Rohstoff der Natur. Der Saft dieser Pflanze half bei der Käseherstellung, weil er Milch gerinnen läßt und das schwierig zu beschaffende Enzym aus dem Labmagen von Kälbern ersetzte. Früchte, in Nesseln verpackt, bleiben frisch, und Gemüse, das in der Nähe von Brennesseln ausgepflanzt wurde, blieb von Schädlingen verschont und konnte gut eingekellert werden. Ein Strauß Nesseln vertrieb die Fliegen aus der Speisekammer. Haarwasser aus Nesselsaft soll auch heute noch neue Haare sprießen lassen. Mit der stürmischen Entwicklung der Chemie im 19. Jahrhundert gerieten die alten Hausmittel weitgehend in Vergessenheit. Brennesseln als Tee gebraut wurden erst in jüngster Zeit wieder entdeckt. Ihr hoher Vitamin-C-Gehalt empfiehlt Brennesseln für eine Frühjahrskur. Früher pflegten die Hausierer zu sagen: »Junge Nesseln reinigen das Blut«. Brennesseln sind anerkannt gute Heilmittel gegen Erkältungen und gegen Entzündungen des Mund- und Rachenraumes.

Aber nicht nur gegen Krankheiten wurden Brennesseln eingesetzt. Wer Nesseln auf dem Leib trug, war gegen alle Anfechtungen geschützt:

> Ein Kleid aus Nesseln bleibt stets Meister
> über alle bösen Geister.

Warf man Brennesseln bei Sturm ins Herdfeuer, blieb das Haus vor Feuer und Sturm verschont. In Yorkshire (England) wurden im Mittelalter Brennesseln als Elixier bei Teufelsaustreibungen benutzt. Matratzen aus Brennesseln seien die Wohnungen der Elfen und somit ein Mittel, Zauberei abzuwenden, hieß es damals. Ein Bund trockener Brennesseln, am Kalender aufgehängt, schützt die Milch vor bösem Hexenzauber, sagten die Ahnen.

In der Symbolwelt des Mittelalters standen Nesseln für Neid und Mißgunst. Im viktorianischen Zeitalter galten Brennesseln in England als Symbole für Verleumdung und Grausamkeit. Man spielte damit wohl auf die schmerzhafte Wirkung der Brennhaare an. Schon allein der Traum, von Nesseln gebrannt zu werden, bedeutete zukünftige Verleumdung und Krankheit. Träumte man allerdings, Brennesseln selbst zu sammeln, bedeutete das eine glückliche Zukunft für Ehe, Heim und Herd. Die symbolbeladene Welt des Mittelalters neigte zu Übertreibungen. Aber trotzdem verdanken wir dieser Zeit einige positive Beobachtungen. So hilft bei Ätzungen durch Nesseln das Auflegen von Ampferblättern:

> Hast Du an Nesseln Dich gebrannt,
> das Ampferblatt den Schmerz verbannt.
> (England)

In Schleswig-Holstein lautet das Rezept für den Umgang mit Brennesseln:

> De Netteln brennt keen, de ni bang is.

Der Name der Brennessel rührt von dem alten Wort »nesteln« = zusammendrehen her. Der Pflanzenname weist also darauf hin, daß man aus Nesselfasern Fäden spinnen konnte. Der lateinische Name *Urtica dioica* ist prägnanter. *Urtica* kommt von *urere,* das heißt brennen; *dioica* weist auf eine schon den Griechen bekannte biologische Eigenschaft dieser Pflanze hin: Sie ist zweihäusig, männliche und weibliche Blüten sind auf getrennten Pflanzen zu finden.

An der Sonnenseite der Wallhecken Schleswig-Holsteins wachsen die großblättrigen Stauden des Ampfers. Zwei Arten leben hier: Der Stumpfblättrige Ampfer und der Sauerampfer mit den gewellten Blättern. Beide Ampferarten gehören zur Gattung *Rumex* und unterscheiden sich vor allem durch ihre Blattform, wie die Namen bereits andeuten.

Der Sauerampfer ist eine charakteristische Julipflanze. Auffällig überragen die rostroten Fruchtstände die Grasflächen der Heckensäume. Den Namen trägt die Pflanze nach der lateinischen Bezeichnung: *Rumex acetosa. Acetum* heißt »Essig« und kennzeichnet sehr treffend den sauren Geschmack der Blätter. Im Volksmund wird der Sauerampfer ja nach seiner jahrhundertelangen Verwendung benannt. Wir fanden Namen wie »Brot und Käse«, »Londons grüne Soße«, »Soldatenkraut« und »Sauergras«. Der Gattungsname *Rumex* leitet sich von einer römischen Lanzen- oder Speerform ab und beschreibt die spitz zulaufende Blattform. Dem Saft des Sauerampfers sagt man nach, er könne Pigmentflecken von der Haut entfernen oder Rostflecken aus Leinentüchern laugen. Ein Sud aus Sauerampferblättern diente in der Volksmedizin als fiebersenkendes Mittel.

Der Wiesenkerbel *(Anthriscus sylvestris),* eine typische Frühlingspflanze der Hecken, wird jetzt im Juli vom Klettenkerbel *(Torilis japo-*

nica) abgelöst. Die ähnlichen Pflanzen lassen sich am einfachsten voneinander unterscheiden, indem man die Stengel genau betrachtet. Der Wiesenkerbel besitzt hohle Stengel, die des Klettenkerbels sind dagegen markig.

Hecken auf Lehmböden zeigen im Juli neue Florenelemente. Die großen gelben Dolden des Pastinak *(Pastinaca sativa)* erscheinen jetzt und locken Hunderte von Insekten an. Diese Pflanze besitzt eine Reihe wirkungsvoller Abwehrstoffe gegen Fraßfeinde. Auch für den blumenpflückenden Menschen werden diese Abwehrstoffe sichtbar. Der Pflanzensaft verursacht auf der Haut häßliche braune Flecken, die sich bei Lichteinwirkung zu juckenden Blasen entwickeln können. Vorsicht also vor diesem hübschen Doldenblütler!

Heckenriegel inmitten des Ackerlandes sind oft auch Lebensräume für Pflanzen, die aus den Feldern in diese ungestörten Biotope verdrängt wurden. Blumen wie der Hederich, die Ackerwinde, der Weiße Gänsefuß, der Meerrettich und die Wegrauke sind eigentlich »Ackerunkräuter«. Wegen der ständigen mechanischen Bearbeitung und des Einsatzes von Herbiziden sind Heckensäume für sie oft die letzten Refugien.

Der Weiße Gänsefuß *(Chenopodium album)* war früher in England so häufig, daß viele Orte nach dieser Pflanze benannt wurden. Von ihrem altenglischen Namen »Melde« zeugen heute noch Ortsnamen wie Milden, Melbourne und Mildenhall. Unsere Vorfahren verwerteten die gemahlenen Samen des Gänsefußes als Mehl zum Brot- und Kuchenbacken. Geschmacklich erinnern Gänsefußsamen an Buchweizen. Auch roh sind die Samen genießbar. Der Weiße Gänsefuß trägt in einigen Landstrichen ziemlich abfällige Namen. Man nennt ihn »Dreckskerl«, »Mistkraut« und »Schafsarsch«. Aber all diese Bezeichnungen sollten nicht darüber hinwegtäuschen, daß der Weiße Gänsefuß eben für alles gut war. Die Pflanze ist sehr reich an Kalzium, an Eisen und den Vitaminen B_1 und B_2. Sie besitzt sogar mehr Eiweiß und Eisen als roher Kohl oder Spinat. Früher, bevor man den Anbau von Spinat kannte, war der Gänsefuß das Gemüse schlechthin. Kein Wunder, denn er ist als Wildpflanze eng verwandt mit den Kulturformen des Spinats, der Roten Beete und der Zuckerrübe.

In England nennt man den Weißen Gänsefuß auch »Fetthenne«. In Deutschland ist das anders. Hier trägt der Mauerpfeffer diesen volkstümlichen Namen. Die englische Bezeichnung rührt von den fetthaltigen Samen her. Sie waren das erste »Getreide«, das man in Westeuropa kannte. Wesentlich bekannter ist die Pflanze jedoch unter dem Namen

»Gänsefuß«. Diese Bezeichnung ist trefflich gewählt, weil sie die Form der Blätter gut charakterisiert. Die deutschen Namen vieler Heckenpflanzen liefern auch sonst viele Beweise dafür, wie gut unsere Vorfahren beobachten konnten. Die Blätter der Weißen Taubnessel *(Lamium album)* verfügen nicht über die Brennhaare der Brennessel. Sie sind eben »taub«. Und wenn diese Pflanze »Adam und Eva« genannt wird, so kommt das daher, daß die goldenen und schwarzen Staubblätter, Seite an Seite liegend, zwei schlafenden Menschen in einem Seidenbett ähnlich sehen. In der einfachen, figürlichen Welt des Mittelalters wurde daraus »Adam und Eva«. Auch die übrigen Volksnamen rühren von genauer Beobachtung her: »Erzengel«, »Bienennessel«, »Hummelblume« und »Adam und Eva in der Laube« sind nichts anderes als Beobachtungen, die in eine anschauliche Sprache übersetzt wurden.

Tee aus Taubnesseln, mit etwas Honig gesüßt, war das Heilmittel bei Erkältungen, und Kinder machten aus den getrockneten hohlen Stengeln dieser Pflanze kostenlose Pfeifchen, auf denen man mit etwas Geschick herrliche Melodien blasen konnte.

Der lateinische Name der Schafgarbe, *Achillea millefolium,* erinnert an den antiken Helden Achilles, der vor Troja die heilende Wirkung für die Wunden seiner Soldaten entdeckte. Die englische Bezeichnung *yarrow* greift sprachlich die Wirkung dieser Pflanze wieder auf und meint soviel wie »Heilkraut«. In der heutigen Homöopathie hat die Schafgarbe ebenfalls einen guten Ruf. Man verwendet sie als antiseptisches Wundmittel. Das wußten auch schon unsere Ururgroßeltern. Viele alte Namen belegen das: »Wundkraut«, »Tausendblatt«, »Soldatenwundkraut«, »Nasenblutkraut«, »Nieskraut« und »Weggarbe«. Frische Schafgarbenblätter milderten Zahnschmerzen und waren Hopfenersatz beim Bierbrauen. Das Kraut diente dazu, Nasenbluten zum Stillstand zu bringen, und es wirkte, am Johannistag aufgehängt, als Schutz vor Krankheit. Auch Kinderwiegen bewahrte es vor Krankheit und Unbill. Schafgarbentee milderte Erkältungskrankheiten und half bei Rheuma. Obendrein dienten diese Pflanzen als Färbemittel.

Schafgarbenblüten wurden oft in Brautkränze und Girlanden gebunden. Als »Venuskraut« im Hochzeitsmahl mitgegeben, bedeutete es mindestens sieben Jahre Eheglück. In grauer Vorzeit wurden Schafgarben bei Hexenbeschwörungen benutzt. Allerdings dienten Schafgarbenblüten, auf die Schwelle des Hauses gestreut, auch als Mittel, um Hexen fernzuhalten. Schafgarben lieferten den Wahrsagerinnen wichtige Drogen.

Wenn einem Schafgarben im Traum erscheinen, bedeutet das etwas

Gutes. Neunundvierzig trockene Stengel der Schafgarbe zu zählen ist eine klassische Beschwörungsformel des chinesischen Zauberbuches ›I Ging‹.

Auch die Erdbeere *(Fragaria vesca)* ist eine Frucht der Liebesgöttin Venus und außerdem ein Symbol der Jungfrau Maria. In der Symbolik des 19. Jahrhunderts stand die Erdbeere für Erfüllung, im Mittelalter für Reinheit. Die roten Früchte lieferten ein natürliches Gesichtswasser, das dem Teint eine gesunde Farbe verlieh.

Rezepte im Juli

Sauerampfer-Küchlein

1 Bund Sauerampferblätter, 40 g Butter, Petersilie, Sahne oder Crème fraîche, 1 Eigelb, 1 Ei und 1 Eiweiß, Salz, Pfeffer.

Ampferblätter verlesen, gut waschen, abtropfen lassen; pochieren oder in Butter dünsten, bis sie fast weich sind. Petersilie dazugeben. 1 Eßlöffel Sahne dazugeben und 1 bis 2 Minuten ziehen lassen. Vom Feuer nehmen und das leicht geschlagene Eigelb dazugeben. Aus dem Ei, dem Eiweiß und etwas Sahne ein Omelett herstellen. Die gedünsteten Sauerampferblätter auflegen und die Ecken einschlagen. Kurz umdrehen. In Quadrate schneiden und auf Toastbrot servieren. Mit einem Schuß Sahne und einigen Ampferblättern garnieren und servieren.

Brennesselbier

1 kg junge Brennesseln, 2 Limonen (oder Zitronen), 4½ Liter Wasser, 450 g brauner Rohrzucker, 25 g Weinstein (Kaliumbitartrat), 20 g Brauhefe.

Die sauber verlesenen und gewaschenen Brennesselblätter in eine Kasserolle geben und mit geriebener Limonenschale langsam zum Sieden bringen. 15 bis 20 Minuten vorsichtig ziehen lassen. Zucker und Weinstein zufügen und gut umrühren. Dann den Limonensaft zufügen und auch die in wenig Wasser aufgerührte Hefe unterrühren. Vom Feuer nehmen und *gut* zugedeckt an einem warmen Ort 3 Tage ruhen lassen. Danach 2 Tage *kühl* stellen. In gut sterilisierte Bierflaschen mit Bügelverschluß (neuerdings wieder üblich) abfüllen und 1 bis 2 Wochen kühl lagern. Wenn das Bier klar ist, ausschenken und genießen.

Avocados mit Meerrettichsoße

1 kl. Stück Meerrettich, 1 Eßlöffel Crème fraîche pro Person, Salz, Pfeffer, gemischte frische Kräuter, ½ Avocado pro Person.

Bei offenem (!) Fenster den Meerrettich fein raspeln. Sahne zugeben. Kräuter zumischen. Hälften reifer Avocados füllen und *gekühlt* servieren.

Pfannkuchen »Weißer Gänsefuß«

Pfannkuchenteig (ergibt ca. 8 Stück): 275 ml Milch (+ Wasser), 2 Eier, ¼ Teelöffel Salz, 110 g gesiebtes Gänsefußmehl, 50 g Butter; Füllung: Gänsefußblätter, Wasser, Salz, Pfeffer, ½ l Béchamelsauce.

Wasser, Milch, Eier und Salz kalt verrühren. Butter und Mehl zufügen, 1 Minute umrühren und zugedeckt 2 Stunden kalt werden lassen. Dann die Pfannkuchen normal zubereiten.

Füllung: Ein großes Bündel sorgfältig verlesener und gewaschener Gänsefußblätter *(Chenopodium album)* in reichlich Wasser (und Salz, Pfeffer) zart kochen. Abgießen. Alle holzigen Teile entfernen. In ½ Liter Béchamelsauce geben und ziehen lassen.

In die Mitte jedes Pfannkuchens 2 Teelöffel der Füllung geben und den Pfannkuchen einrollen. Alle Pfannkuchen in eine gebutterte Raine legen und mit Parmesan und Butterflöckchen bei 190 °C 5 Minuten überbacken.

In Butter gedünstete Taubnessel

Ein großes Bündel Taubnesseln sammeln. Die Blätter abstreifen und gut waschen. Mit einem Stück Butter und etwas Salz etwa 15 Minuten dünsten. Abtropfen lassen und mit etwas Butter zu den Pfannkuchen »Weißer Gänsefuß« servieren.

Nudelsalat mit Schafgarbe

225 g Nudeln, 1 große Handvoll Blätter von Schafgarbe, 1 Knoblauchzehe, Salz, Pfeffer, Olivenöl.

Die Nudeln »al dente« kochen, abtropfen und abkühlen lassen. Die gewaschene Knoblauchzehe mit den Blättern der Schafgarbe hacken und kochen. Unter die erkalteten Nudeln mischen und mindestens 2 Stunden ziehen lassen. Diese Nudeln mit Olivenöl vorsichtig durchmischen. Sie werden köstlich schmecken.

Eihälften mit Sauerampfergemüse

1 Handvoll Sauerampferblätter, 40 g Butter, 25 g Mehl, 1 Schuß Milch, Salz, Pfeffer, Muskat, 2 hartgekochte Eier.

Die Ampferblätter waschen, abtropfen lassen und in Butter *vorsichtig* bräunlich dünsten. Mehl und etwas Milch zugeben, bis die Menge dicklich wird. Salzen, pfeffern und mit Muskat würzen. In der Mitte eines Tellers anrichten. Die gekochten Eier halbieren und rundherum anrichten. Zu Vollkornbrot mit Butter reichen.

August

Der Erntemonat August bringt beides mit sich: Für viele Menschen bedeutet dieser Monat lang ersehnten Urlaub und Ausspannen in sommerlicher Hitze, den Bauern beschert er viele Stunden harter Arbeit. Die Ernte, das Ergebnis monatelangen Mühens und zähen Fleißes, muß jetzt in doppelter Anstrengung eingebracht werden. Überall in den Kornfeldern ertönt das dumpfe Dröhnen der Mähdrescher und das unaufhörliche Gestampfe der Strohpressen. Das Abbrennen der Stoppeln hinterläßt aschgraue, staubige Felder. Es sollen die Minerale der Stoppeln dem Boden wieder schnell zugeführt werden. Wo dies nicht mit der größten Sorgfalt geschieht, sind allzuoft die Hecken in Gefahr – Hekken, die als Lebensadern der intensiv genutzten Landschaft viele kostenlos wirkende Nützlinge beherbergen. Die Hundstage der ersten beiden Augustwochen bringen oft drückend heißes Wetter. Sie sind nach dem Hundsstern Sirius, der Anfang August mit der Sonne auf- und untergeht, benannt. Beständiges Wetter an St. Bartholomäus (24. August) verspricht einen guten Herbst, heiße Hundstage dagegen prophezeien einen kalten Winter:

> Ist's an St. Bartholomäus hell und klar,
> wird der Herbst ganz wunderbar
> (England)

> Ist der August im Anfang heiß,
> wird der Winter streng und weiß
> (Oberfränkischer Bauernkalender)

Schmetterlinge – Kavaliere der Blumen

Ein Sommerspaziergang in einem Heckengebiet ist immer ein großes Naturerlebnis. Bunte Schmetterlinge gaukeln durch die Landschaft, landen auf Blüten und saugen den Nektar der Heckenpflanzen.

Jetzt ist die Flugzeit des Tagpfauenauges *(Inachis io)*. Die stacheligen Raupen hatten sich im Juli an Brennesseln sattgefressen und verpuppt. In den ersten Augusttagen schlüpfen die Falter aus der Puppe. Flogen

Ei
(stark vergrößert)

Raupe

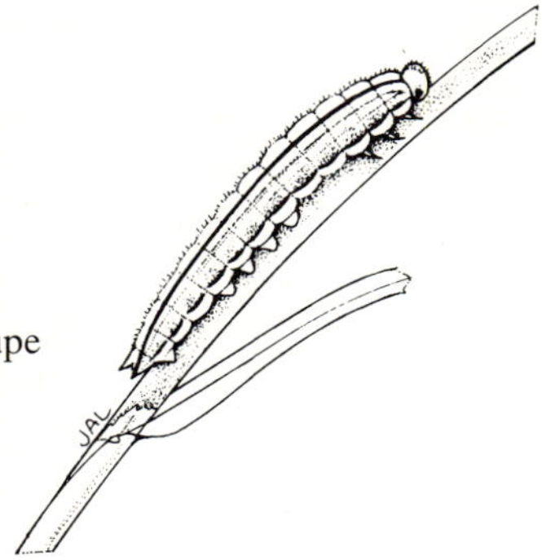

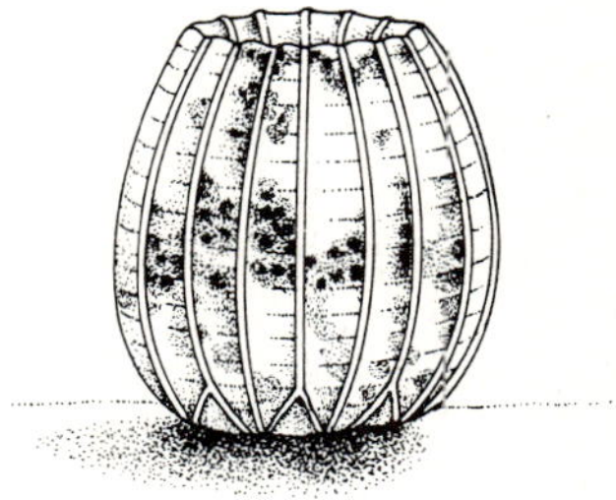

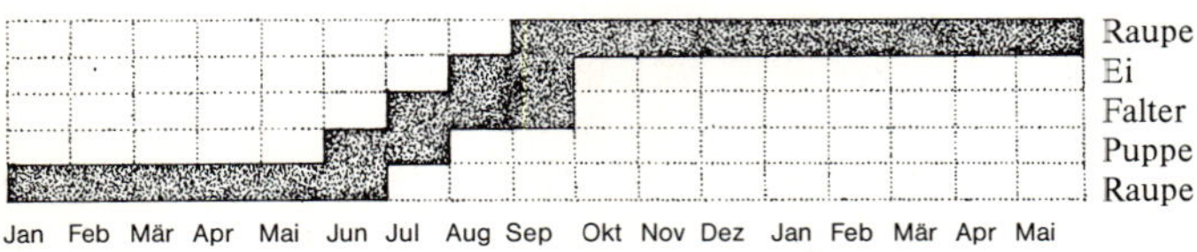

Entwicklungsstadien im Jahresgang

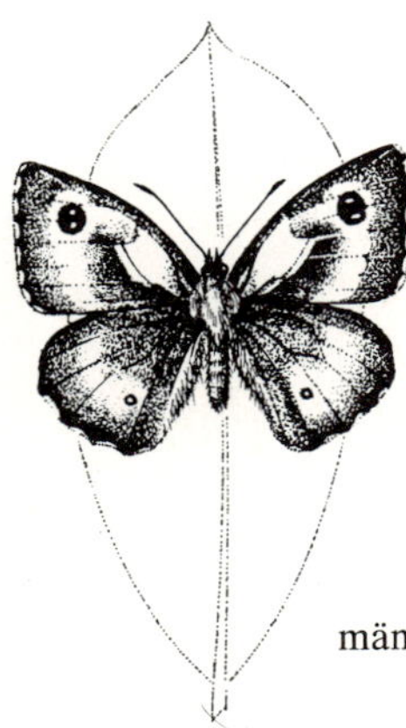

Puppe

männlicher Falter

Entwicklungszyklus des Braungeränderten Ochsenauges *(Pyronia tithonus)*

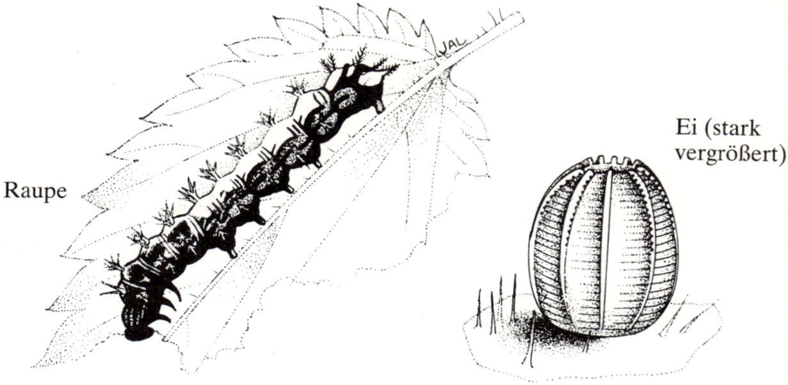

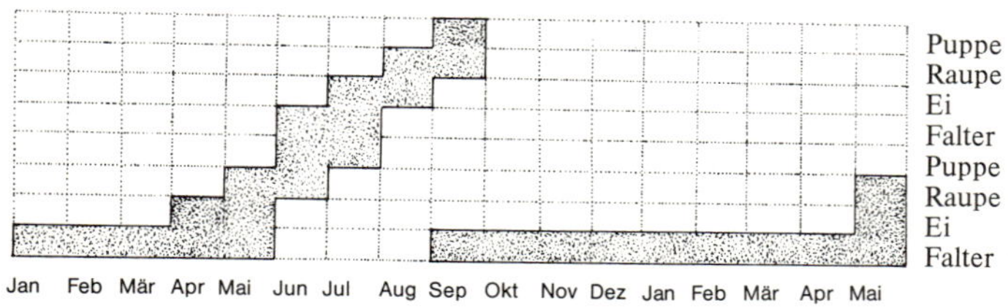

Entwicklungsstadien im Jahresgang

Entwicklungszyklus des C-Falters *(Polygonia c-album)*

im Frühsommer bunte Falterarten aller Farbschattierungen, überwiegen jetzt braune Schmetterlinge. Sie gehören in der Mehrzahl der Familie der Augenfalter (Satyridae) an. Die Augenfalter tragen eine Reihe von auffälligen »Augen«, das sind runde, häufig noch mit einem Punkt (»Kern«) in der Mitte versehene Flecken auf den Vorder- und gelegentlich auch auf den Hinterflügeln. Ein bekannter Vertreter der Augenfalter ist das Schachbrett *(Melanargia galathea)*, das allerdings nicht braun, sondern schwarzweiß gescheckt ist. Die Raupen der Augenfalter fressen Gräser. Mit etwas Glück findet man ihre Puppen, die kopfüber an den Nahrungspflanzen aufgehängt sind.

Aurorafalter als charakteristische Schmetterlinge des Frühjahrs fliegen jetzt schon lange nicht mehr. Ihr Platz wird vom Braungeränderten Ochsenauge eingenommen. Ochsenaugen sind überall an Wegrändern anzutreffen. Der englische Name *gatekeeper* drückt die Vorliebe dieser Art für Feldraine und Wegränder aus.

Das Braungeränderte Ochsenauge *(Pyronia tithonus)* schlüpft in der letzten Juniwoche und fliegt bis in den September hinein. Die Falter sitzen gerne auf Brombeeren, deren leicht zugängliche Tellerblüten den Nektar am Grunde der Kronblätter anbieten. Männliche und weibliche Ochsenaugen lassen sich leicht unterscheiden. Der männliche Falter ist kleiner und trägt im Vorderflügel eine braune diagonale Binde. Diese Binde gab dem Ochsenauge auch den deutschen Namen »Samtborte«, den man in einigen Bestimmungsbüchern findet. Die Satyridae, wie Augenfalter wissenschaftlich heißen, weisen ein weiteres Bestimmungsmerkmal auf: An der Basis einer oder mehrerer Adern des Vorderflügels liegen blasige Verdickungen. Diese Anschwellungen sind unbeschuppt. Man nimmt an, daß sie der Lautwahrnehmung dienen können.

Das Weibchen des Ochsenauges legt die Eier einzeln an den schmalen Blättern des Einjährigen Rispengrases *(Poa annua)* und weiterer Gräser ab. Noch im September schlüpfen die Jungraupen. Nach kurzer Fraßzeit verkriechen sich die jungen Larven und überwintern. Im kommenden Frühjahr wird die Larvalzeit vollendet. Die Raupen beginnen erneut zu fressen und verpuppen sich schließlich. Die Puppen hängen kopfüber an Grasblättern oder Grasstengeln. Wer die Raupen finden will, muß lange suchen. Sie verstecken sich tagsüber in Bodennähe und kommen erst bei Einbruch der Dunkelheit zum Fressen auf die Pflanze. Dieses Verhalten wird als Anpassung verstanden, die den Tieren hilft, tagaktiven Räubern aus dem Weg zu gehen. Die grüngraue Färbung läßt die Raupen optisch mit dem Untergrund verschmelzen. Das Braungeränderte Ochsenauge ist in ganz Europa verbreitet und an vielen Hecken zu beobachten.

Die bemerkenswert strenge Bindung dieser Art an Hecken wirft die Frage auf, wo Ochsenaugen früher lebten, als die Landschaft noch unberührt von landwirtschaftlicher Nutzung war. Die wahrscheinlichste Annahme ist die, daß diese Schmetterlinge früher am Rand großer Waldlichtungen lebten. Für diese These spricht die Beobachtung, daß Ochsenaugen auch heute noch gerne an Waldrändern fliegen.

Neben dem Ochsenauge lassen sich im Heckenbereich weitere Augenfalter der »braunen Familie« finden. Der Mauerfuchs *(Lasiommata megera)* liebt warme Wälle oder Mauern als Lebensraum. Hier sitzen die Falter am liebsten in der vollen Sonne. Auch die Larven des Mauerfuchses fressen an Gräsern. Wegen der Vorliebe für sehr warme Stellen kann diese Art zwei Generationen pro Jahr entwickeln. Die Falter der ersten Generation fliegen im Mai/Juni, die der zweiten wieder im Juli/August.

Als ursprünglicher Bewohner sonniger Lichtungen hat das Waldbrettspiel *(Pararge aegeria)* in Wallhecken einen adäquaten zweiten Lebensraum gefunden. Die Männchen können an schattigen und halbbesonnten Heckenrändern gut beobachtet werden, wenn sie ihre Reviere besetzen und gegen andere Männchen verteidigen. Die Art ist ebenfalls bivoltin; das heißt, sie vermehren sich zweimal pro Jahr. Die erste Generation erscheint schon im März/April, die der zweiten fliegen bis in den Oktober hinein. Das vierte Mitglied der Familie der Augenfalter an Hecken ist das Große Ochsenauge *(Maniola jurtina)*. Dieser Falter bevorzugt eigentlich Weiden und Triften mit hohem Grasbestand, er fliegt aber auch gerne entlang von Wallhecken, Feldrainen oder Straßenrändern, wenn diese nicht gemäht werden. Wie bei fast allen Augenfaltern sind auch hier die Männchen kleiner und viel dunkler gefärbt als die Weibchen. Die Farbunterschiede sind so deutlich, daß der berühmte Naturforscher Linné 1758 die beiden Geschlechter jeweils als getrennte Arten beschrieb. Erst später erkannte man, daß bei diesen Faltern ein Geschlechtsdimorphismus besteht, das heißt, daß sie sich im männlichen und weiblichen Geschlecht unterscheiden.

Heckenschmetterlinge sind eine unerschöpfliche Quelle für Naturbeobachtungen. Jede Art hat eine andere Strategie entwickelt, in diesem Lebensraum erfolgreich zu sein. Der schwefelgelb gefärbte Zitronenfalter *(Gonepteryx rhamni)* überwintert sogar als Schmetterling. Ende Juli schlüpfen die Falter aus der Puppe und gaukeln an Heckenstreifen entlang. Hier wachsen die Nahrungspflanzen der Raupen, der Kreuzdorn *(Rhamnus catharticus)* und der Faulbaum *(Frangula alnus)*. Das Männchen des Zitronenfalters ist leuchtender gelb gefärbt als der weibliche Schmetterling.

Mit dem ausgehenden Sommer erscheint gleichsam wie ein Höhepunkt einer der faszinierendsten und auffallendsten Heckenschmetterlinge: Die Familie der Edelfalter *(Nymphalidae)* ist jetzt durch den C-Falter *(Polygonia c-album)* vertreten. Die Flügel dieses herrlichen Schmetterlings sind gebuchtet und geschwungen. Die dunklen Unterflügel sind braun, rötlich und orange gesprenkelt. Inmitten dieses Farbenmeeres leuchtet ein weißes »C«, das dem Falter seinen Namen gab. Die Oberseite der Flügel ist in leuchtendem Rostbraun gehalten, durchsetzt von schwarzen und orangeroten Flecken. Noch aufregender als die Schmetterlinge sind die Raupen des C-Falters gestaltet. Die schwärzlichen Raupen tragen dornartige Fortsätze auf dem Rücken. Im hinteren Teil ist das Schwarz von einem weißen Fleck unterbrochen. Diese abenteuerliche Färbung soll die Körpergestalt optisch auflösen, um Feinde zu verwirren. Man kann die weiß-schwarze Färbung auch als Nachahmung von Vogelkot interpretieren. Auch diese von Schmetterlingen häufig gezeigte Mimikry dient dazu, Räuber abzulenken. Die Raupen fressen Brennessel- und Hopfenblätter, gelegentlich nehmen sie auch Ulmen als Nahrungspflanzen an. Eine Raupe des C-Falters zu finden, ist nicht leicht. Allzuoft wird auch das menschliche Auge durch das farbliche Verwirrspiel der Raupen getäuscht.

Das Ruprechtskraut

Auf Hausdächern, in Mauerritzen und in Hecken wächst eine Pflanze mit leuchtend roten Blüten: der Ruprechts-Storchschnabel *(Geranium robertianum)*. Die Blüten der häufigen Pflanzen riechen widerlich, was diesem Storchschnabelgewächs den uncharmanten Namen »Stinkender Robert« eingebracht hat. Der Geruch hängt mit chemischen Inhaltsstoffen, den Polyphenolen, zusammen, die Insekten abhalten sollen, die Pflanze zu fressen. Trotz des wenig attraktiven Duftes spielte das Ruprechtskraut, wie der Storchschnabel auch heißt, in der mittelalterlichen Volksmedizin eine große Rolle. Noch heute verwendet man es auf dem Lande zur Wundbehandlung, zur Linderung von Entzündungen und zur Heilung von Magengeschwüren. Im hellen Sonnenlicht sind die Stengel rot überlaufen. Hängen die Blüten nach unten, gibt es bald schlechtes Wetter, glaubten die Bauern. Das Ruprechtskraut gehört zu den Storchschnabelgewächsen *(Geraniaceae)*. Diese Pflanzen besitzen schnabelförmig verlängerte Früchte, die bei der Reife aufspringen und ihre Samen mit einem Schleudermechanismus mehrere Meter weit ausstreuen können. Auch die wunderschönen roten Blüten zeigen eine Besonderheit: Sie öffnen sich bei höheren Temperaturen und schließen sich bei Abkühlung. Diese »Bewegungen« der Blüten werden durch die Blütenstiele erreicht, die auf wechselnde Temperaturen mit unterschiedlichem Wachstum reagieren. Storchschnabelblüten haben einen eigenen Reiz, der diesen Pflanzen dazu verhalf, als geschätzte Blume Einzug in unsere Gärten zu halten.

Pflanzengallen

Abnorme Formveränderungen von pflanzlichen Teilen wie Wucherungen, Verdickungen oder blasige Gebilde auf Blättern, an Stengeln oder an Wurzeln nennt man Gallen. Derartige Mißbildungen haben schon immer die Aufmerksamkeit von Menschen erregt, die mit Pflanzen zu tun hatten. Gallen treten gehäuft im Spätsommer auf und sind besonders häufig in Hecken zu finden. Wir kennen heute 15 000 verschiedene Formveränderungen von Pflanzen, die unter den Begriff »Galle« fallen.

Derartige Gallen werden zum Großteil von Tieren verursacht, denen es gelingt, die Entwicklung von Pflanzenteilen umzuprogrammieren. Auch Pilze sind an einer derartigen Umsteuerung beteiligt. Die wichtigsten Verursacher von Pflanzengallen sind Fadenwürmer (Nematoden), Milben (Acarina) und Insekten. Unter den Insekten finden wir ausgesprochene Spezialisten, die Gallen erzeugen können, vor allem Gallwespen (Cynipidae), Gallmücken (Cecidomyidae), Blattläuse (Aphidina) und Blattwespen (Symphyta).

Wohl die auffallendsten Gallen überhaupt sind die bizarren »Schlafäpfel« oder »Bedeguare« auf Hunds- und Feldrosen. Die beiden volkstümlichen Namen deuten darauf hin, daß Rosengallen schon lange im Volksmund bekannt sind. Unter ein Kopfkissen gelegt, sollten Rosengallen den ersehnten Schlaf bringen, was ihnen den Namen »Schlafäpfel« einbrachte. Der ungewöhnliche Begriff »Bedeguar« stammt von dem persischen Wort *badawar,* was soviel wie »windgeboren« bedeutet. Solange man die Erreger nicht kannte, glaubte man, die Gallen kämen irgendwoher aus der Luft.

1 Galle der Gemeinen Rosengallwespe
2 Galle im Querschnitt mit Larvenkammern
3 Gemeine Rosengallwespe *(Diplolepis rosae)* (nat. Größe 5 mm)
4 Weibchen der parasitischen Schlupfwespe *Orthopelma mediator* (nat. Größe 5 mm)

Der Verursacher der bizarren Schlafäpfel ist die winzige Rosengallwespe *(Diplolepis rosae)*. Die Weibchen dieser nur fünf Millimeter großen Wespe stechen im Frühjahr Rosenknospen an und legen Eier hinein. Die Larven beginnen zu fressen und veranlassen auf bisher ungeklärte Weise die Pflanze zum Wachstum. Rund um die fressenden Larven erzeugt die Rose eine Wucherung – die Galle – und versorgt so die Larven reichlich mit Nahrung. Die jungen Rosengallen sind grün, sie verändern aber während ihres Wachstums die Augenfarbe von Rosa zu knalligem Rot. Im August sind die rundlichen Gallen ausgewachsen und erreichen einen Durchmesser von 7 bis 10 Zentimetern. Schneidet man die Gallen auf, kommen zahlreiche Kammern zum Vorschein, in denen jeweils eine winzige Larve der Gallwespe frißt. Die Larven werden den Winter in der Galle geschützt verbringen und sich im Frühjahr verpuppen. Anfang Mai nagen sich die schlüpfenden Wespen durch die eingetrocknete Wand der Galle und gelangen ins Freie.

Wer Interesse hat, solch ein ökologisches Kleinsystem zu erforschen, sollte im März einige der weithin sichtbaren Rosengallen abschneiden und in Marmeladengläsern mit einem Verschluß aus Gardinenstoff aufbewahren. Etwas feuchter Sand als Untergrund schafft die richtige Luftfeuchte in dem Zuchtgefäß. Das Faszinierende an diesen Gallen ist, daß nicht nur die »rechtmäßigen Besitzer« schlüpfen werden. Eine Reihe weiterer Insektenarten hat sich auf eine Rolle als »Hausbesetzer« und Schmarotzer spezialisiert. Im Laufe einer langen Entwicklung sind Rosengallen zu einem komplizierten ökologischen Minisystem geworden. Eine zweite Gallenwespenart *(Periclistus)* nutzt den Vorteil der vorhandenen Rosengallen, um selbst Eier »ins gemachte Bett« zu legen. Diese ungebetenen Gäste bezeichnet man als Inquilinen, als Untermieter. Hausbesitzer und Gast werden dann von der Erzwespe *Torymus bedeguaris* parasitiert. Die erzgrüne Wespe verfügt zu diesem Zweck über einen langen, hauchdünnen Legebohrer, der gerade lang genug ist, um die Larvenzellen der Gallwespen zu erreichen. Die aus den Eiern schlüpfenden Larven suchen dann eigenständig ihren Wirt. Aber auch diese Parasitenlarven bleiben nicht verschont. Die Schlupfwespe *Orthopelma* und die Erzwespe *Oligosthemus* parasitieren wiederum den Parasiten *Periclistus.* Sie sind also Hyperparasiten. Alle drei Parasitenarten jedoch werden von einem weiteren Insekt befallen. Die Erzwespe *Habrocytus bedeguaris* kann als letztes Glied in diesem System alle Vorgänger ausschalten und auffressen. »Auf einer großen Fliege sitzen immer ein paar kleine Fliegen, die hungrig sind«, sagt ein Sprichwort. Aber das Spiel »Wer frißt wen?« ist noch nicht zu Ende. Eine weitere Erzwespe, *Eurytoma rosae,* bohrt sich von Kammer zu Kammer, um den primären Parasiten *Periclistus* zu fressen. Alle diese komplizierten Wechselbeziehungen spielen sich in einer einzigen Rosengalle ab, die nur 7 bis 10 Zentimeter groß ist: Ökologische Vielfalt auf engstem Raum!

In den oft zweifelhaften medizinischen Praktiken des Mittelalters fanden Rosengallen reiche Verwendung. Mit einem Sud aus abgekochten Gallen kurierte man Durchfall bei Rindern, oder man benutzte ihn als Diuretikum. Sogar die Maden der Wespen fanden Verwendung. Die getrockneten und pulverisierten Larven sollten Bandwürmer abtreiben. Eine Kette mit aufgefädelten Rosengallen galt, um den Hals gehängt, als Mittel gegen Keuchhusten.

Wer Blätter von Heckensträuchern oder krautigen Pflanzen aufmerksam absucht, wird eine große Palette unterschiedlicher Gallen entdekken. Sehr oft sind die Blätter des Feldahorns *(Acer campestre)* mit winzigen roten Pusteln übersät. Diese pfefferkorngroßen Beutelgallen werden von der Gallmilbe *Aceria macrorhyncha* verursacht. Eine nah verwandte Art *(Eriophyes similis)* erzeugt grüne Pusteln entlang der Mittelrippe von Schlehenblättern. Oft sind die Jungtriebe des Weißdorns nach unten gekrümmt. Dieses Schadbild weist auf das Vorkommen der Gallmücke *Dasyneura crataegi* hin. Zu zigarrenförmigen Blattverkrümmungen kommt es, wenn die Gallmücke *Dasyneura fraxini* die Mittelrippen von Eschenblättern ansticht. Auch Efeu und Gamander-Ehrenpreis werden von Gallmücken befallen.

Die größte Vielfalt an Gallerregern lebt auf der Eiche. In Mitteleuropa fressen rund 200 Gallerreger auf der Gattung *Quercus* (Eiche), davon sind rund 150 Gallwespenarten. Besonders auffallend sind die pfenniggroßen Kugelgallen der Eichengallwespe *(Cynips quercifolii)*, die im Spätherbst oft zu Tausenden unter Eichbäumen liegen. Ähnlich wie bei den Rosengallen ist auch dieses »Miniökosystem« aus einer Vielzahl von Inquilinen und Parasiten aufgebaut. Der Insektenkomplex in diesen Eichengallen ist noch nicht völlig aufgeklärt, da die Eichengallwespen einen Generationswechsel durchführen. Die eingeschlechtliche Generation erzeugt winzige Gallen an Jungtrieben, die zweigeschlechtliche Generation der Wespen zwingt die Eiche dazu, die Riesengallen auf den Blättern zu bilden.

Vorläufer der Insektengallen dürften Minen in Blättern darstellen. Unter Minen versteht man Fraßgänge, die Insekten innerhalb eines Blattes anlegen. Als Verursacher kommen wegen der geringen Blattdicke nur sehr kleine Insekten in Frage. Minierer sind deshalb sehr zahlreich bei den Fliegen und den Kleinschmetterlingen zu finden. Die Larven fressen während ihrer Entwicklung einen Gang durch das Nährgewebe eines Blattes zwischen Oberhaut und Unterhaut. Je nach Blattform und Fraßtyp sind die Minen charakteristisch geformt und lassen sichere Rückschlüsse auf die verursachende Art zu. Ein schönes Bei-

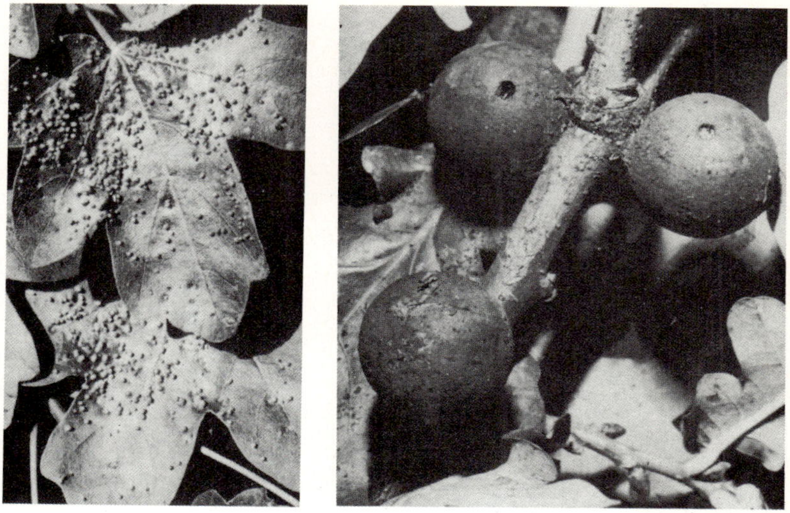

Zwei häufige Formen von Pflanzengallen: links Beutelgallen der Gallmilbe *Aceria macrorhyncha* an Blättern des Feldahorns, rechts die Kugelgallen der Eichengallwespe *(Cynips quercifolii)*

spiel für diese Lebensweise ist die Zwergmotte *Nepticula aurella.* Die Larven dieser Art fressen serpentinenartige Minen in Brombeerblätter. Die Mine beginnt dort, wo das Ei abgelegt wurde. Mit zunehmendem Wachstum der Raupe wird die Mine breiter. Am Ende des Fraßganges nagt sich die Larve aus dem Blatt und läßt sich zu Boden fallen. Dort wird die Puppe angelegt. Ähnliche Schlangenminen fressen Minierfliegen *(Agromyzidae).* Ein Vertreter dieser Insekten, die wie winzige Miniaturausgaben von Stubenfliegen aussehen, miniert in den Blättern der Stengellosen Primel *(Primula vulgaris).* Die Fraßgänge der Minierfliege *Phytomyza primulae* zeigen schon den Übergang von der Schlangenmine zur flächigen Platzmine, wie sie typisch von der nah verwandten Art *Phytomyza ilicis* in den lederigen Blättern der Stechpalme angelegt wird. Die Stechpalmen-Minierfliege legt die Eier im Mai oder Juni auf die Unterseite der Blätter. Nach dem Schlüpfen höhlen die Junglarven die Mittelrippe des Blattes aus, bevor sie die typische Platzmine anlegen. Hier überwintern die Raupen. Die Verpuppung findet dann erst im darauffolgenden März in der Mine statt.

Einen Zwischentyp zwischen Gang- und Platzmine fressen die Larven der Minierfliege *Phytomyza periclymeni* in die Blätter des Waldgeiß-

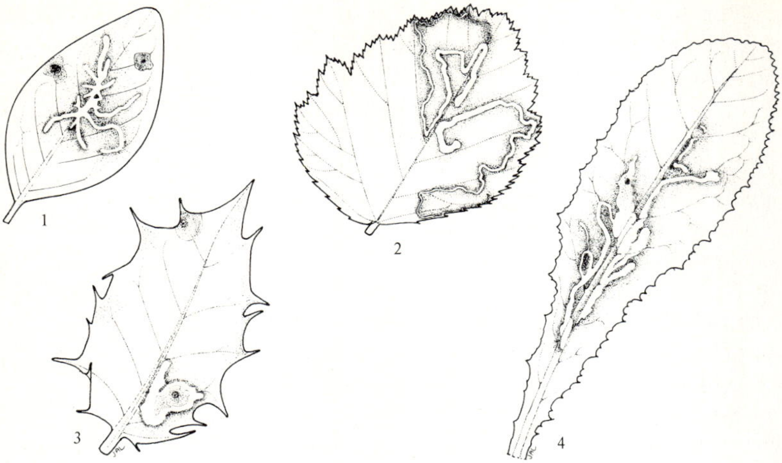

1 Sternmine der Minierfliege *Phytomyza periclymeni* im Blatt des Waldgeißblattes *(Lonicera periclymenum)*
2 Schlangenmine der Zwergmotte *Nepticula aurella* in einem Brombeerblatt
3 Platzmine der Minierfliege *Phytomyza ilicis* im Blatt der Stechpalme *(Ilex spec.)*
4 Gang- und Platzmine der Minierfliege *Phytomyza primulae* im Blatt der Stengellosen Primel *(Primula vulgaris)*

blattes *(Lonicera periclymenum)*. Diese sogenannten Sternminen sind oft so häufig, daß jedes Blatt befallen ist. Das Waldgeißblatt gehört zu den schönsten Sommerblühern in unseren Hecken. Die langen Lianen der Schlingpflanze ranken sich quer durch die Heckenbüsche und sind im Sommer übersät mit langen, gelben Blütenkronen. Das schattenliebende Waldgeißblatt wächst in norddeutschen Wallhecken häufiger als in süddeutschen Feldgehölzen, da das Hauptverbreitungsgebiet im Nordwesten Europas liegt.

Feurige Liebhaber überreichten früher ihrer Angebeteten Geißblattblüten als blühendes Symbol der Liebe und der Poesie. In der viktorianischen Blumensprache war diese Blüte ein Ausdruck tiefer Zuneigung. Der Name »Geißblatt« dürfte von einem mittelalterlichen bildlichen Vergleich mit Bergziegen herrühren. So wie Ziegen auf schwindelnden Felsen herumturnen, so rankt diese Heckenpflanze durch Büsche bis in die äußersten Äste. Im Mittelalter benutzten Hexen Girlanden aus Geißblatt, um Kinderkrankheiten zu besprechen. Die Zweige dieser

Pflanze dienten auch dazu, Teufelsaustreibungen am 1. Mai vorzunehmen. Schottische Bauern steckten Geißblattblüten in das Zaumzeug ihrer Kühe und bewahrten sie damit vor Hexenzauber.

Der Nektar der Blüten schmeckt zuckersüß und läßt sich leicht aus abgerupften Kronröhren saugen. Die roten Beeren dagegen sind sehr giftig. Das Geißblatt trägt viele volkstümliche Namen, wie »Halt mich fest«, »Honigwinde« oder »Trompetenblume«. Die meisten Volksnamen beziehen sich auf die kletternde Wuchsform dieser Pflanze.

Besonders interessante Beobachtungen kann anstellen, wer sich im August oder September vor die großen Doldenschirme des Wiesen-Bärenklau *(Heracleum sphondylium)* setzt. Die breit ausladenden Dolden ziehen unzählige Insektenarten an. Schwebfliegen, Stelzenmücken und Bockkäfer kommen zum Nektartrinken. Hier sucht auch der gelbbraune Soldatenkäfer *Rhagonycha fulva* nach Pollen. Die kleinen Käfer wechseln gelegentlich auf das Jakobs-Greiskraut *(Senecio jacobaea),* um dort Pollen zu naschen oder kleine Insekten zu erbeuten. Die Larven der Weichkäfer *(Cantharidae),* zu denen *Rhagonycha* gehört, ernähren sich ausschließlich räuberisch und leben im Bodenbereich. Ein besonders interessanter Kleinkäfer, der häufig auf Gräsern und Bärenklau-Dolden nach Pollen sucht, ist der Zipfelkäfer *Malachius bipustulatus.* Die Mundwerkzeuge dieser Art haben sich im Laufe der Evolution zu einer regelrechten »Pollenkehrmaschine« entwickelt. Faßt man den Zipfelkäfer vorsichtig an, stülpen sie an den Flanken zwei Paare leuchtend roter Säckchen aus. Wahrscheinlich sollen diese »Zipfel« Räuber abschrecken. Wer Glück hat, kann die Balz dieser Käfer beobachten. 1960 entdeckte der Erlanger Zoologe Dieter Matthes, daß die Männchen von *Malachius bipustulatus* ihrer Partnerin Sekrete aus einer Drüsengrube am Kopf anbieten. Knabbern die Weibchen lange genug an dem Sekret, werden sie paarungswillig. Diese »Geschmacksbalz« kann man schon ab Ende Mai, vorzugsweise auf blühenden Rispen des Wiesenfuchsschwanzes *(Alopecurus pratensis),* beobachten. Die sechs Millimeter großen Käfer sind an den roten Flecken auf den erzgrünen Deckflügeln leicht zu erkennen.

Der Bärenklau trägt je nach Landstrich viele Vulgärnamen wie »Kuhholzschuh«, »Schweinepest«, »Schweinekraut« oder »Gänsefuß«. Meistens sind es verächtliche Namen, da der Bärenklau als Viehfutter wertlos ist. Dazu kommt, daß die Pflanze sich sehr aggressiv ausbreitet und Wiesen innerhalb weniger Jahre wertlos machen kann. Lediglich die Wurzeln wurden früher als Schweinefutter verwendet. Die dicken, rötlich angelaufenen Stengel sind hohl und außen tief gerieft. Einzelne

Rotbeerige Zaunrübe *(Bryonia dioica)*. Zaunrüben gehören zu den Kürbisgewächsen und klettern mit spiraligen Ranken an Heckenbüschen empor.

Stengelabschnitte werden gern von Kindern als Blasrohr verwendet. Aber Vorsicht vor dieser Pflanze, die auf gut gedüngten Böden bis zu zwei Meter hoch werden kann: Schon leichte Berührung kann zu unangenehmen Hautreizungen und Verätzungen führen. Dem Bärenklau sagt man Heilkräfte nach, die einst von Herkules, dem Gott der Stärke, angewandt wurden. Von dieser Sage stammt auch der lateinische Name *Heracleum*. Angeblich vermag der Bärenklau hohen Blutdruck zu senken und Epilepsie zu heilen. In der Homöopathie wird diese Pflanze nach wie vor verwendet.

In der mittelalterlichen Zauberwelt spielten die großen, knolligen Wurzeln der Rotbeerigen Zaunrübe *(Byronia dioica)* eine besondere

Rolle; sie dienten als Alraune mit magischer Wirkung. Hexen formten die Wurzeln zu Menschengestalten, um alle diejenigen mit Fluch und Verwünschung zu belegen, die ihre Magie hinterfragten oder in Zweifel zogen. Zur Ausformung der Wurzeln benutzten die Magierinnen einen Trick: Läßt man junge Wurzeln in speziell geformte Tonköpfe wie in ein Korsett hineinwachsen, läßt sich mit zunehmendem Wachstum jede gewünschte Form erzielen. Die verschlungen gewachsenen Alraunen wurden als Talisman und als Kuriosität verkauft und sogar als Orakel befragt.

Zaunrübenwurzeln in Menschengestalt dienten als Zunftzeichen der Kräuterläden und wurden vor die Tür gehängt. Dieser Kult, Wurzeln zu Alraunen hochzustilisieren, war reine Gaunerei. Außer zur Geldschneiderei waren diese Wurzeln zu nichts nutze. Sie sind darüber hinaus wegen ihres Alkaloids Bryonin ziemlich giftig. Zaunrüben gehören zur Familie der Kürbisgewächse (Cucurbitaceae) und waren früher als »Wilder Wein« bekannt. In der Medizin wurde daraus »Weißwein« gewonnen. Die sehr giftigen Beeren ergaben ein Abführmittel oder wurden bei Erkältungskrankheiten, Rheuma und Brustfellentzündungen angewandt. Man sagte ihnen auch eine aphrodisierende Wirkung nach. Der Saft der Pflanze erzeugt Entzündungen der Haut. Nimmt man ihn ein, ruft er heftiges Erbrechen hervor. Der lateinische Name *Bryonia dioica* ist eine Übertragung aus dem Griechischen und weist auf die Eigenart hin, üppig zu wachsen. *Dioica* heißt »zweihäusig«. Wie bei der Brennessel stehen auch hier männliche und weibliche Blütenanlagen auf getrennten Pflanzen.

Der Waldziest *(Stachys silvatica)* wird auch »Wundkraut« genannt. Seine Blätter wurden früher zur Heilung von Schnittwunden und Verletzungen benutzt. Die Blätter des Waldziest und des Sumpfziest *(Stachys palustris)* zerrieb man zu Salben oder Packungen. Heute wissen wir, daß die Inhaltsstoffe des Ziest ein antiseptisches Öl enthalten, das Wunden vor Eiter schützt. Der wissenschaftliche Name *Stachys* beschreibt die »spitze« Blüte. *Silvatica* kennzeichnet den Standort der Pflanze, vorzugsweise schattige Waldlagen oder Heckentraufen.

Wie läßt sich das Alter einer Hecke bestimmen?

Das Alter von Hecken hat einen entscheidenden Einfluß auf die Mannigfaltigkeit der Pflanzen- und Tierarten, die hier leben. Generell gilt der ökologische Grundsatz, daß ein Lebensraum umso mehr Organismenarten beherbergt, je älter er ist. Dieser Grundsatz ist auch auf Hecken anwendbar.

Zunächst muß aber berücksichtigt werden, daß Hecken auf vielfältige Weise entstehen können. Hecken, die Relikte einer ursprünglichen Waldlandschaft darstellen, dürften stets eine Verbindung zu den Wäldern der vorlandwirtschaftlichen, ungestörten Landschaft besessen haben und damit artenreich sein. Als Gegenstück zu den sehr ursprünglichen, waldnahen Hecken wurden seit dem 16. Jahrhundert Feldgehölze gepflanzt. Diese Pflanzungen bestanden meist nur aus wenigen Pflanzenarten, zu denen sich im Laufe der Zeit weitere Straucharten gesellten. Zwischen diesen beiden extremen Heckentypen gibt es alle Übergänge. Seit dem Mittelalter wurden Feldgehölze mit unterschiedlichen Baum- und Straucharten angelegt, die entweder aus der Natur entnommen oder aus Stecklingen gezogen wurden. Doch unabhängig von der Entstehungsgeschichte gilt, daß alte Hecken mehr Arten beherbergen als junge. Um 1965 begann Dr. Max Hooper, die Mannigfaltigkeit an Busch- und Straucharten in unterschiedlichen Hecken zu untersuchen.

Der Wissenschaftler fragte nach dem Zusammenhang zwischen dem Bodentyp, dem Klima und der Intensität der durchgeführten Pflegemaßnahmen einerseits und der Zusammensetzung des Artenspektrums andererseits. Es zeigte sich, daß es zwischen diesen Faktoren keinen Zusammenhang gab, wie man mit statistischen Korrelationsanalysen feststellen konnte. Umso überraschender war das Ergebnis, als Dr. Hooper die Artenzusammensetzung von Hecken, die in der Grafschaft Devon stehen und datierbar sind, in Beziehung zum Alter setzte. Er fand heraus, daß es rund hundert Jahre dauert, bis eine zusätzliche Strauchart in eine Hecke einwandert. Dieser Befund ließ sich mehrfach bestätigen. Im Hochland von Huntingdonshire und Northamptonshire (England) ließen sich 85 Prozent der Strauchflora durch die Einwanderungsregel erklären. Nur 15 Prozent des Bestandes waren auf Bodeneinflüsse oder künstliche Anpflanzungen zurückzuführen. Die Daten der 230 untersuchten Hecken aus drei verschiedenen Landschaften konnten dazu beitragen, eine Gleichung zu formulieren, nach der das Alter einer rund 36 m langen Hecke berechnet werden kann: Alter der Hecke = (Artenzahl der Sträucher × 110) + 30 Jahre. Beispiel: Stehen in einer Hecke auf 36 m Länge nur zwei Straucharten, ist die Hecke 250 Jahre alt. Eine Hecke mit sechs Straucharten steht schon 690 Jahre am gleichen Fleck.

Diese Gleichung stellt natürlich nur eine Faustformel dar und beinhaltet eine Fehlermarge von ± 200 Jahren. Sie läßt aber die Aussage zu, daß alle hundert Jahre eine neue Strauchart in die Hecke einwandert. Auch wenn solche groben Schätzungen zunächst sehr einfach aussehen, haben sich Korrelationsrechnungen dieser Art in der Ökologie seit langem bewährt. Sie sind ein grobes Maß dafür, welchen Gesetzmäßigkeiten ökologische Systeme unterliegen. Bei der hohen Komplexität von lebendigen Pflanzen- und Tiergemeinschaften sind bei solchen Berechnungen Vereinfachungen unumgänglich. Das trifft auch für das hier gegebene Heckenbeispiel zu.

Man darf zum Beispiel nicht übersehen, daß die Enden eines Heckenriegels oft untypisch sind. Sie gehen entweder in Wald über oder enden in buschigen Waldausläufern. Bei solchen Altersschätzungen ist es deshalb ratsam, erst nach zehn Schritten mit der Erfassung der Arten anzufangen. Die Registrierung der Straucharten erfolgt dann in einem Abschnitt von etwa 30 Schritten. Achten muß man allerdings darauf, daß man sich nicht gerade die vielfältigste und interessanteste Strecke aussucht. Eine bewußte Auswahl würde das Ergebnis verfälschen. Es ist nicht nötig, mit Bandmaß oder Lineal zu arbeiten, das Schrittmaß ist hinreichend genau. Verbessern läßt sich das Ergebnis, wenn man in langen Heckenstreifen mehrere solcher Abschnitte untersucht und aus den Einzelwerten einen Mittelwert bildet.

Es wird jeweils nur eine Heckenseite untersucht, auf der man alle Baum- und Straucharten notiert. Holzige Kletterpflanzen und Brombeeren werden nicht erfaßt. Waldgeißblatt, Waldrebe und Efeu sollten also nicht registriert werden. Die Rosenarten zählen nur als eine einzige Strauchart. Es hat sich als günstig erwiesen, zunächst zehn oder mehr genau datierbare Hecken pro ausgewähltem Landstrich zu erfassen, um eine möglichst genaue Beziehung zwischen Artenzahl und Alter zu erhalten, denn diese Beziehung unterliegt regional gewissen Schwankungen.

Als man in Essex die Ergebnisse von Dr. Hooper auf eine Hecke anwandte, die in einem alten Stich von 1771 als Farmbegrenzung abgebildet war, zeigte sich Erstaunliches. Die Hecke war nicht, wie vermutet, rund 200 Jahre alt, sondern aus der Zahl der in ihr vertretenen Arten ergab sich ein Alter von 800 bis 1000 Jahren. Damit lieferte diese Altersbestimmung einen Hinweis darauf, daß an dieser Stelle schon 600 bis 800 Jahre früher als angenommen eine bewirtschaftete Farm existierte. Das erschien unwahrscheinlich, weil nirgends Dokumente von Farmgründungen vorlagen, die die Ergebnisse bestätigen konnten. Bei einer anderen Hecke war das errechnete Alter wesentlich geringer, als es die Dokumente über die Anlage von Bauernhöfen erwarten ließen. Diese Beispiele mögen Hinweis genug sein, daß eine allzu genaue Altersberechnung von Hecken mit dieser Faustformel problematisch ist. Trotz alledem erlauben solche Altersschätzungen, Hekken als uralte Strukturelemente einer bäuerlichen Kulturlandschaft zu erkennen und für entsprechende Schutzmaßnahmen vorzusehen. Außerdem erlauben grobe Analysen der Altersstruktur einer Hecke zusätzliche Erkenntnisse. So zeigte sich, daß hasel- und ahornreiche Hekken immer älter sind als Feldgehölze, die nur aus Weißdornbüschen bestehen. Bei Weißdornhecken gibt es eine weitere Einschränkung: Büsche des Zweigriffeligen Weißdorns *(Crataegus laevigata)* können durchaus hochbetagt sein. Lediglich der Eingriffelige Weißdorn *(C. monogyna)* wurde im 18. und 19. Jahrhundert häufig angepflanzt und verkörpert demnach heute den Typ der »jüngeren« Hecken. Auch Schlehen scheinen mehr eine Pflanzenart älterer Wallhecken zu sein, obwohl sie in Lesesteinhecken auf Muschelkalk stets den Weißdorn begleiten.

Sicher besitzen auch einige Kräuter einen Zeigerwert bezüglich des Alters der Hecken. Bingelkraut und Engelwurz gehören zu den Indikatoren. Sogar einige Gehäuseschnecken kommen in alten Hecken häufiger vor als in jüngeren. Die Tellerschnecke *Discus rotundatus* ist eine dieser Landschnecken. Sicher werden weitere Untersuchungen noch genaueren Aufschluß darüber geben, welche Tiere und Pflanzenarten Indikatoren für Hecken verschiedenen Alters sein können. Wir wissen insgesamt noch viel zuwenig über die Einwanderungsgeschwindigkeit mancher Arten und über die Arealgrößen, die sie zum Überleben benötigen. Das Heckenprojekt der Universität Bayreuth hat jedoch zu diesen Fragen aufschlußreiche Ergebnisse gebracht, die im Kapitel »Wie lassen sich Hecken ökologisch bewerten?« vorgestellt werden.

Die sichersten Aussagen über das Alter von Hecken, zumindest der einzelnen Sträucher und Bäume, liefert eine Analyse der Jahresringe. Sie ist aber nur möglich, wenn einzelne Heckenbäume gefällt oder zumindest die unteren, ältesten Äste abgesägt werden. Die Schnittflächen, unter der Lupe betrachtet, geben Auskunft über das Lebensalter des Baumes oder Strauches.

Schon mit bloßem Auge erkennt man auf solchen Querschnitten sehr deutlich Ringzonen, die jeweils dem Zuwachs eines Jahres entsprechen.

Der Stamm eines Baumes enthält neben Wasserleitungsorganen dickwandige, verholzte Zellen, die ihm Festigkeit verleihen. Die einzelnen Gewebearten sind schichtweise angeordnet. Es wechseln also Festigungselemente und Leitungsbahnen für Wasser und Nährstoffe einander ab. In jedem Jahr wird ein dunkles Band, die Jahresgrenzlinie, ausgebildet. Die Breite der Jahresringe hängt von klimatischen Faktoren oder von der Ernährungssituation des Baumes ab. Fette Jahre – dicke Ringe, magere Jahre – dünne Ringe. Zählt man die Anzahl der Jahresgrenzlinien, läßt sich das ungefähre Alter des Baumes abschätzen. Kleine Fehler können dadurch entstehen, daß gelegentlich Laubverlust durch Frost oder Kahlfraß durch Insekten Anlaß zur Bildung eines zweiten Jahresringes geben.

Eine Analyse von Jahresringen an Bäumen und Sträuchern läßt viele Schlüsse zu. Mit Hilfe dieser »Langzeitdokumente« werden Umweltsituationen in historischer Zeit rekonstruiert oder die klimatischen Bedingungen der Vergangenheit geklärt. Stämme, die einer vorherrschenden Windrichtung ausgesetzt waren, reagierten darauf mit verstärktem Dickenwachstum in Windrichtung, was sich in unsymmetrischen Jahresringen dokumentiert. Chemische Untersuchungen der Inhaltsstoffe zeigten sogar, wann es Umweltkatastrophen gab. So konnten Archäologen am Holz versunkener Schiffe nicht nur das Alter, sondern auch die Umweltbedingungen, den Grad der Umweltverschmutzung und die Herkunft des Baumes rekonstruieren, der das Baumaterial geliefert hatte.

Die Jahresringforschung an Heckensträuchern und -bäumen bietet ein reiches Betätigungsfeld für Naturliebhaber oder den Biologieunterricht an Schulen. Schüler erhalten Einblick in die Wachstumsvorgänge der Pflanzen und begreifen die Hecken als Elemente alter bäuerlicher Kulturlandschaften. Ein gründliches Studium der Jahresringe ist besonders deshalb ratsam, weil Heckensträucher auf günstigen, nährstoffreichen Standorten oft ein höheres Alter vortäuschen, als sie eigentlich haben. Wer sich mit dem Wasserleitungssystem der Bäume näher beschäftigt, gerät ins Staunen: Um die Blätter mit dem lebensnotwendigen Naß und den darin gelösten Nährstoffen zu versorgen, kann das Wasser pro Stunde je nach Baumart und Jahreszeit 2 bis 44 Meter hoch steigen.

Tomaten-Brennessel-Suppe

2 mittelgroße Zwiebeln, Brennesselblätter, ¾ l Fleischbrühe, 1 kg Tomaten, 1 Glas Weißwein, Sahne, Öl.

Etwas Öl in die Bratpfanne geben und die feingehackten Zwiebeln darin andünsten. Brennesseln nach Geschmack dazugeben und etwas garen lassen. Die Fleischbrühe hinzufügen und etwa 20 Minuten köcheln lassen.

Mit Salz und Pfeffer würzen. Die Tomaten enthäuten und zu Püree verarbeiten. Dieses zusammen mit dem Wein zur Suppe geben. Kurz aufkochen lassen und zum Abschluß mit Sahne abrunden.

Gänseblümchen-Käse-Salat

Gänseblümchen-Blätter, 1 Ei, 100 g Schnittkäse, Öl, Kräutersalz, Pfeffer.

Vom Gänseblümchen, das sogar in warmen Wintern blüht, stehen fast immer junge, zarte Blätter zur Verfügung. Beim Sammeln darauf achten, daß die Blätter nicht zu alt sind. Blätter waschen und mit Küchenpapier abtrocknen. Das Ei hartkochen und würfeln. Den Käse ebenfalls würfeln und mit dem Ei und den Gänseblümchen-Blättern vermischen. Aus Öl, Salz und Pfeffer eine Salatsauce bereiten und über den Salat gießen.

Schmeckt hervorragend zu frischem Brot und Bier!

Weinherstellung

Jeder Liebhaber hausgemachter Fruchtweine besitzt sein eigenes Rezept zur Weinherstellung. Um Anfängern herbe Enttäuschungen zu ersparen, müssen einige einfache Regeln beachtet werden. Die wichtigste lautet: absolute Sauberkeit. Jede Flasche und jeder Gärballon müssen absolut sauber sein. Nach der sorgfältigen Reinigung benutze man eine Sterilisierlösung, die aus einer Sterilisationstablette pro 275 ml Wasser hergestellt wird (Sterilisationstabletten sind in Drogerien erhältlich). Zum zweiten ist es sehr wichtig, für die richtige Gärtemperatur zu sorgen. Man benötigt eine konstante Temperatur von 21 bis 24 °C. Neben einem Heizkörper, einem Herd oder in einem luftigen Schrank sollte es kein Problem sein, diese Temperatur zu erreichen und einigermaßen gleich zu halten. Die dritte goldene Regel heißt: Geduld bewahren!

Nach all den Vorbereitungen und Vorarbeiten braucht der Wein Ruhe, um auszureifen. Es lohnt sich, gerade beim Reifen Geduld zu zeigen, denn so schnell geht das nicht: Schlehen-Gin ist ungefähr nach einem Jahr so weit. Weißweine benötigen weniger Zeit, mindestens jedoch sechs Monate zur Reife. Rotweine sind dagegen erst nach zwei oder mehr Jahren trinkreif. Für ganz Ungeduldige: Brennesselbier reift schon in wenigen Wochen, und Holunderblütenlikör sowie die Weißdornbowle können sofort getrunken werden.

Achten Sie bei den Rezepten zur Wein- oder Bowleherstellung stets darauf, daß Blüten und Früchte sehr gut gewaschen werden. Pilzsporen, die das Getränk bei der Gärung zerstören, lauern überall. Es lohnt sich deshalb, schon in das Waschwasser eine Sterilisationstablette zu geben.

Schlehenwein

2 kg Schlehdornfrüchte, 3½ l Wasser, 1 kg Zucker, 1 Teelöffel Zitronensäure, 1 Würfel Weinhefe, 1 Sterilisationstablette.

Früchte waschen und etwas zerquetschen. In einem Kessel mit kochendem (!) Wasser übergießen. Zugedeckt abkühlen lassen. Zucker, Zitronensäure und Hefe einrühren. Bei geöffnetem Deckel vier Tage gären lassen, dabei die schwimmenden Früchte zweimal pro Tag in die Flüssigkeit drücken. Abgießen, die Früchte auspressen und wegwerfen. Den gewonnenen Most in einen sterilen Gärballon füllen. Gärröhrchen aufsetzen und an einem warmen Ort gären lassen, bis der Wein still und klar wird. Das dauert etwa zwei Wochen. Danach den sich klärenden Wein vorsichtig in ein steriles Gefäß ablaufen lassen, ohne den Bodensatz aufzuwirbeln. Mit etwas abgekochtem, kaltem Wasser auffüllen. Den Bodensatz wegwerfen. Eine Sterilisationstablette zufügen und das Gefäß (Ballon) sorgfältig verschließen. An einem kühlen Ort so lange liegen lassen, bis der Wein völlig klar ist. Auf *sterile* Flaschen abziehen und *mindestens* ein Jahr lagern!

Wer Geduld hat, wird eines Tages einen aromatischen, trockenen, roten Tischwein servieren können, der, bei Raumtemperatur angeboten, hervorragend zu Rindfleisch und Käse paßt.

September

Mit dem September ziehen die ersten Morgennebel ins Land. Wie Perlen glitzern dicke Tautropfen im milden Sonnenlicht. Die Klarheit des Herbstes bricht an, die Schatten werden länger. In den Hecken und Knicks ziehen neue Farben ein. Rottöne und Blau unterbrechen das Grün des Blätterdaches. Im September reifen die Früchte der Heckenpflanzen. Die Ranken der Gemeinen Schmerwurz *(Tamus communis)* winden sich durch die Büsche und tragen mit reifen hellroten und unreifen grünen Früchten zur herbstlichen Farbsymphonie bei. Brombeerfrüchte wandeln jetzt ihr Farbkleid von Purpurrot zu Schwarz. Singvögel streifen umher, um das Früchte- und Samenangebot zur Anlage von Fettdepots für die lange Reise in die Winterquartiere zu nutzen. Obwohl sich schon viele herbstliche Rottöne in der Landschaft zeigen, sind auch noch sommerliche Eindrücke zu gewinnen. Einige Blumen blühen noch: Bärenklau, Waldziest und Weiße Taubnessel, Engelwurz und Waldgeißblatt breiten ihre Blüten aus, als gelte es, dem heranziehenden Herbst zu trotzen. Ende September zeigen sich die Hecken noch einmal von einer besonders reizvollen Seite. Diese schönen, milden Herbsttage nennt man den »Altweibersommer«, wohl deshalb, weil überall Spinnenfäden in der Luft schweben und Sträucher und Hecken mit einem seidigen Fadengewirr überziehen. Es sind die jungen Webspinnen der Sommergeneration, die sich jetzt an langen Spinnfäden mit dem Wind verdriften lassen, um neue Lebensräume zu besiedeln.

Am 29. September ist Michaelistag. Diesem nach dem Fest des Erzengels Michael benannten Tag kommt eine Schlüsselrolle für das Winterwetter zu, wie die Bauern glauben.

> Ist Michaeli rauher Wind,
> wird der Winter nicht gelind
> (Oberfränkischer Bauernkalender)

Sind die Zugvögel noch nicht fortgezogen, läßt der Winter noch lange auf sich warten. Diese optimistische Hoffnung gründet sich meist darauf, daß die Schwalben noch um Haus und Hof fliegen. In warmen Jahren ziehen Mehl- und Rauchschwalben gelegentlich drei Bruten hoch und bleiben so bis zum Herbst bei uns.

Diese Nachzügler geraten sehr oft bei der Überquerung der Alpen in den frühen Winter und sterben dann an Entkräftung. Schwalben sind jedoch nach heutiger Kenntnis sehr zweifelhafte Propheten für den Verlauf des Winters.

Früchte des Herbstes

Der September ist der Monat der Früchte. In den Hecken und Knicks reifen Brombeeren, Vogelbeeren, Weißdornfrüchte, die Beeren der Schmerwurz und Schlehenfrüchte. Der Tisch ist reich gedeckt für Mäuse und Vögel, die im Winter auf diese natürlichen Reserven angewiesen sind.

Schon immer haben auch die Menschen das reiche kostenlose Früchteangebot der Knicks und Feldgehölze genutzt. In Schleswig-Holstein wie in Franken ziehen Frauen und Kinder mit Eimern und Körben hinaus in die Flur, um Brombeeren zu pflücken. Das ist seit Menschengedenken so. Neben den süßen Beeren liefern Brombeersträucher weitere Naturgüter: Die Zweige werden zu Korbwaren verwendet, andere Pflanzenteile liefern Farbstoffe. Dunkle Farbtöne lassen sich aus jungen, grünen Sprossen gewinnen, schiefergraublaue Farbstoffe stecken in reifen Früchten, und Orange läßt sich aus den Wurzelstöcken destillieren. Wuchsen Brombeeren um Schafweiden, konnten früher gut gekämmte Wollsträhnen zum Spinnen gesammelt werden, die die Schafe an den Dornen lassen mußten.

Die Brombeeren hatten in der Volksmedizin eine große Bedeutung: Kranke Kinder mußten durch einen aus Brombeerzweigen gebundenen Bogen klettern, weil das angeblich gegen Rheumatismus half.

Die Griechen und Römer verwendeten Brombeeren gegen Gicht. Aufgüsse aus Blättern halfen und helfen heute noch bei Mandel- und Halsentzündungen. Heute untersuchen Pharmazeuten, ob Brombeerblätter nicht sogar Wirkstoffe gegen die Zuckerkrankheit enthalten.

In den religiösen Bräuchen spielten Brombeeren eine nicht minder große Rolle. War es ein brennender Brombeerstrauch, in dem Moses den Herrn sah? War die Dornenkrone Jesu aus Brombeeren gewunden? Im Alten Testament kam den Brombeeren die Herrscherrolle im Pflanzenreich zu. Und nach alten Volksmärchen soll Satan bei der Vertreibung aus dem Paradies in einen Brombeerstrauch gefallen und verflucht worden sein. Noch heute soll er in jedem neuen Herbst auf diese Pflanze spucken, daher ist es angeblich ungesund, nach dem 11. Oktober noch Brombeeren zu essen. Die Wahrheit ist allerdings, daß ältere Brombeerfrüchte häufig von der Beerenwanze *Dolycoris baccharum* angesaugt werden, die ihnen durch ihre Verdauungssekrete einen unangenehmen, teuflischen Geschmack verleiht.

Holunderbüsche stehen selten in Hecken oder Knicks. Sie brauchen Böden mit reichem Stickstoff- und Phosphorgehalt. »Hollerbüsche«, wie sie auch genannt werden, stehen deshalb häufiger in der Nähe von Bauernhöfen oder Kaninchenbauen, wo ständig Düngung durch Kuhfladen oder Kaninchenkot anfällt.

Wohl kaum ein anderer Strauch ist mit so viel ländlichem Mythos versehen wie der Holunder. Amseln und Drosseln schätzen seine Früchte, die in dichten Dolden reichlich angeboten werden. Obwohl die Holunderbeeren oder »Fliederbeeren« meist wenig geschätzt werden, sind sie von großem Wert. Der etwas eigenartige, säuerliche Geschmack rundet vor allem den anderer Früchte wie Äpfel, Holzäpfel oder Brombeeren trefflich ab. Holunderbeeren sind ein Allheilmittel und genießen deshalb in der Volksheilkunde großes Ansehen. Roh genossen verursachen sie allerdings Magen- und Darmbeschwerden. Gedünstet, als Mus oder als Saft werden die Früchte des Holunders dagegen auch heute auf dem Land als Fiebermittel, als wohlschmeckender, durststillender Saft oder sogar als Schnapszusatz verwendet. Das Reifwerden der Fruchtstände diente den Bauern früher als Zeichen, mit der Aussaat des Winterweizens zu beginnen. Fruchtende Dolden vertrieben lästige Insekten oder halfen, Gemüse und Feldfrüchte haltbar zu machen.

Der Holzapfelbaum *(Malus sylvestris)* trägt viele Namen, die je nach Dialekt und Landschaft variieren, wie zum Beispiel Holzapfel oder Dornapfel. Die knorrigen Äste tragen spitze, kräftige Dornen. Gelegentlich sind sie von der Mistel *(Viscum album)* befallen, die als Schmarotzerpflanze Äste und Stämme von Laubbäumen besiedelt. Das Holz des Wildapfels wurde früher zum Schnitzen oder zur Herstellung von Schlegeln (Holzhämmern) genommen. Holzäpfel schmecken sehr sauer und verlocken nicht gerade zum Verzehr. In England legten junge Mädchen mit den Äpfeln die Initialen ihrer Verehrer aufs Feld. Schlichen sie im Morgengrauen des Maternustages (11. September) hinaus und sahen nach, welche übriggeblieben waren, erfuhren sie den Namen ihres zukünftigen Ehemannes.

Den schönsten Anblick bieten Holzapfelbäume im Frühling während der Blüte. Die pastellfarbenen, weißlichen bis rosafarbenen Blüten erwecken den Eindruck besonderer Zartheit. Die Wildäpfel der Hecken und Wälder sind aus verschiedenen Elternteilen hervorgegangen. Einige Bäume dürften verwilderte Zuchtformen sein, andere wiederum sind ursprüngliche Wildformen. Die Botaniker glauben, daß Holzäpfel heute in zwei Rassen auftreten, die schwer voneinander zu trennen sind: Da ist einmal der echte einheimische Holzapfel und zum anderen eine Wildform, die aus Südosteuropa und Vorderasien eingebürgert wurde und als Ausgangsart für die Züchtung unserer Apfelsorten diente. Die einheimische Unterart wird als *Malus sylvestris ssp. sylvestris* bezeichnet, die südosteuropäische Unterart als *Malus sylvestris ssp. mitis.* Normalerweise lassen sich beide Unterarten recht gut unterscheiden: Der kultivierte Apfel trägt wie seine wilden Vorfahren unterseits behaarte Blätter sowie filzige Blattstiele und Jungtriebe. Die Früchte werden größer und schmecken auch süßer. Blätter und Zweige unseres einheimischen Holzapfels sind dagegen unbehaart, die Früchte schmecken sehr sauer.

Hagebutten spielten früher eine wichtige Rolle für die Versorgung der Landbevölkerung mit dem lebenswichtigen Vitamin C. Auch heute noch dient ein Sirup aus Hagebutten als Aufputschmittel bei Abgespanntheit und als Vorbeugemittel gegen Erkältungen. Hagebuttentee wird als Stärkungsmittel allgemein gepriesen. Im 18. Jahrhundert wurden die Früchte der Weinrose zu Met vergoren, der wie alle alkoholhaltigen Getränke aufheiternd wirkte. In alten Zeiten spielten Hagebutten eine wichtige Rolle in der Küche. Das Hiffenmark, wie Hagebuttenmarmelade in Franken heißt, liefert schmackhafte Küchlein und sogar Tortenfüllungen. Hundsrosen bekamen ihren Namen, weil man früher glaubte, ein Sud aus ihren Wurzeln könne die gefürchtete Tollwut heilen. Heute weiß man, daß Tollwut durch einen Virus hervorgerufen wird, der nur mit Impfungen bekämpft werden kann.

Im September reifen auch die eßbaren Haselnüsse. Die in reifem Zustand hartschaligen Nüsse wachsen in Büschen von einer bis vier Früchten am Strauch. Leider sind Eichhörnchen mit der Ernte meist schneller als der Mensch. Sie fressen schon unreife, noch weiche Haselnüsse.

Haselsträucher spielten in Aberglauben und Folklore eine wichtige Rolle, und das nicht nur wegen der biegsamen Haselgerten, die mancher Bubenhintern zu spüren bekam. Weil Haselnüsse oft paarweise wachsen, verehrte man diesen Strauch als Symbol glücklicher Ehen. Haselzweige im Haus schützten vor Blitzschlag, und ein Zwillingspaar von Nüssen im Geldbeutel bewahrte den Besitzer vor Zahnschmerz. Ypsilonförmige Haselgerten waren das Handwerkszeug der Wünschelrutengänger, mit denen sie Wasseradern aufspürten. Im antiken Griechenland galten Haselgerten als Symbol des Friedens und der Verständigung. Haselsträucher waren bis ins 19. Jahrhundert ein wichtiger Rohstofflieferant. Die biegsamen Gerten eigneten sich zur Herstellung von Feldgerät oder, zu Reifen gebunden, zur Korbmacherei.

Altweibersommer

Ein Morgenspaziergang in einer herbstlichen Heckenlandschaft vermittelt unvergeßliche Eindrücke. Im ersten Sonnenlicht glitzern Tausende taubehängter Schleier, als seien sie kunstvoll über Strauch und Busch drapiert. Die lichterglänzenden Kleinode sind das Werk von Spinnen, die ihre Netze wie Hängematten zwischen Zweigen und Ästen anlegen. Die Baldachinspinnen (Linyphiidae) stellen mit mehr als 250 Arten etwa ein Viertel der einheimischen Spinnenfauna. Sie sind im Herbst die häufigsten Baumeister der von Tau triefenden Kunstwerke. Man schätzt, daß auf einer Wiese von etwa 4000 Quadratmetern rund 1,5 Millionen Baldachinspinnen leben. Die meisten Arten der Linyphiiden sind nur etwa 2,5 Millimeter lang und sehr schwer zu bestimmen.

Die häufigste in Hecken lebende Art ist wahrscheinlich die Deckennetzspinne *(Linyphia triangularis),* ein mit 6 Millimeter Körperlänge recht großer Vertreter der Baldachinspinnen. Die Weibchen legen das einem aufgespannten Regenschirm ähnliche Netz an, indem sie die gerüsttragenden Fäden des Netzdaches in der Mitte kuppelförmig hochziehen. Meist versteckt sich das Spinnenweibchen an der Unterseite des Netzes und lauert auf die nächste Beute. Die Fäden der Glücksspinnen, wie die Linyphiiden auch heißen, sind nicht klebrig. Die Spinne wartet,

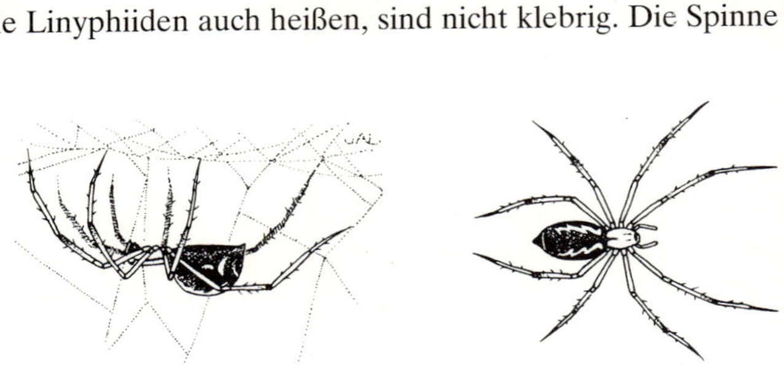

Weibchen der Deckennetzspinne *Linyphia* in typischer Sitzhaltung unter dem Baldachinnetz. Rechts: Das gleiche Tier von oben gesehen.

bis sich ein Insekt in das Gewirr der Stolperfäden verirrt und auf die Decke des Baldachins fällt. Stürzt das Beutetier nicht sofort auf die Kuppel, kann es die Spinne mit heftigen Rüttelbewegungen herabschütteln und mit einem Biß durch die Gespinstdecke lähmen. Die Beute wird sofort verspeist oder in einem Seidengespinst gefesselt für spätere Mahlzeiten ins Netz gehängt. Vorratshaltung wie in einer Speisekammer!

Wer Baldachinnetze vorsichtig genauer betrachtet, kann am Rand gelegentlich das Männchen der Netzbewohnerin beobachten. Die geschlechtsreifen Männchen bauen keine eigenen Fangnetze, sondern sie bewohnen bis zur Paarung im Herbst längere Zeit das Netz des Weibchens. Spinnenmännchen leben gefährlich. Nur allzu oft werden sie mit Beute verwechselt und landen in der »Speisekammer«. Um solche Irrtümer zu vermeiden, haben Spinnen für die Paarung ein kompliziertes Ritual entwickelt, das die Angriffslust der Weibchen herabsetzen und sie paarungswillig machen soll. Die männlichen Baldachinspinnen sind meist kleiner als ihre Weibchen und an den verdickten Kiefertastern zu erkennen. Diese vergrößerten Kiefertaster dienen dem Begattungszeremoniell. Vor der Paarung läßt das Männchen Samenflüssigkeit auf ein Blatt oder in ein kleines Gespinst austreten und saugt sie mit den Kiefertastern auf. Danach begibt sich das Spinnenmännchen vorsichtig zum Weibchen und drückt die Taster mit dem Sperma in die Begattungsspalten, die bei Spinnen an der Unterseite des Hinterleibs liegen. Nach der Begattung verlassen die Weibchen ihr Netz und klettern hinab auf den Boden. Hier werden rund 50 Eier in einen Gespinstsack gepackt und am Boden versteckt. Diese Kokons bleiben bis zum Frühling liegen, dann schlüpfen die Jungspinnen.

Spinnen haben eine einzigartige Neuerung im Tierreich eingeführt, sie haben den Tierfang mit Netzen erfunden. Vom Menschen abgesehen ist diese Leistung sonst nur den Köcherfliegen gelungen, deren Larven am Grunde kalter Gebirgsbäche Unterwassernetze zum Beutefang spinnen.

Vergleicht man die Leistungen, die die Tiere im Laufe der Evolution vollbracht haben, so fallen die Spinnen aus dem Rahmen. Die Radnetze der Gartenkreuzspinnen sind in puncto Architektur wohl die aufregendsten Gebilde der Welt. Auch wenn sie in Gärten nicht unbedingt häufig sind, wie der Name vermuten läßt, in Hecken und Knicks lassen sich ihre Wunderwerke stets betrachten. Nach Sonnenuntergang, meistens im August, zaubern die Kreuzspinnen ein Kunstwerk an Präzision und Schönheit, das man einmal genauer betrachten sollte. Es ist schon

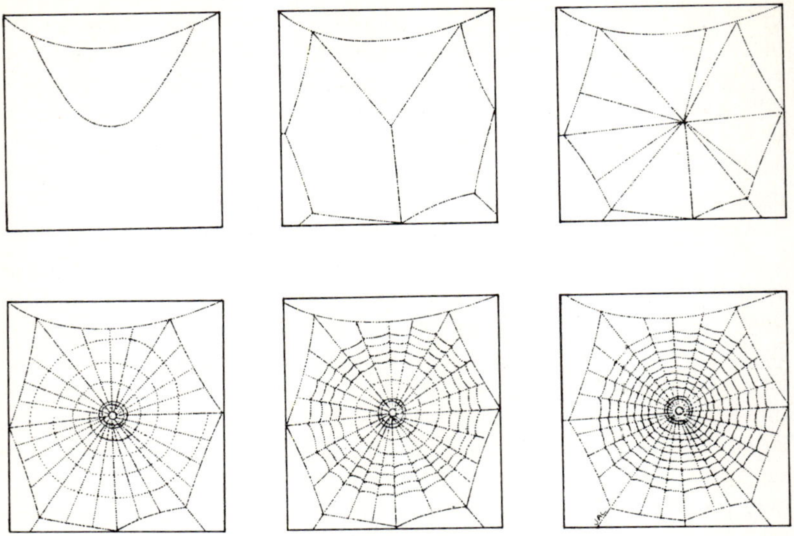

Phasen beim Netzbau einer Kreuzspinne

ein besonderes Erlebnis, den Radnetzspinnen beim Bau ihrer Netze zuzuschauen, deren Herstellungsweise je nach Art variiert. Die Spinne beginnt zunächst mit einem vieleckigen Rahmen, der sorgfältig an Pflanzenteilen befestigt wird. Die Haltefäden werden gut vertäut, sie sorgen dafür, daß die Statik des Gespinsts stimmt. Vom Rand des Rahmens ziehen die Kreuzspinnen Speichen, die wie bei einem Rad für Stabilität sorgen. Doch vor dem Rahmen muß erst die Verankerung geschaffen werden. Ein straff gespannter Faden zwischen zwei festen Pflanzenstengeln dient als Aufhängung. Von der Mitte dieses sogenannten Brückenfadens zieht die Spinne ein straffes Spannseil nach unten und befestigt es dort. Der nächste Schritt ist die Anlage der Speichen. Von der Mitte ausgehend werden kurze Verbindungen zum Brückenfaden gesponnen. Kompliziert gebaute Spinndrüsen sorgen für die Herstellung der aus mehreren Hundert Einzelfäden gespannten »Kabel«. Trotz der vielen Einzelfäden sind diese Wunderwerke aus Eiweiß nur 0,008 Millimeter dick. Sind alle Speichen gezogen – es sind 18 bis 20 – legt die Spinne eine Hilfsspirale an. Wie ein Konstrukteur sich ein Modell seines Projektes bastelt, bauen Spinnen Hilfskonstruktionen. Nach Fertigstellung der Hilfsspirale beginnt das Weibchen mit Außenarbeiten am Netz. Jetzt entsteht die eigentliche Fangspirale aus klebrigen Seidenfäden, die einen geringeren Abstand voneinander haben als die der Hilfsspirale. Schon während der Arbeit an der Fangspirale wird die Hilfsspirale abgebaut. Die Fangspirale endet weit vor dem Mittelpunkt des Netzes. Dazwischen entsteht eine »Dreimeilenzone«. Diese Zone ist frei von Klebstoffen und dient der Spinne später als »Horchzentrum«. Nach Vollendung des Netzes sitzt die Spinne kopfabwärts im Mittelpunkt. Die acht Beine sind weit gespreizt und liegen als empfindliche Tastorgane auf den Speichen. Jede Erschütterung irgendeiner Netzregion wird wahrgenommen. Einige Spinnenarten sind noch raffinierter. Versteckt unter einem Blatt sitzend, halten sie einen Signalfaden »in der Hand« und überwachen so ihr Fanggebilde. Stolpert ein Insekt in das Netz, stürzt sich die Spinne auf die Beute und lähmt sie mit giftigem Biß. Hunderte von Fäden schießen aus den Spinndrüsen und wickeln die zappelnde Beute ein. Erst wenn die Beutetiere ihren ohnehin aussichtslosen Widerstand aufgegeben haben, werden sie gefressen oder am Rand des Netzes in die »Speisekammer« gehängt. Bei einem solchen System aus Fangleinen und Alarmfäden ist es nicht verwunderlich, daß sogar die Männchen der eigenen Art gefährlich leben. Während die Weibchen der Gartenkreuzspinnen meist zwei Jahre alt werden, hängt die Lebensdauer der Männchen von ihrem Geschick bei der Annäherung ab. Vorsichtig, sehr vorsichtig, nähert sich das kleine Männchen dem Netz. Sorgfältig klettert es über jeden Faden. Haben die Männchen das Alarmsystem erfolgreich überwunden, kommt es zur Begattung. Aber auch dann sind sie noch nicht sicher. Viele Spinnenweibchen fressen die Partner anschließend auf. Soziobiologen interpretieren dieses Verhalten folgendermaßen: Die nach der Begattung »nutzlos« gewordenen Männchen dienen als eiweißhaltige Nahrung für die Weibchen, die eine Population, ein Spinnenvolk, begründen. Darüber hinaus wird das genetische Material eines Männchens nur einmal »verwendet«, auf diese Weise bleibt eine große genetische Vielfalt in jeder Population erhalten.

Ende September und Anfang Oktober verlassen die Weibchen der Gartenkreuzspinne ihr Netz. Sie suchen jetzt nach geeigneten Eiablageplätzen am Grund der Hecke. Sicher eingebettet in gelbliche Seidenkokons, werden Hunderte von Eiern in die Erde gelegt. Aus den Eiern, die den Winter und die zahlreichen Räuber im Boden überlebt haben, schlüpfen im folgenden Mai die Jungspinnen. Die Nachkommen wandern umher, fressen und wachsen, bis sie eines Tages selbst das Wunderwerk eines Fangnetzes aus 18 Metern Seidenfaden spinnen.

Geduldige Beobachter werden sicher bald die verschiedenen Web-

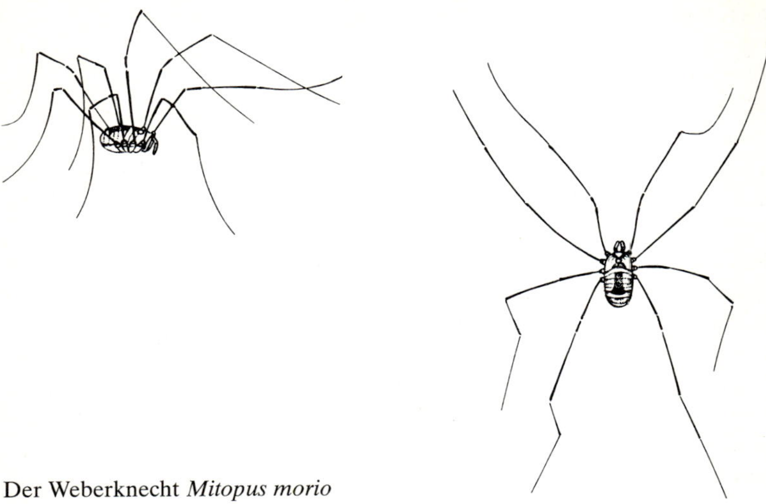

Der Weberknecht *Mitopus morio*

spinnenarten der Hecken unterscheiden können. Radnetzspinnen sind relativ leicht zu erkennen. Ihr Körper weist nicht die übliche Dreigliederung der Insekten in Kopf, Brust und Hinterleib auf. Spinnen haben statt dessen nur einen Kopf-Brustabschnitt und einen Hinterleib. Ihnen fehlen auch die Komplexaugen. Nur wenige Einzelaugen, meist 2 bis 8, leuchten matt am Kopf und stehen auf kleinen Erhebungen.

Wer genau hinsieht, kann in herbstlichen Hecken weitere Spinnentiere entdecken, die anders gebaut sind: die Weberknechte. Bei ihnen sind Kopf-Brustteil und Hinterleib zu einer Einheit verschmolzen. Zwei Einzelaugen stehen auf kleinen Stielen. Auf acht langen Stelzenbeinen klettern die Weberknechte durch das Gras. Sie legen keine Netze an, sondern sie sind Räuber, die ihre Beute »zu Fuß« jagen. Die meist nachtaktiven Tiere auf den gebrechlichen Beinen sind mit rund 20 Arten in Hecken und Knicks vertreten. Wohl die häufigste Weberknechtart ist *Mitopus morio,* deren Männchen schwarze, zylindrische Flecken auf dem Rücken tragen. Die langbeinigen, orangefarbigen Arten der Hecken gehören zur Gattung *Leiobunum.*

Hecken und Spinnen gehören zusammen. Ein Streifzug durch die Welt der Spinnen lohnt sich. Diese Tiere sind weder eklig noch gefährlich, sondern sie vollbringen die erstaunlichsten Leistungen, die es im Tierreich gibt.

Laubheuschrecken, die Musikanten des Herbstes

Mit dem Einbruch der Dunkelheit beginnt in Hecken und Knicks ein vielstimmiges Konzert. An warmen Tagen zirpen so viele Heuschrecken gleichzeitig, daß man sich in einen riesigen Konzertsaal versetzt glaubt. Die heimlichen Musikanten dieses Konzerts sind Laubheuschrecken der Familie Tettigoniidae. Diese Heuschreckenfamilie ist mit den Grillen näher verwandt als mit den Feldheuschrecken und wird mit ihnen zu den Ensifera, den Schwertträgern, zusammengefaßt. Die langen, säbelartigen Schwerter der Weibchen sind jedoch keine Waffen. Sie dienen als Legescheiden zur Ablage der Eier in das Erdreich oder in Pflanzenteile. Laubheuschrecken, leicht an den langen dünnen Antennen erkennbar, leben auf Büschen und Bäumen und bewegen sich lieber kletternd als springend fort. Diese Verhaltensweisen unterscheiden sie ebenso deutlich von den springfreudigen Feldheuschrecken wie ihre Vorliebe für die Dämmerung und die Nacht. Ein wichtiger Unterschied zwischen Laub- und Feldheuschrecken ist auch die Art und Weise, in der sie ihre Laute erzeugen. Feldheuschrecken reiben eine kleine Zahnreihe an der Innenseite der Hinterschenkel gegen eine scharfe Kante der Vorderflügel. Laubheuschrecken dagegen reiben die Vorderflügel sehr schnell aneinander. Der linke Flügel trägt eine Zahnleiste, die über den rechten Flügel gezogen wird. Der Gesang der Heuschrecken wird in einer sehr hohen Tonlage vorgetragen, und die einzelnen Strophen sind recht lang. Wegen der hohen Frequenzen hört nicht jeder Mensch diese Musik gleich gut. Mit zunehmendem Alter kann das menschliche Ohr immer weniger hohe Töne wahrnehmen.

Wer Laubheuschrecken aufspüren will, braucht neben einem guten Gehör vor allem gute Augen, denn diese Musikanten sind trefflich getarnt. Die häufigste Art in Hecken ist wohl die Gewöhnliche Strauchschrecke *(Pholidoptera griseoaptera)*. Sie mißt 14 bis 18 Millimeter und weist oberseits eine charakteristische dunkelbraune Färbung auf. Die Unterseite ist leuchtend zitronengelb. Bei der Strauchschrecke sind die Flügel reduziert und bei den Weibchen nur noch als Deckschuppen ausgebildet. Der beste Weg, diese Heuschrecken aufzuspüren ist, ganz ruhig stehenzubleiben und zu lauschen, woher der Gesang kommt. Leider verstummen die singenden Männchen bei der kleinsten Störung. Man muß einfach warten, bis das Männchen wieder mit dem Gesang beginnt. Schleicht man sich vorsichtig an, gelingt es vielleicht, die Heuschrecke auf einem Blatt mit weit gespreizten Beinen sitzen zu sehen. Übrigens singen nur Männchen, die Weibchen sind stumm. Noch schwieriger ist es, eine Laubheuschrecke zu fangen. Es lohnt sich jedoch, es zu versuchen, um das Ohr der Laubheuschrecke zu betrachten. Laubheuschrecken besitzen besondere Ohren, sie hören »mit dem Knie«. An der Vorderseite der Vorderbeine liegen zwei schmale Schlitze, hinter denen sich ein Hörorgan, das Tympanalorgan, verbirgt. Mit diesen »Ohren« ist sogar Richtungshören möglich.

Die Weibchen der Strauchschrecke legen ihre Eier einzeln unter Rinde oder in totes Holz. Hier überwintern die Eier, bis im folgenden Mai die Larven schlüpfen. Die Jungheuschrecken wachsen in drei Monaten heran und häuten sich etwa Ende Juli bis Anfang August zu geschlechtsreifen Tieren.

Zwei weitere Laubheuschrecken lassen sich in Hecken beobachten: Die Punktierte Zartschrecke *(Leptophyes punctatissima)* ist zartgrün und trägt, wie der Name verrät, dunkelbraune Flecken auf dem Körper. Dieser zarte, langbeinige Pflanzenfresser versteckt sich gerne im Brombeergebüsch und besucht gelegentlich auch Gärten.

Die blaßgrüne Eichenschrecke *(Meconema thalassinum)* besitzt im Gegensatz zur Zartschrecke voll entwickelte Flügel. Wie schon der Name sagt, leben Eichenschrecken auf Bäumen, vornehmlich auf Eichen. Die Männchen dieser nachtaktiven Art haben eine besondere Methode entwickelt, sich bemerkbar zu machen. Statt zu stridulieren, schlagen sie mit den lappenartigen Fortsätzen an den Hinterbeinen auf Blätter. Das kurze, kräftige Stoßen klingt wie Trommelgeräusch.

Die Bindung von Tieren wie der Strauchschrecke an Hecken und Knicks wirft die Frage auf, wo diese Tiere ursprünglich lebten. Aus ökologischer Sicht ist es wahrscheinlich, daß diese Heuschrecken, wie auch das Waldbrettspiel, früher Waldlichtungen und Waldränder bewohnten. Geht man davon aus, daß Hecken nichts anderes sind als in die Landschaft hinauswachsende Waldreste, leben diese Tierarten nach wie vor in ihrem typischen Lebensraum.

Leider beschäftigen sich bisher viel zu wenige Naturfreunde mit der interessanten Welt der Insekten. Bei der Unterschutzstellung von Hekken und anderen Biotopen spielt durchweg das Vorkommen verschiedener Wirbeltierarten oder Pflanzen die entscheidende Rolle. Warum sollte man nicht einmal ein Insektenschutzgebiet einrichten? Wenn das Netz der Amateur-Entomologen ebenso dicht wäre wie das der Ornithologen, würden sicher auch die niederen Tiere sehr viel »naturschutzrelevanter«. Für den Anfänger mag es vollauf genügen, sich zunächst nur kleineren, überschaubaren Gruppen zuzuwenden. Hier bieten sich die Heuschrecken, aber auch die Libellen, geradezu an. Sie leben in attraktiver Umgebung, und viele Arten sind gute Indikatoren für die Umweltqualität der betreffenden Biotope.

Insektenfallen

Insekten, die laut musizieren, sind mit etwas Geduld leicht zu beobachten. Auch Spinnen mit ihren auffallenden Netzen lassen sich zwischen den Zweigen unschwer aufspüren. Schwieriger ist es schon, all die anderen Bewohner der Blätter und Zweige belaubter Sträucher zu Gesicht zu bekommen. Wie im Juli-Kapitel beschrieben, helfen bestimmte Fangtechniken wie zum Beispiel die Klopfmethode, um Einblick in das reiche Insektenleben der Blätterwelt zu gewinnen. Doch alle phytophagen Insekten zusammen setzen nur etwa 10 Prozent der Blattbiomasse um, wie der Ökologe sagt. Rund 90 Prozent der Blätter fallen zu Boden, ohne von buschbewohnenden Phytophagen gefressen zu werden. Um diese Menge an Blattsubstanzen, an Mineralen und an Eiweißen wieder dem Stoffkreislauf zuzuführen, arbeitet ein Heer von Bodenorganismen daran, Blätter zu zerteilen und in immer kleinere Stückchen zu zerlegen. Sie haben genau ein Jahr Zeit dazu, bis wieder eine Laubgeneration anfällt. Der Prozeß der Streuzersetzung ist sehr wichtig für die Funktion der Lebenskreisläufe. Ohne Zuführung der zurückgewonnenen Minerale wäre der Boden bald ausgezehrt, und die Pflanzen müßten im wahrsten Sinne des Wortes »verhungern«. Wie gewaltig die Aufgabe der Bodenorganismen ist, die sie zu meistern haben, kann jeder abschätzen, der einmal die Laubmenge eines einzigen Baumes in seinem Garten zusammengerecht hat.

Die Vielfalt der Streuzersetzer ist unglaublich groß. Die Palette reicht von abfallfressenden Asseln und Tausendfüßern bis zu mikroskopisch kleinen Pilzen und Bakterien. Wie eine riesige Mühle mit immer feineren Mahlsteinen sind die Mitglieder dieser Nahrungskette hintereinandergeschaltet, bis schließlich Bakterien Großmoleküle in Untereinheiten zerlegen, die von Pflanzen über die Wurzeln wieder aufgenommen werden können. Wie unvorstellbar groß die Zahl der Mitglieder dieser Gemeinschaft ist, läßt sich erahnen, wenn man weiß, daß auf einem Quadratzentimeter Kompost bis zu 100 Millionen Bakterien- und Pilzkolonien wohnen. Alle Mitglieder dieses riesigen Nahrungsnetzes unterliegen speziell angepaßten Räubern, die sich in diesem Lebensraum bewegen können: Räuberische Laufkäfer, Tausendfüßer und Spinnen.

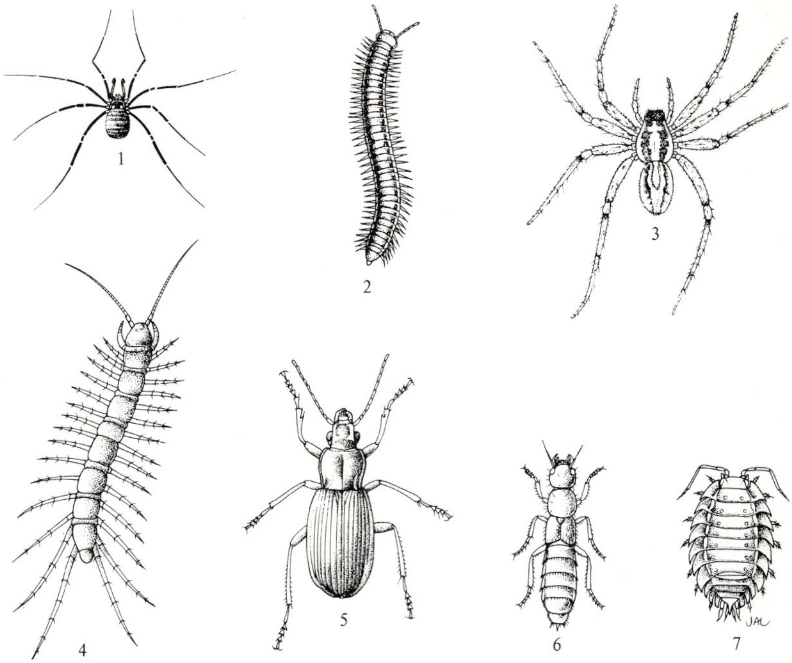

Die wichtigsten bodenbewohnenden Wirbellosen in Hecken
1 Fadenkanker *(Nemastoma lugubre)*
2 Schnurfüßer (Iulidae)
3 Wolfsspinne (Lycosidae)
4 Steinläufer *(Lithobius)*
5 Laufkäfer (Carabidae)
6 Kurzflügler (Staphylinidae)
7 Mauerassel *(Oniscus asellus)*

Alle diese Räuber werden wiederum von Vögeln erbeutet, die im Bodenbereich nach Nahrung suchen, etwa vom Rotkehlchen, der Amsel und der Singdrossel.

Die wohl einfachste Methode, in diese dunkle, geschäftige Welt vorzudringen, besteht darin, Bodenfallen aufzustellen. Die räuberischen Arten jagen auf der Bodenoberfläche und setzen dabei jeweils spezielle Sinnesorgane, Laufgeschwindigkeiten oder Waffen ein. Diese Tiere lassen sich leicht fangen. Die simpelste Bodenfalle ist ein Marmeladenglas, das genau bis an den Rand eingegraben wird. Es bildet dann eine Fallgrube für die schnellen Renner. Achten muß man allerdings darauf, daß die Erde dicht am Glasrand anliegt. Es darf kein Wall oder gar ein Rand überstehen, sonst funktioniert die Falle nicht. Wird ein großes gewölbtes Rindenstück auf Steinen oder Holzpflöcken über das Glas gelegt, kann die Falle nicht mit Regenwasser vollaufen. Da die meisten Bodentiere nachtaktiv sind, sollte die Falle abends eingegraben und am nächsten Morgen kontrolliert werden. Eine Hilfe zur Bestimmung der Bodentiere bieten die vorstehenden Seiten.

Der Boden unter unseren Hecken birgt nicht nur ein kompliziertes tierisches Nahrungsnetz, er schützt die Pflanzenwurzeln und Samen auch gegen Frost. Selbst bei Minusgraden im Winter sinkt die Bodentemperatur hier nie unter 4 °C. Wie unter einem Teppich ruhen die Keimlinge der schon im Herbst austreibenden Arten, zum Beispiel des Klebkrautes. Die dicke Humusschicht schützt die Samen und Keimlinge auch vor den gefräßigen Spitz- und Waldmäusen und versorgt die wachsenden Pflanzen mit Nährstoffen.

Gliedertiere des Bodenraumes unter Hecken

Laufkäfer (Carabidae)
: Wunderschön gestaltete Räuber mit langen Laufbeinen, großen Augen, langen Fühlern und meist mächtigen dolchartigen Mundwerkzeugen. Nachtaktiv, oft schwarz bis metallisch gefärbt. Größe: bis 25 Millimeter.

Kurzflügler (Staphylinidae)
: Meist kleine Käfer mit kurzen Deckflügeln, die nur zwei oder drei Hinterleibssegmente bedecken. Meist räuberisch. Schlagen bei Berührung ihren Hinterleib wie ein Skorpion nach oben. Oft rötlich gefärbt.

Hundertfüßer (Chilopoda)
: Wie der Name sagt, tragen Hundertfüßer etwa 15 bis 60 Beinpaare je nach Art, und zwar je ein Paar pro Segment. Am Kopf tragen sie ein Paar Giftklauen, die aber für den Menschen harmlos sind.

Doppelfüßer (Diplopoda)
: Von Hundertfüßern leicht an den zwei Beinpaaren pro Segment zu unterscheiden. Der Saftkugler *Glomeris* kann sich wie eine Rollassel zusammenrollen. Er besitzt aber 17 Beinpaare, während Asseln nur sieben Beinpaare haben.

Asseln (Isopoda)
: Rund 25 Arten in Deutschland, mehrere davon in Hecken. Das Spektrum reicht von der winzigen *Trichoniscus* (4 Millimeter) bis zur Rollassel *Armadillidium* (18 Millimeter), die sich zu einer Kugel zu-

sammenrollen kann. Am häufigsten ist die Mauerassel *(Oniscus asellus)*, oft auch Kellerassel genannt, die bis zu 15 Millimeter groß wird.

Spinnen (Araneae)

Am Boden laufen vor allem Wolfsspinnen (Lycosidae). Sie spinnen keine Netze, sondern jagen am Tag ihrer Beute hinterher. Die Weibchen tragen ihre Eikokons am Hinterleibsende mit sich herum. Besonders bei sonnigem Wetter aktiv.

Weberknechte (Opiliones)

Mehrere Arten bewohnen den Heckenboden. Abgebildet ist der Fadenkanker *(Nemastoma lugubre)*. Seine Kennzeichen sind zwei helle Flecken auf dem schwarzen Kopf-Brustabschnitt. Beine kürzer als bei den Weberknechten der dichten Vegetation (siehe Kapitel »Altweibersommer«, Seite 146).

Der Knick – ein kostenloser Rohstofflieferant

Die Nutzung von Naturprodukten der Knicks und Hecken bleibt nicht auf Früchte, Beeren oder Blätter beschränkt. Die Holzarten waren und sind ein ebenso wichtiger Rohstoff für die Landwirtschaft. Natürlich sind die Rohstoffreserven der Hecken sehr begrenzt. Holz zum Schiff- oder Hausbau mußte schon immer aus großen Eichen und Ulmen alter Waldbestände gewonnen werden. Nur selten standen alte Einzelbäume in Hecken. Aber Heckensträucher waren für die kleinen Utensilien des ländlichen Haushaltes wertvolle Rohstofflieferanten.

Nützliche Naturstoffe, die beim Knicken der Wallhecken anfielen, waren zum Beispiel Haselgerten. Etwa alle sieben Jahre abgeschnitten, lieferten Haselgerten Rohmaterial zur Herstellung von Flechtzäunen. Solche Haselruten haben viele Vorteile: Sie sind leicht, biegsam und flechtbar und somit ideal zur Verwendung als transportfähige Versatzstücke für Schafpferche. Zur Herstellung spaltete man die Gerten, solange sie noch weich waren, und flocht sie zu kleinen Zäunen zusammen. Zogen die Schäfer mit ihrer Herde weiter, wurden die leichten, aber stabilen Zäune in Schäferkarren verladen und der Herde hinterhergefahren.

Auch die Gefache der Fachwerkbauten wurden früher mit Faschinen aus Haselgerten ausgefüllt und dann mit Lehm verschmiert. Diese Technik ist durchaus mit unseren heutigen Armierungen von Betonteilen vergleichbar – nur die Baustoffe haben sich geändert.

Typischer fränkischer Backofen aus Stein. Diese Öfen werden noch heute mit dem Holz beheizt, das beim »Auf den Stock Setzen« der Hecken anfällt. (Foto: Klaus D. Francke)

Haselnußstecken liefern Bohnenstangen und Klettergerüste für Erbsen in den Bauerngärten. In den ländlichen Gegenden Oberfrankens reifen noch heute Äpfel und Birnen auf Haselnußgestellen, weil diese sehr wenig anfällig gegen Schimmel sind. Das Knüppelholz wurde zum Heizen der Backöfen verwendet. Die Tradition des Brotbackens in den mannshohen Backöfen fränkischer Höfe lebt gerade wieder etwas auf. Im Rangau bei Erlangen werden viele alte Steinbacköfen wieder restauriert und nach wie vor mit dem Knüppelholz der Hecken beheizt.

Früher fand fast jede Holzart der Knicks eine spezielle Verwendung. Das harte Holz der Hainbuche lieferte Zahnräder für Maschinen, Weißdornholz nutzte man zur Fertigung von Heugabeln und Rechen. Das Holz von Stechpalme und Apfel ließ sich drechseln und wurde zu Stuhlbeinen verarbeitet, Pfaffenhütchen und Hartriegel lieferten hölzerne Fleischspieße. Aus dem knotigen Holz der Schlehe schnitzte man Spazierstöcke, und Holunderbüsche ergaben Holznägel und -dübel.

Das kostbarste Holz lieferten natürlich die Eichen, die in Norddeutschland in Bauernwäldern und Knicks angepflanzt und regelmäßig »auf den Stock« gesetzt wurden. Die naturnahen Stieleichen-Birkenwälder sind in Schleswig-Holstein weitgehend zerstört worden, so daß nur noch die Eichenkratts und einige Eichenknicks von der ursprünglichen Nutzung zeugen. Als Kratt bezeichnet man Eichenwälder, die durch häufiges Abschlagen immer wieder neu austreiben und so eine charakteristisch verzweigte Bestockung aufweisen. Das Holz dieser Niederwälder sowie der Knicks diente als Brennstoff, und es gewinnt heute mit steigenden Heizölpreisen und abnehmenden Vorräten an fossilen Kohlenlagern wieder an Bedeutung.

In einigen Landesteilen Englands und Schleswig-Holsteins wurden Knicks als Feldbegrenzungen angelegt, die bei Hochwasser die Feldgrenzen vor Zerstörung bewahren und die Abschwemmung von Erdreich verhindern sollten. Ohne biegsame Haselgerten oder Zweige von Knicksträuchern wären Landgewinnung und Deichschutz an der Nordseeküste unmöglich. Hier dienen geflochtene Buhnen dazu, aus den ankommenden Wellen Schwebstoffe, Sand und Schlick auszufiltern und die Ablagerung dieser Teilchen zu beschleunigen.

Eine besondere Sehenswürdigkeit in bezug auf die frühere Nutzung von Knickhölzern bietet die Stadt Kappeln in Schleswig-Holstein. Mitten in der Schlei steht wohl der letzte Heringszaun als Zeuge einer früher viel angewandten Fangmethode.

Lachsreusen aus Heckenholz im Fluß Severn (Wales)

Überhälter kennzeichnen die Feldgrenzen bei Hochwasser.

Sicher ließen sich noch viele Beispiele für die frühere sinnvolle Nutzung von Hecken und Knicks anführen. Selbst die Pfeifchen, die wir als Kinder aus Holunderzweigen schnitzten und aus denen wir sorgfältig den Bast herausklopften, sind Beispiele dafür, welche Rolle die Hecken spielten. Diese Vertrautheit mit Baum und Strauch erlaubte es, lokale Ressourcen zu nutzen, ohne sie zu zerstören. Wer das verwendet, was vor der Haustür wächst, ist unabhängig von überregionaler, teurer Versorgung. Die Naturgüter sind alle weitgehend kostenlos. Man braucht eigentlich nur etwas Fantasie, um das natürliche Angebot sinnvoll zu nutzen.

Brombeer-Apfeltaschen

Äpfel, Brombeeren, Puderzucker, Butter, tiefgefrorener Blätterteig (fertig kaufen), Eigelb.

Pro Person einen mittelgroßen Apfel schälen und das Kerngehäuse entfernen. Einige Brombeeren in Puderzucker wälzen und in die Apfelhöhlung stecken. Mit einem Butterpfropf verschließen. Den Apfel in ein dünn ausgerolltes Quadrat des Blätterteiges einwickeln. Die Enden gut festdrücken und eventuell mit kleinen Teigblättchen garnieren. Die Blätterteigtaschen und vor allem die Falze gut mit Eigelb bestreichen. Bei 190°C gut 45 Minuten goldbraun backen. Heiß mit Puderzucker oder Vanillesauce servieren.

Brombeerbrötchen aus Rührteig

225 g Mehl, ½ Teelöffel Salz, 2 Teelöffel Weinstein, 1 Teelöffel Soda (Natriumbicarbonat), 25 g Puderzucker, 2 Eier, 1 Eßlöffel Sirup, 225 ml Milch, 175 g reife Brombeeren (ergibt 12 Brötchen).

Mehl sieben, Salz, Triebmittel und Zucker hinzufügen. Die Eier schlagen und zu der Milch und dem angewärmten Sirup geben. In Mehl eine Mulde formen und die Zutaten einschließlich der Brombeeren hineingeben. Zu einem Teig rühren. Mit dem Teelöffel kleine Teigkugeln ausstechen und auf einem gut gefetteten Blech goldgelb ausbacken. Heiß mit Butter servieren.

Brombeergelee

Brombeeren, Wasser, Zucker.

Brombeeren in wenig Wasser breiig dünsten. Über Nacht in einem Seihtuch abtropfen lassen. Auf 550 ml Saft 350 g Zucker zufügen. Langsam erhitzen, bis sich der Zucker auflöst, dann zum Kochen bringen. 20 bis 60 Minuten köcheln lassen. In heiße, sterile Marmeladengläser füllen und nach dem Erkalten verschließen.

Brombeer-Müsli

1 Eßlöffel Honig, 1 Spritzer Zitronensaft, 110 g Müsli, 275 ml Joghurt, 110 g Brombeergelee (für 2 bis 3 Personen).

Müsli, Honig und Zitronensaft vermischen, Joghurt unterrühren. Zum Schluß das Gelee dazugeben und zum Frühstück servieren.

Brombeersirup mit Eis und Soda

8 Nelken, 1 Stück Zimt, 110 g Rohrzucker, 570 ml Brombeerpüree.

Die Gewürze zu dem Brombeerpüree geben und langsam einkochen, bis die Masse sirupartig ist. Abkühlen lassen und mit einem Schuß Sodawasser und Eis oder heiß bei Erkältungen servieren.

Melone mit Brombeeren

Brombeeren, Zucker und Wasser, Melone.

Brombeeren in wenig Wasser weichdünsten. Mixen und durch ein Sieb drücken. Eventuell etwas zuckern. Das Fruchtpüree läßt sich in luftdichten Marmeladengläsern aufheben oder einfrieren.

Die Melone schälen und würfelig schneiden und mit dem Püree vermischen.

Haselnuß-Pfannkuchen

2 Eier, 225 ml Wasser mit Milch, etwas Salz, 110 g Mehl, 25 g Butter, 50 g gehackte Nüsse, 35 g Puderzucker (ergibt etwa 12 Pfannkuchen).

Die Eier mit Milch, Wasser und Salz schlagen. Mehl, Zucker und weiche Butter zufügen und 1 Minute verrühren. Zugedeckt etwa 1 Stunde kühl stehen lassen. Ist der Teig zu dick, mit etwas Milch verdünnen. Die Nüsse sehr fein hacken und zusammen mit dem Puderzucker in den Eierteig geben.

Dünne Pfannkuchen ausbacken und mit Sahne oder Marmelade servieren.

Haselnuß-Toast

110 g gehackte Nüsse, Petersilie oder Schnittlauch, 2 Zehen Knoblauch, 75 g Butter, Salz.

Die Nüsse fein hacken und mit den gehackten Kräutern und den ausgedrückten Knoblauchzehen vermischen. In weiche Butter drücken und damit Toasts bestreichen. Als Vorspeise servieren.

Holunder- und Apfelstreusel

350 g Holunderbeeren, 450 g Äpfel, 110 g Zucker, 110 g Butter, 225 g Mehl, 110 g Rohrzucker, 1 Messerspitze Soda, 1 Messerspitze Ingwer (für 6 Personen).

Die Holunderbeeren von Stielen befreien und gut waschen. Die Äpfel schälen und in kleine Stücke schneiden. Mit den Beeren mischen, zukkern und in eine feuerfeste Form geben. Die Butter ins Mehl rühren, Zucker, Soda und Ingwer dazugeben. Die Streusel auf die Früchte streuen und mit einer Gabel vorsichtig andrücken. Bei 180 °C 35 bis 40 Minuten backen.

Holunderwein
(Anleitung zur Weinherstellung bei den August-Rezepten)

2 kg Holunderbeeren, 4,5 l Wasser, 225 g Rosinen, 3 Teelöffel Zitronensäure, 1 Würfel Weinhefe, 1,5 kg Zucker.

Die Beeren von den Stielen streifen und mit kaltem Wasser in einen großen sterilen Kessel füllen und mit kochendem (!) Wasser übergießen. Die Rosinen waschen, kleinhacken und mit der Zitronensäure in den Kessel geben. Zugedeckt abkühlen lassen. Die Weinhefe zufügen und drei Tage gären lassen. Abgießen. Die Früchte auspressen und wegwerfen. Den Zucker in den Most rühren und ihn in einen sterilen Gärballon füllen. Den Ballon mit einem Gärröhrchen verschließen und an einem warmen Ort (21 bis 24 °C) gären lassen, bis der Wein still wird. Das ist nach drei Wochen der Fall. Für einige Tage kühl stellen, damit der Wein klar wird. In sterile Ballons abfüllen, die Ballons sorgfältig verschließen und etwa ein Jahr lagern. In sterile Flaschen abfüllen und weitere sechs Monate lagern. Dann ist es soweit. Ein starker, milder Dessertwein wartet auf den Genuß.

Wildapfel- und Hagebuttengelee

Gleiche Mengen an Früchten sammeln und in der gleichen Weise verfahren wie bei der Herstellung von Brombeergelee. Das herbe Gelee schmeckt sehr gut auf Toastbrot.

Oktober

Der Oktober bringt den Höhepunkt und den Ausgang des Herbstes zugleich. Er ist der Monat der Erntedankfeste. Die Früchte, Geschenke der Natur, werden geerntet und in die Scheunen gebracht, Vorräte für den langen Winter werden angelegt. Oft lösen sich die kühlen Morgennebel noch auf, die Sonne hat noch die Kraft dazu. 21 schöne Tage bringt der Oktober, sagt man. Auch wenn die Nachmittage noch warm sind, spürt man am Morgen schon die langsam ins Land kriechende Nässe und Kälte des Novembers. Oktober ist ein Monat des Übergangs, der Umstellung vom warmen Herbst auf kühlere Tage. Die Blätter beginnen sich zu verfärben. In milden Oktobern geht die Laubfärbung behutsam vor sich. Aus dem saftigen Grün wird zartes Gelb, das dann in Orange und schließlich in leuchtendes Rot übergeht. In kühlen Oktobern fallen die zarten Zwischentöne aus: Die Blätter verfärben sich von Grün direkt in ein schmutziges Rotbraun. So warm und weich die letzten Sonnenstrahlen des Tages die Hecken in kräftigen Farben malen, so schnell kriecht kühle Abendkälte nach Sonnenuntergang ins Land. Ende Oktober fällt das Laub und bringt graue Eintönigkeit in die Heckenlandschaften. Überall schießen Pilze aus dem dampfenden Boden und spitzen durch die fallenden Blätter. Doch der Eindruck des Hinfälligen, Vergänglichen, täuscht. Schon jetzt wird das nächste Frühjahr vorbereitet. Die Blätter der Schlüsselblumen spitzen schon durch das welke Laub, und die Schößlinge des Wiesenkerbels lugen hervor. Wenn die Eichen noch im Oktober Blätter tragen, steht ein harter Winter bevor, glauben die Bauern.

Wenn die Buchenfrüchte geraten wohl,
Nuß- und Eichbaum hängen voll,
so folgt ein harter Winter drauf,
es fällt der Schnee in großem Hauf.
(Oberfränkischer Bauernkalender)

Schneit es aber im Oktober, wird der Winter mild, sagen alte Bauernregeln:

Oktober warm und fein,
kommt ein scharfer Winter drein,
ist es aber naß und kühl,
mild der Winter werden will.
(Oberfränkischer Bauernkalender)

Von großer Bedeutung ist das Oktoberwetter für die Winzer. In den Weinbergen Mainfrankens reifen gerade erst in milden Oktobertagen große Jahrgänge heran. Und für alle diejenigen, die sich selbst ihren Wein aus Früchten der Hecken und Flurgehölze herstellen, ist der Oktober ebenso wichtig. In Scharen ziehen jetzt die Bäuerinnen aus dem Hummelgau und der Fränkischen Schweiz hinaus, um Schlehen zu sammeln. Am besten wird der Schlehenwein, wenn die Früchte ein bis zwei Nächte Frost bekommen haben – sie werden dann etwas süßer. Am ersten Sonntag im Oktober ist Erntedankfest. Getreidegarben, Kürbisse, Kartoffeln, Maisbündel und Rüben schmücken die Altäre der ländlichen Kirchen. Die Gemeinde versammelt sich, um für alle Gaben der Natur, für das Gelingen der Arbeit und für die Ernte zu danken. Und wenn in den Kirchen an Erntedank das Gleichnis vom reichen Kornbauern verlesen wird, ist das ein Sinnbild, daß magere und reiche Jahre eng zusammenliegen. Der Oktober ist der Monat der Bilanz eines Bauernjahres.

Beeren und Nüsse – Winternahrung der Vögel

Jeder, der mit offenen Augen durch eine Heckenlandschaft geht, weiß, daß früchtereiche und früchtearme Jahre einander abwechseln. Interessanterweise zeigen in guten Jahren meist alle Sträucher einer Art gleichzeitig reichen Fruchtansatz. Das Früchteangebot variiert also weniger zwischen den Individuen einer Strauchart als zwischen den Jahren. Darüber hinaus lassen sich auch Gemeinsamkeiten zwischen verschiedenen Baum- und Straucharten feststellen. Die Gruppe der Pflanzen mit »trockenen Früchten« neigt ebenso zu gleichzeitigem reichen beziehungsweise armen Fruchtansatz wie die Gruppe der Sträucher mit fleischigen Früchten oder Beeren: Ein gutes Mastjahr der Eiche mit reicher Eichelproduktion fällt sehr oft mit guten Hasel- und Buchekkernjahren zusammen. Hagebutten, Stechpalmenbeeren und Weißdornfrüchte sind im Herbst meist gleichzeitig häufig oder selten. Diese

Unterschiede im Fruchtansatz dürften weitgehend witterungsbedingt sein und vom Frühjahr- beziehungsweise Sommerwetter abhängen. Allerdings diskutieren amerikanische Ökologen, ob nicht im genetischen Programm einiger Sträucher und Bäume jährliche Schwankungen der Fruchtproduktion fest einprogrammiert sind, um in gewissen Abständen die zahlreichen fruchtfressenden Insekten »abzuschütteln«. Der »Markt der Pflanzenfrüchte« soll durch eine derartige Strategie unberechenbarer für Fruchtkonsumenten werden.

Die herbstliche Hecke stellt vielen Tierarten ein wichtiges und hochwertiges Nahrungspotential zur Verfügung, insbesondere deshalb, weil Samen und Früchte von der Pflanze mit einem Depot an wichtigen Nährstoffen ausgestattet werden, das die sich entwickelnden Keimlinge so lange versorgt, bis sie auf eigenen Wurzeln stehen. Andererseits sind viele Heckensträucher auf Tiere als hilfreiche »Dienstboten« zur Verbreitung ihrer Samen angewiesen. Die fleischige rote Hülle um die Steinfrüchte des Weißdorns soll gezielt Vögel zum Fraß verleiten. Nach der Passage durch den Vogeldarm werden die Samen meist an anderen Standorten wieder freigesetzt und erlauben so der Pflanze, ihr Verbreitungsgebiet zu erweitern. Die Samen sind sogar erst entwicklungsfähig, wenn sie eine Darmpassage hinter sich haben. Damit die Anlockung auch funktioniert, werden die nahrhaften Früchte zu einer Zeit angeboten, in der andere Nahrungsquellen für die Vögel vorübergehend nicht erschließbar sind. Im Spätherbst und im Winter bei Schneelagen sind Hecken oft die einzigen Nahrungsdepots für Drosseln. Verschiedene Arten haben sich dabei auf verschiedene Früchte spezialisiert. Amseln bevorzugen Weißdornfrüchte, die nah verwandte Singdrossel zieht die Früchte der Eibe vor, wenn sie gleichzeitig angeboten werden. Die Misteldrossel nimmt bevorzugt Beeren der Stechpalme und der Eibe an. Natürlich sind Vögel in ihrer Nahrungswahl durchaus flexibel, um Engpässe zu vermeiden. Amseln und Wacholderdrosseln fressen auch gerne Falläpfel, wie jeder Gartenbesitzer beobachten kann.

Mitte Oktober treffen die Rotdrosseln, gefolgt von den Wacholderdrosseln, aus ihren Brutgebieten in Skandinavien bei uns ein. Während Singdrosseln und Amseln meist einzeln auftreten, durchstreifen Rot- und Wacholderdrosseln in großen Trupps die Heckenlandschaft. Das Eintreffen dieser Vögel ist ein sicheres Zeichen, daß der Winter im Norden bereits Einzug gehalten hat und auch bei uns vor der Tür steht. Auch diese beiden Drosselarten fressen bevorzugt Weißdornfrüchte, wenn die tierische Nahrung wie Insekten und Regenwürmer des Frostes wegen nicht zugänglich ist. Die tiefroten Fruchtdolden des Weißdorns ziehen aber nicht nur Drosseln an. Scharen von Grünlingen durchstreifen im Oktober die Hecken und Knicks. Die hellgelben Flecken auf Schwanz und Handschwingen leuchten weithin, wenn die Vögel über einen Strauch herfallen. Ihnen liegt aber weniger an den fleischigen Fruchtwänden als am nahrhaften Kern, der in der Schale des Steines verborgen liegt. Mit ihrem breiten, scharfkantigen Schnabel können Grünlinge die harten Steine innerhalb weniger Sekunden öffnen.

Wenn die Weißdornvorräte in den Hecken Anfang Februar erschöpft sind, suchen die Grünlinge oft die Siedlungen der Menschen auf. Wer ein Futterhaus mit Sonnenblumensamen bestückt, wird bald die Kunstfertigkeit der Grünlinge beim Öffnen der Samen aus der Nähe beobachten können.

Hecken – Lebensraum für Mäuse, Dachs und Igel

Vögel sind nicht die einzigen Tiere, die Heckenfrüchte ernten. Wer im Spätherbst unter Weißdornbüschen im Laub wühlt, wird viele Steine von Früchten finden, in die kreisrunde Löcher genagt sind. Hier waren Wald- oder Rötelmäuse am Werk.

Der Nachweis von Kleinsäugern in Hecken ist wesentlich leichter auf Grund ihrer Spuren zu führen als durch direkte Beobachtung. Solche Spuren können Fußabdrücke im Schnee, Kotbällchen oder Speisereste sein. Die häufigsten Säugetiere dieses Lebensraumes sind echte Mäuse, Wühlmäuse und Spitzmäuse. Obwohl man oft vereinfachend von »Mäusen« spricht, gibt es wichtige Unterschiede zwischen den einzel-

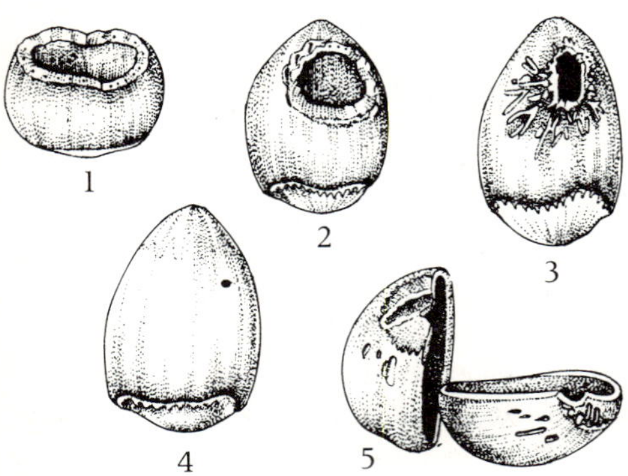

Fraßspuren an Haselnüssen
1 Rötelmaus
2 Waldmaus
3 Vogel
4 Rüsselkäfer
5 Eichhörnchen

Mauswiesel *(Mustela nivalis)*

nen Kleinsäugerfamilien. So sind Spitzmäuse nicht mit den echten Mäusen und Wühlmäusen verwandt. Als Insektenfresser stehen sie Maulwürfen und Igeln näher als den vegetarisch lebenden Nagern. Echte Mäuse und Wühlmäuse sind typische Nagetiere, die hauptsächlich von pflanzlicher Nahrung und auch manchmal von Kleintieren leben. In Knicks und Hecken wohnen fünf häufige Kleinsäuger: Die Waldmaus *(Apodemus sylvaticus),* die Rötelmaus *(Clethrionomys glareolus),* die

Erdmaus *(Microtus agrestis)*, die Waldspitzmaus *(Sorex araneus)* und die Zwergspitzmaus *(Sorex minutus)*. Äußerliche Körpermerkmale als grobe Erkennungshilfen sind unten dargestellt.

Bessere Bestimmungsmerkmale liefern jedoch Zähne und Vorderfüße. Spitzmäuse besitzen eine geschlossene Zahnreihe, während die echten Mäuse und die Wühlmäuse eine Lücke zwischen den Schneide- und den Backenzähnen aufweisen. Diese Lücke ist typisch für die meisten vegetarisch lebenden Säuger. Spitzmäuse haben fünf Zehen an den Vorderbeinen, während echte Mäuse und Wühlmäuse nur vier besitzen. Auch die Körperform unterscheidet die Kleinsäugerfamilien. Spitzmäuse sind sehr klein, ihre Länge beträgt nur 7 bis 10 Zentimeter. Die Schnauze ist lang vorgestreckt und spitz, die Augen sind sehr klein. Mäuse erscheinen dagegen weitaus gedrungener und »fetter«. Ihre Schnauzen sind stumpf, die Augen kugelrund und groß.

1

2

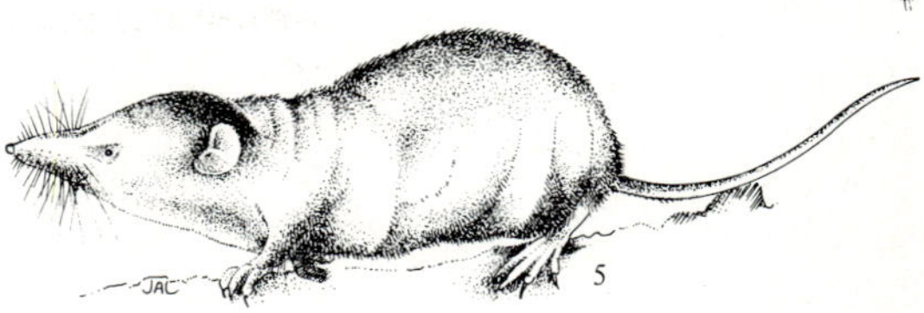
5

4

3

Kleinsäuger der Hecken
1 Waldmaus *(Apodemus sylvaticus)*
2 Rötelmaus *(Clethrionomys glareolus)*
3 Erdmaus *(Microtus agrestis)*
4 Zwergspitzmaus *(Sorex minutus)*
5 Waldspitzmaus *(Sorex araneus)*

Rötelmäuse kommen in den herbstlichen Hecken sehr zahlreich vor. Als gute Kletterer nagen sie die Stengel unterhalb von Rosenfrüchten durch, die sie dann eintragen. Auch Weißdornfrüchte stehen auf ihrem Speisezettel. Rötelmäuse nagen ein rundes Loch in den Stein und naschen den nahrhaften Kern. Auch Haselnüsse sind eine bevorzugte Herbstnahrung sowohl der Wald- als auch der Rötelmaus. An den übriggelassenen Schalenresten läßt sich oft ablesen, wer von beiden am Werk war. Beide Arten halten die Früchte mit der breiteren Basis zwischen den Vorderpfoten. Die Waldmaus öffnet die Früchte seitlich und hinterläßt deutliche Spuren ihrer Zähne. Die Rötelmaus dagegen öffnet Nüsse, als seien sie mit einem Messer aufgeschnitten. Waldmäuse sind nachtaktiv. Mit ihren großen Augen und Ohren sind sie an diese Lebensweise sehr gut angepaßt.

Wie schon der Name verrät, sind Waldmäuse typische Waldbewohner, sie kommen aber auch in Hecken, auf Feldern und in naturnahen Gärten vor. Sie lieben Böden mit spärlicher Vegetation mehr als zum Beispiel die Rötelmaus. Waldmäuse besitzen einen abwechslungsreichen Speisezettel: Sie fressen Knospen, Sämereien, zahlreiche Insekten und sogar Schnecken, deren Schalen sie aufbeißen. Wer in Waldnähe wohnt, macht im Herbst sicher die Bekanntschaft der Gelbhalsmaus *(Apodemus flavicollis)*. Diese Art ist größer und langschwänziger als die Waldmaus und an einem gelben Brustband zwischen den Vorderbeinen zu erkennen, das allerdings im Freiland nicht leicht zu sehen ist. Gelbhalsmäuse leben in Parks, Hecken und Gärten mit Bäumen und Büschen. Wenn draußen die natürlichen Nahrungsquellen zu Ende gehen, kommen sie gelegentlich in Scheunen oder Häuser und vergreifen sich an Obstvorräten.

Als typischste Kleinsäugerart im Wald und an der Hecke muß man die Rötelmaus *(Clethrionomys glareolus)* ansehen. Sie lebt gerne in unterwuchsreichen Hecken, wo man sie auch tagsüber antreffen kann. Auf ihre Zugehörigkeit zu den Wühlmäusen weisen die kleinen Ohren, der kurze Schwanz und der gedrungene Körperbau hin. Der Schwanz ist nur halb so lang wie der Rumpf, das Fell ist kastanienbraun. Rötelmäuse leben mehr von pflanzlicher Kost als Waldmäuse. Sie bevorzugen das Fleisch der Weißdornfrüchte. Oft findet man im Spätherbst und im Winter in Vogelnestern große Depots von Weißdornbeeren, die sich Rötelmäuse dort angelegt haben.

Weniger häufig kann man die Erdmaus *(Microtus agrestis)* in Hecken antreffen. Sie bevorzugt feuchte Biotope mit üppiger Gras- und Krautvegetation. Erdmäuse besuchen gelegentlich Knicks, wenn die angren-

Hermelin *(Mustela erminea)*

Dachs *(Meles meles)*

zenden Felder abgemäht oder gepflügt werden. Ihre Nahrung setzt sich ausschließlich aus Gräsern und Pflanzenstengeln zusammen. Die Größe der Erdmauspopulationen kann von Jahr zu Jahr enorm schwanken, je nachdem, wie günstig die Nahrungs- und Klimabedingungen waren. Kennzeichen dieser Art sind der kurze Schwanz, die schwärzliche Fellfärbung des Rückens und die im Fell fast völlig versteckten kleinen Ohren.

Echte Mäuse und Wühlmäuse stellen wichtige Mitglieder des Nahrungsnetzes dar, in das die Pflanzen und Tiere der Hecken eingebunden sind. Während sie Pflanzen oder Insekten fressen, dienen sie selbst zahlreichen Beutegreifern als Nahrung. Steinkäuze, Waldkäuze, Falken und Bussarde machen ebenso Jagd auf sie wie das Mauswiesel. Spitzmäuse dagegen scheinen den meisten Räubern nicht zu schmecken. Nur Eulen stellen ihnen nach. Spitzmäuse sind rund um die Uhr aktiv und gönnen sich dabei nur kurze Ruhepausen. Entsprechend hoch ist ihr Nahrungsbedarf: Eine Spitzmaus muß jeden Tag 75 Prozent ihres Körpergewichts an Insekten, Larven, Würmern, Schnecken und auch Aas fressen. Die Nahrung stöbern die Tiere mit ihrer rüsselförmigen, spitzen Schnauze im Bodenbereich auf. Die häufigste in den Hecken vorkommende Art ist die Waldspitzmaus *(Sorex araneus),* gefolgt von der kleineren Zwergspitzmaus *(Sorex minutus)*. Auch wenn man Spitzmäuse selten zu Gesicht bekommt, sind ihre zwitschernden oder pfeifend-quietschenden Laute oft zu hören. Spitzmäuse begleiten ihre Revierstreitigkeiten häufig mit heftigen Lauten, die von Auseinandersetzungen zwischen zwei Revierinhabern zeugen.

Ebenfalls Insektenfresser und typische Heckenbewohner sind Igel. Meist unterschätzt man ihre Häufigkeit. Als nachtaktive Säugetiere entgehen sie der Aufmerksamkeit des Beobachters, aber schnüffelnde Geräusche bei der Nahrungssuche oder fauchende Lautäußerungen bei Kampf und Paarung verraten ihre Anwesenheit. Der Igel *(Erinaceus europaeus)* überwintert in einem Nest aus Laub und Moos am Fuße der Heckensträucher. Meist verschläft er den Winter, nur an milden Wintertagen unterbricht er seine Winterruhe. Wenn Igel auch auf den ersten Blick eher schwerfällig wirken, können sie doch außerordentlich schnell laufen und sogar schwimmen und gut klettern. Trotz ihres schützenden Stachelkleides werden sie von Dachsen und Füchsen gejagt. Leider kommen aber heute die meisten Igel im Straßenverkehr um. In ihrem Verhaltensprogramm ist nur eine geringe Bereitschaft zur Flucht vorgesehen. Das wird den Igeln zum Verhängnis, wenn sie auf den warmen Straßen nachts Insekten jagen. Das beste Hilfsprogramm für

Igel *(Erinaceus europaeus)*

den Igel bestände deshalb darin, weiträumige Heckenlandschaften ohne Straßenverkehr zu erhalten.

Die schönste, aber leider auch seltenste Kleinsäugerart der Hecken ist die Haselmaus *(Muscardinus avellanarius)*. Obwohl sie »Maus« genannt wird, gehört sie zu den Schläfern (Gliridae). Die auffallend gelblich- bis rötlichbraunen Kleinsäuger besitzen einen unvergleichlichen Charme, wenn sie mit ihrem buschig behaarten Schwanz balancierend in den Zweigen der Haselsträucher umherturnen. Leider sind sie meist nachts unterwegs und daher schwer zu beobachten. Ihre vegetarische Nahrung besteht aus Samen, Früchten, Knospen und Rinde mit einer ausgeprägten Vorliebe für Haselnüsse. Wer Glück hat, findet ein Nest, das Haselmäuse aus Blättern und Rindenstreifen (vor allem der Hekkenkirsche) in etwa einem Meter Höhe anlegen. Die kugeligen Nester werden sorgfältig mit fein zernagtem Pflanzenmaterial ausgekleidet und haben meist keinen sichtbaren Eingang. Gelegentlich findet man die Kugelnester auch in Vogelnistkästen.

Während des Sommers lassen sich an sandigen Heckenwällen Wildkaninchen *(Oryctolagus cuniculus)* beobachten. Die geselligen Tiere legen in weichen Böden umfangreiche Baue an. Meist kommen sie erst gegen Abend aus den Röhren, um Gräser und Kräuter zu fressen. Dabei werden sie oft von Fuchs und Wiesel überrascht. Einen Fuchs entlang eine Hecke schnüren zu sehen, ist immer ein aufregender Anblick. Überhaupt können Hecken erlebnisreiche Beobachtungsorte sein, denn von den Fledermäusen abgesehen lebt rund die Hälfte aller einheimischen Säugetiere ganz oder zeitweise in diesem Lebensraum. Leider sind viele Säugetierarten wegen ihrer nachtaktiven Lebensweise nur schwer zu beobachten. Aber sie hinterlassen Spuren, die ihre Anwesenheit verraten. Es ist eine lohnende Aufgabe, diese Spuren kennenzulernen und zu sammeln. Ein guter Weg, um zu einer Spurensammlung zu kommen, ist die Abnahme von Gipsabdrücken.

Alles, was man dazu braucht, sind Kartonstreifen von etwa 8 Zentimetern Länge, Büroklammern, Gips, Wasser und eine Schale zum Anrühren. Hat man am Morgen in Lehm oder feuchter Erde einen frischen Fußabdruck gefunden, wird er mit Kartonstreifen kreisförmig umlegt. Die Streifen befestigt man mit Büroklammern an den Ecken. Danach wird der Gips angerührt und in den Abdruck gegossen. Jetzt hat man etwa eine halbe Stunde Zeit, um weitere Spuren zu suchen. So lange dauert es, bis der Gips abgebunden hat. Danach entfernt man den Papprahmen und besitzt einen perfekten Abguß, der sich sogar bemalen und beschriften läßt. Sie werden Spaß daran finden, als Detektiv in

Sachen Tierspuren tätig zu werden. Und noch einen Vorteil hat diese Methode. Man gewinnt Daten über das Vorkommen von Säugetieren, die sich bei einer eventuellen Unterschutzstellung der betreffenden Hecke als gute Argumente ins Feld führen lassen. Außerdem werden die Tiere bei dieser indirekten Nachweismethode in der Regel in keiner Weise gestört oder sonstwie benachteiligt.

Heckenpflanzen im Oktober

Euonymus heißt das Pfaffenhütchen wissenschaftlich. Der Strauch mit dem »wohlklingenden Namen« (so die deutsche Übersetzung) genießt hohes Ansehen auf dem Land. Sein helles, hartes Holz lieferte früher Werkstoff zur Herstellung von Spindeln, Wurstspeilen und Holznägeln. Verglimmte Holzstücke wurden als Zeichenkohle, getrockete und pulverisierte Früchte als Insektenvertilgungsmittel gegen Zecken, Läuse und andere Plagegeister verwendet. Das Pfaffenhütchen ist giftig und verursacht bei Genuß heftigen Brechreiz. Es diente in der Volksmedizin als Abführmittel, seine eigentliche Bedeutung lag aber eher in der Verwendung als Mittel gegen die Schafräude. Oft kam es vor, daß sich Schafe und Ziegen mit Pfaffenhütchen vergifteten, was dem Strauch den Namen »Ziegenbaum« einbrachte. Das Schmuckstück der Pflanze sind ihre vierlappigen, orangeroten Früchte, die an die Kopfbedeckung katholischer Priester erinnern. Die Früchte hängen den ganzen Winter am Strauch und täuschen winterliche Blüten vor. Nur Seidenschwänze fallen im Winter gelegentlich über die Früchte her – sie können offensichtlich die giftigen Inhaltsstoffe vertragen.

Noch auffallendere Farbkleckse in der spätherbstlichen und winterlichen Heckenlandschaft setzen die siegelwachsroten Beeren der Gemeinen Schmerwurz *(Tamus communis)*. Auch diese Früchte bleiben von hungrigen Vögeln und Mäusen unbeachtet. Sie enthalten giftige Saponine. Während viele Heckenpflanzen leuchtend rote Früchte ausbilden, um Tiere anzulocken und zum Fraß zu verleiten, die dann die Samen verbreiten, geht die Schmerwurz anders vor. Hier dient die fleischige Fruchthülle dem Schutz der Samen vor Austrocknung. Ähnlich wie die Stechpalme ist die Schmerwurz zweihäusig, männliche und weibliche Blüten stehen also auf getrennten Pflanzen. Sie gehört zu den Giftpflanzen, da ihre Wurzeln abführend wirken und die roten Beeren Brechreiz hervorrufen. Die Verwechslung mit eßbaren Früchten kann Kindern sehr gefährlich werden. Die Gemeine Schmerwurz ist der »schwarze Weinstock« der mittelalterlichen Medizin. Ihr Gegenstück, die Weiße Zaunrübe *(Bryonia alba)* war der »weise Weinstock«, obwohl diese Pflanze nicht mit der Schmerwurz verwandt ist. Die Gemeine Schmerwurz gehört zu den Yamswurzgewächsen, die in der Mehrzahl in den Tropen zu Hause sind. Die Wurzelknollen enthalten Stärke, ähnlich wie die der verwandten Yamswurzel, die in Afrika, Asien und auf den Westindischen Inseln als Kartoffelersatz gegessen wird. Im Volksmund heißt die Schmerwurz auch »Frostbeere«, »Giftbeere« und »Schlangenfrucht«. Ein Alkoholauszug aus den Beeren wurde früher in Umschlägen, bei Frostbeulen und Erfrierungen verwendet. Der Sud soll auch Sommersprossen, Sonnenbrand, Hühneraugen und Hautflecken entfernen. Noch heute werden die Wurzeln in der homöopathischen Medizin gegen Rheumatismus und Sonnenstich eingesetzt.

Die Waldrebe *(Clematis vitalba),* eine weitere typische Kletterpflanze in Hecken trägt viele volkstümliche Namen: Der Botaniker J. Gerard nannte sie »Freund des Wanderers«, weil diese dekorative Pflanze herbstliche Hecken mit ihren fedrigen, grauweißen Fruchtständen schmückt und Wanderern erfrischenden Schatten spendet. Er nannte die Waldrebe auch »Mädchenlaube«, weil unter dem dichten Lianengewirr junge Damen Schatten und Sichtschutz vor männlichen Spaziergängern fanden. In der blumigen Symbolwelt der viktorianischen Zeit war die Clematis Sinnbild für Ruhe und Geborgenheit. Häufiger hört man noch die Bezeichnung »Greisenbart«, die auf die weißgrauen, haarigen Fruchtstände anspielt. Auch »Studentenpfeife« wird die Waldrebe genannt, da sich die hohlen Stengel mit Tabak füllen und rauchen lassen. Sicher hat mancher Junge mit selbstgefertigten »Pfeifen« aus Clematisstengeln seine ersten schlechten Erfahrungen mit dem Tabak gemacht. Der wissenschaftliche Name *Clematis vitalba* hat griechische und lateinische Ursprünge. *Clematis* bedeutet »weinstockähnlich«, *vitalba* bedeutet »weißer Weinstock«.

Wenn die meisten Heckenpflanzen schon längst unter der winterlichen Schneedecke ruhen, verdient die Stechpalme *(Ilex aquifolium)* unsere besondere Beachtung. Sie ist mit ihren dunkelgrünen, hartlaubigen Blättern und ihren roten Beeren ein beliebter Weihnachtsschmuck. Die traditionelle Verknüpfung der Stechpalme mit weihnachtlichen Riten hat sich in vielen volkstümlichen Namen niedergeschlagen. Sie heißt »Christusdorn«, »Weihnachtsblume« oder »Heiliger Baum«. Die lange weihnachtliche Tradition hat die Stechpalme zum Symbol des ewigen Lebens werden lassen. Dies ist durchaus auch im biologischen Sinn verständlich, denn Stechpalmen gehören zu den immergrünen Pflanzen, die nicht so auffällig dem Jahresgang von Werden und Vergehen unterliegen. Auf dem Land ist es heute noch üblich, am Heiligen Abend Stechpalmenzweige ins Haus zu holen und die Türstöcke damit zu schmücken. Feen und Elfen, sagt man, feiern versteckt in den Zweigen mit und behüten die Hausbewohner vor den Untaten der bösen Hausgeister. Wichtig ist der richtige Zeitpunkt, den Schmuck anzubringen. Stechpalmen dürfen nur am Heiligen Abend ins Haus gebracht werden und müssen mindestens bis zum Dreikönigstag hängenbleiben. In England werden sie erst am Vorabend des Lichtmeßtages (2. Februar) abgenommen. Schon im antiken Griechenland glaubte man an die Zauberkraft des Ilex. Neben das Haus gepflanzt, sollten Stechpalmen Blitze abhalten und böse Geister vertreiben. Die stacheligen Blätter sollten mißgünstige Menschen fernhalten, der Status einer »heiligen Pflanze« Hexen verjagen. Die roten Beeren schützen mit ihrer magischen Farbe in der Silvesternacht vor dem Teufel, dachte man damals. Die Stechpalme war früher so angesehen, daß handfeste Sprüche vor der Mißachtung der Pflanze warnten:

> Wer Schlechtes über die Stechpalme sagt,
> wird bald im Schmerz die Hände ringen müssen.

Ein gepreßtes Blatt, unter das Kopfkissen gelegt, läßt im Traum die Zukunft erscheinen, glaubte man. Ebenso abwegig waren die medizinischen Bräuche: Frostbeulen schlug man mit Zweigen der Stechpalme, um sie zu heilen. Großmütter gaben den Kindern bei Keuchhusten Milch aus Tassen zu trinken, die aus dem Holz der Stechpalmen gedrechselt waren. Das helle, feinporige und harte Ilex-Holz glänzt wie Elfenbein und wurde daher gerne zum Drechseln und zum Schnitzen von Schachfiguren verwendet. Reiches Vorkommen von Stechpalmen in Wäldern und Knicks gab vielen Dörfern und Städten ihren Namen, die an der Silbe *-holm* kenntlich sind. Gerade in Schleswig-Holstein taucht diese Silbe häufiger auf, zum Beispiel in Ortsnamen wie Bordesholm, Eckernholm und so weiter.

Wer draußen nach Stechpalmen mit Früchten sucht, wird feststellen, daß nicht jeder Strauch Beeren trägt. Stechpalmen sind wie die Weiden zweihäusig. Nur die weiblichen Büsche können Früchte produzieren. Die Dornen an den Blättern schützen den Strauch vor pflanzenfressenden Tieren. Manchmal sind die Spitzenblätter alter, höherer Pflanzen kaum dornig, was diese Theorie bestätigen würde.

Im Oktober, wenn die meisten Blütenpflanzen Samen tragen, blüht ein merkwürdiger Kletterstrauch: der Efeu *(Hedera helix)*. Die Blüten sind in kugeligen Dolden angeordnet und werden oft von Fliegen und Wespen besucht. Jede Blüte besitzt fünf gelbgrüne Kronblätter. Die Blätter der nichtblühenden Triebe sind meist fünflappig, die der Blütentriebe meist ungelappt und fast herzförmig. Gemeinsam mit der ebenfalls immergrünen Stechpalme gehört der Efeu zu den traditionellen Weihnachtsdekorationen. Auch seine blauschwarzen, gerippten Früchte sind von besonderem Reiz, man verwendet sie daher ebenfalls zum Ausschmücken winterlicher Stuben. Der Efeu kann mit Hilfe seiner Haftwurzeln an Bäumen und Mauern emporklettern. Bis in 20 Meter Höhe reichen oft die Sprosse. Der Efeu ist kein Parasit, denn die Haftwurzeln entnehmen den Bäumen keine Nährstoffe. Er steht auf eigenen Wurzeln und ist der einzige Wurzelkletterer unserer Pflanzenwelt. Von Efeu überwachsene Häuser strahlen Ruhe und Geborgenheit aus und sehen fast verwunschen aus. So schreibt man dem Efeu auch einen besonderen Symbolwert zu: Er steht für Vertrauen und Freundschaft. In Griechenland überreichte man früher den Jungvermählten einen Efeuzweig als Ausdruck der guten Wünsche für eine lange Ehe. Efeu steht in der Blumensprache für Liebe, Ausdauer, für Ewigkeit und für Frohsinn. Ein Efeublatt im Geldbeutel verheißt einem jungen Mädchen, daß der erste Mann, der sie anspricht, ihr Ehemann wird. Selbst Bacchus, der Gott des Weines, wurde mit Efeu- und Weinblättern bekränzt, weil ihn der Sage nach seine Mutter im Efeu versteckte. Die blauschwarzen Beeren sind sehr giftig, sie enthalten Saponine. Trotzdem wurden sie um 1665 gegen die Pest verwendet – allerdings ohne Erfolg. Ein Sud aus Efeublättern soll Augenentzündungen heilen, abgekochten Früchten sagt man nach, sie hülfen gegen Rheumatismus. In der Volksmedizin wurde die Pflanze wegen ihrer krampf- und schleimlösenden Eigenschaften auch als Hustenmittel benutzt. Sie spielt noch heute eine Rolle in der Homöopathie, wo sie gegen Bronchialleiden eingesetzt wird. Aber Vorsicht vor dem Efeu! Wenn Kinder die Beeren essen, kann es zu schweren Vergiftungen kommen. Gefahrloser ist es da schon, gekochte und zerstoßene Efeublätter als Aufhellungsmittel für unansehnlich gewordene Seide einzusetzen.

Landschaftsräume, Biotope, Pflanzen- und Tiergesellschaften altern nach festen Regeln. Ein Kahlschlag wird auf saurem Substrat zum Beispiel zuerst von Heidekraut besiedelt. Es folgen Ginsterbüsche und kleine Laubbäume. Schließlich wächst er zu und wird wieder zum Mischwald. Solche natürlichen Abfolgen verschiedener Pflanzenaspekte nennt man ökologische Sukzessionen. Der Endzustand ist die Klimax, ein Stadium, das lange stabil ist. Erst wenn äußere Einflüsse wie Feuer oder der Mensch mit der Säge einwirken und eine radikale »Verjüngungskur« durchführen, beginnt das Altern von neuem. Natürlich verjüngen sich ökologische Systeme auch von selbst, ohne den Menschen. Aber das dauert meist viel länger. Was haben Sukzessionen und Wallhecken miteinander zu tun? Sehr viel. Wallhecken sind nichts anderes als »bandförmige Wälder«. Auch sie altern. Aus Schlehen- und Weißdornhecken werden ohne verjüngende Pflege eines Tages Eichen-Hainbuchenmischwälder. Anfang der sechziger Jahre fanden Ökologen heraus, daß mit zunehmendem Alter der Hecke auch die Artenzahl der Pflanzen und Tiere zunimmt. Erst im Endstadium, der Klimax, sind ökologische Systeme wieder etwas artenärmer als in den vorhergehenden Stadien.

Die besondere Ausprägung der Pflanzen- und Tierwelt der Hecken und Knicks ist das Resultat langjähriger Nutzung. Um die Vielfalt zu erhalten, benötigen Hecken und Knicks regelmäßige Verjüngungskuren – sie müssen »auf den Stock gesetzt« werden. Versäumt man dies, »wächst der Knick durch« und wird zur lichten Baumreihe aus wenigen Pflanzenarten. Die Erfahrungen zeigen, daß die größte Vielfalt zu erhalten ist, wenn man Hecken alle 9 bis 11 Jahre »knickt«, das heißt auf den Stock setzt. An der mühsamen Handarbeit geht kein Weg vorbei, will man buschige, dichte und artenreiche Knicks erhalten. Das Landesamt für Naturschutz und Landschaftspflege Schleswig-Holstein, Hansaring 1, 2300 Kiel 14, hat 1983 ein Merkblatt herausgegeben, wie das Knicken durchgeführt werden sollte. Dieses Merkblatt Nr. 6 ist bei der angegebenen Adresse kostenlos zu beziehen. Hier einige Richtlinien zur Knickpflege:

1. Knickgehölze sollten etwa alle 10 Jahre (8 bis 15 Jahre) eine Handbreit über dem Boden, so dicht wie möglich am Stockausschlag-Stubben, abgesägt werden.
2. Der Knickwall sollte ausgebessert und freiliegende Wurzelstöcke wieder mit Erde bedeckt werden.

Heckenpflege in England. In Deutschland ist diese Methode ungebräuchlich.

3. Knicks sollten in einem Meter Entfernung vom Knickfuß eingezäunt werden, um eine Beweidung der Jungtriebe und der Begleitflora zu verhindern.
4. Im Abstand von 20 bis 50 Metern sollten einzelne Bäume als »Überhälter« stehenbleiben.
5. Um die Brutvögel nicht zu gefährden, sollten Pflegemaßnahmen nur innerhalb der gesetzlich vorgeschriebenen Frist vom 15. September bis 15. März vorgenommen werden.
6. Das abgesägte Holz- und Zweigmaterial sollte vor dem Frühjahr abtransportiert werden, damit sich nicht Vögel und andere Tiere einnisten können, die später gefährdet sind.
7. Reisig darf nicht auf dem Knickwall abgelagert werden. Solche Reisighaufen behindern den Neuaustrieb und fördern das Wachstum der alles überwuchernden Brennessel.

8. Die Beweidung der Knicks sollte vermieden werden.
9. Wichtig ist, daß die Knickwälle nicht angepflügt werden. Zwischen bearbeiteten Ackerflächen und Heckenwällen sollte ein Wildstreifen von einem Meter Breite bestehen bleiben. Diese Wildstreifen sind der Lebensraum einer bunten Begleitflora von krautigen Pflanzenarten, auf denen sich viele Schmetterlinge entwickeln.
10. Äußerst wichtig ist, daß keine Pflanzenbehandlungsmittel und Düngemittel in unmittelbarer Nähe des Knicks ausgebracht werden. Solche Pflanzenschutzmittel, deren Einsatz in der intensiv genutzten Monokultur heute weitgehend als unverzichtbar gilt, würden zu einer katastrophalen Verarmung der natürlichen Lebensgemeinschaften in Hecken und Flurgehölzen führen.
11. Knickholz und Abfälle sollten nicht auf dem Knickwall oder in unmittelbarer Nähe verbrannt werden. Untersuchungen in Schleswig-Holstein zeigten 1968, daß allein 90 Prozent der Käferfauna durch ein derartiges Abbrennen zerstört wird. Außerdem fördert Feuer das Wachstum der Gemeinen Quecke *(Agropyron repens),* die mit ihren Ausläufern in das Ackerland hineinwachsen kann. Ohne Feuereinwirkung unterliegt die Quecke der Konkurrenz durch andere Pflanzen und kann sich nicht übermäßig entwickeln.
12. Müssen Knicks nachgepflanzt werden, sollten nur einheimische Sträucher verwendet werden.

Ähnliche Kriterien der Heckennutzung ließen sich auch für die Lesesteinhecken Oberfrankens und aller anderen Heckengebiete finden.

Ein wesentlicher Punkt bei der Knick- und Heckenpflege ist die großräumige Planung. Ohne Zweifel stellt das Knicken einen starken Eingriff in dieses ökologische System dar. Da die meisten phytophagen Insekten mit ihren Räubern und parasitischen Hautflüglern als Junglarven im Knospenbereich der Wirtspflanzen überwintern, bedeutet Knikken den Tod dieser Insektengruppen. Diesen Tierarten muß die Chance gegeben werden, neu ausschlagende Knicks wieder zu besiedeln. Eine solche Neubesiedlung wird erleichtert, wenn im Nahbereich geknickter Hecken alte, unbeeinflußte Knicks stehenbleiben, von denen die »Initialzündung« zur Besiedlung ausgehen kann. Mit dieser »Umtriebspflege« läßt sich erreichen, daß Hecken und Knicks Lebensadern der Landschaft bleiben und die notwendigen Eingriffe auf ein vernünftiges Maß beschränkt werden.

Hecken- und Knickpflege ist eine zeitraubende und harte Arbeit. So ist es nicht verwunderlich, daß inzwischen technische Verfahren zur Erleichterung des Knickens entwickelt wurden. Heute werden hydrau-

Knickpflege mit hydraulischen Motorsägen

lisch betriebene Kreissägen verwendet, die vom Traktor oder vom Bagger aus betrieben und ähnlich einer überdimensionalen Heckenschere eingesetzt werden. Diese Methode ist 10- bis 20mal billiger als das mühsame Knicken von Hand. So häßlich eine derartig getrimmte Hecke hinterher auch aussieht, so wenig sieht man von dem Eingriff, wenn die Büsche im Frühjahr neu austreiben. Solange nur die Heckenmäntel ausgeschnitten werden und nicht das »Heckenherz« angetastet wird, scheinen sich die Schäden für Pflanzen- und Tierpopulationen in Grenzen zu halten. Natürlich gilt auch für die Anwendung von hydraulischen Kreissägen, daß sie im Rahmen der oben beschriebenen Umtriebspflege eingesetzt werden. Neben den bearbeiteten Knicks müssen immer Nachbarhecken unangetastet bleiben, um den Tieren, die im Mantelsaum überwintern, Refugien zu belassen, von denen eine Neubesiedlung verjüngter Feldgehölze ausgehen kann.

Wir wissen allerdings noch relativ wenig über die Fähigkeit von Heckeninsekten, sich auszubreiten. Versuche, in denen Kleinschmetterlinge und Hautflügler mit feinstem Farbpuder markiert wurden, zeigten jedoch, daß die meisten Insekten bevorzugt an Heckenzeilen entlangfliegen. Ein Wechsel zwischen einzelnen Heckenstreifen kann nur erfolgen, wenn sie dicht zusammenliegen (weniger als 100 Meter). Andererseits werden Getreideschädlinge wie Blattläuse mit dem Wind über Hunderte von Kilometern verdriftet und können überall auftauchen. Ihre natürlichen Feinde wie Schwebfliegen, Marienkäfer oder parasitische Hautflügler dagegen müssen selbst fliegen, um die Blattlauskolonien aufzusuchen. Fliegen kostet Energie. Deshalb benötigen fliegende Insekten fortwährend Energienachschub aus dem Nektarangebot blühender Heckensträucher. Nur wenn viele Nektartankstellen das ganze Jahr über geöffnet haben, können die Räuber sich ausbreiten und Schadherde aufspüren.

Für die Knickverjüngung bedeutet diese Erkenntnis, daß es sehr sinnvoll ist, Knicks nicht vollständig abzuholzen. Eine Hecke ist besonders dann biologisch »aktiv«, wenn sie möglichst viele Altersklassen von Sträuchern und Räumen umfaßt. Ein Landwirt, der sich die kostenlose Hilfe der Schlupf-, Brack- und Erzwespen sichern will, bietet ihnen rund ums Jahr blühende Nektarquellen an. Er knickt im Winter abschnittweise und nicht zeilenweise. Damit bleiben genügend »Tankstellen« für das Frühjahr übrig. Knicken will eben überlegt sein.

Überalterte Knicks werden »auf den Stock gesetzt«.

Angesichts der Kälte und der dunklen, langen Abende, die der Winter bringen wird, ist jetzt die rechte Zeit, um vorzusorgen. Es lohnt sich, die letzten Früchte der Hecken und Knicks zu sammeln, um daraus willkommene Getränke und Gaumengenüsse für lange Winterabende oder für das Weihnachtsfest herzustellen. Ein Glas Schlehen-Gin oder ein Zwetschgen-Wodka wird Gemütlichkeit und Wärme in die Winterstuben bringen.

Schlehen-Gin

225 g Schlehdornfrüchte, 50 g Zucker, 6 ungeschälte Mandeln, 570 ml Gin.

Die Schlehenfrüchte nach dem ersten Frost sammeln und gründlich waschen. Die Früchte mit einer Gabel anstechen und in eine 1-l-Flasche füllen, bis sie etwa ⅓ gefüllt ist. Den Zucker mit einem Trichter einfüllen und die gemahlenen Mandeln zugeben. Mit Gin aufgießen. Die Flaschen so lange täglich schütteln, bis sich der Zucker gelöst hat. Drei Monate stehen lassen, dann abgießen und in einer anderen Flasche ein Jahr lagern. Die mit Gin vollgesogenen Schlehen sind zum Wegwerfen viel zu schade. Sie können zur Zubereitung von Schlehen-Sherry, Schlehen-Brandy oder Schlehenschokolade weiterverwendet werden.

Schlehen-Sherry

175 g »Gin-Schlehen«, 75 g Zucker, 450 ml trockener Sherry.

Die mit Gin vollgesogenen Schlehenfrüchte in eine Flasche füllen und den Zucker zugeben. Den Sherry einfüllen und die Flasche täglich so lange schütteln, bis sich der Zucker gelöst hat. Nach etwa einer Stunde Lagerzeit ist der Sherry fertig zum Genuß.

Schlehen-Brandy

Verfahren Sie in derselben Weise wie bei der Herstellung des Sherry, verwenden Sie aber einen Brandy. Es schmeckt köstlich!

Schlehenscholokade

175 g »Gin-Schlehen«, 225 g blättrige Schokolade, Reispapier (Drogerie).

Aus den mit Gin vollgesogenen Schlehen läßt sich eine köstliche, hausgemachte Likörschokolade herstellen: Das Fruchtfleisch der Schlehen abschaben und in die geschmolzene Schokolade rühren. Auf Reispapier löffeln und erkalten lassen. In quadratische Stücke schneiden und in einer luftdicht schließenden Dose aufbewahren.

Zwetschgen-Wodka

Zwetschgen verlesen und sorgfältig waschen. Den Zwetschgen-Wodka genauso ansetzen wie den Schlehen-Gin. Allerdings die Mandeln weglassen und Gin durch Wodka ersetzen. Nach sechs Monaten ist das Getränk soweit.

Selbst Brombeer-Wodka kann auf diese Weise hergestellt werden. Nach einem Monat gießt man den Wodka ab – er hat jetzt eine wunderbare tiefrote Farbe.

Brombeer-Wodka-Cocktail

Dieses Getränk eignet sich vorzüglich zum Aufwärmen an kalten Wintertagen.

Brombeersaft (Herstellung siehe September-Rezepte) einfrieren, am besten in Eiswürfelförmchen. Zwei oder drei Safteiswürfel in ein Glas mit Wodka geben. Das Getränk ist eine interessante Variante des berühmten Cocktails »Bloody Mary«.

Brombeereis

275 ml Schlagsahne, 25 g Puderzucker, 275 ml zerkleinerte Brombeeren, 2 Eiweiß.

Die Sahne steif schlagen, den Puderzucker und danach das Brombeerpüree unterziehen. Das sehr steif geschlagene Eiweiß ebenfalls darunterziehen und gefrieren lassen. – Diese Creme schmeckt auch ungefroren, wenn sie gekühlt zu Baisers gereicht wird.

Brombeer- und Holundereis

350 g Brombeeren, 350 g Holunderbeeren, 275 ml Schlagrahm, 40 g Puderzukker, 2 Eiweiß.

Die Früchte in wenig Wasser und etwas Zucker weich dünsten. Die weichen Früchte mixen und durch ein Sieb streichen. Die Sahne steif schlagen und den Puderzucker unterrühren. Danach das Früchtepüree unterziehen. Den sehr steifen Eischnee ebenfalls unterziehen. Die Creme gefrieren lassen.

Winter

Die Heckenlandschaft erweckt im Winter den Eindruck, sie sei abgestorben und leblos. Doch dieser Anschein trügt, auch wenn die blattlosen Äste und Zweige gegen den grauen Winterhimmel wie gespenstische Skelette aussehen. Das Leben ist nicht völlig verschwunden, es hat sich nur vor dem Frost versteckt. Die Haselkätzchen des nächsten Frühjahres sind schon zwei Zentimeter lang, unter der Laubstreu am Boden warten die ersten Sprosse der Frühlingspflanzen auf die länger werdenden Tage. Die Samen des Klebkrauts keimen schon im Spätherbst in der Humusschicht aus altem, sich allmählich zersetzendem Pflanzenmaterial, die Grundblätter des Wiesenkerbels und anderer zweijähriger Heckenkräuter sind ebenfalls schon entwickelt. Schlüsselblumen spitzen mit den Blättern aus dem Boden. Kaum weniger Leben rührt sich in den Zweigen und Ästen. Nur wenige Kleinsäugearten, wie etwa die Haselmaus und der Igel, verschlafen den Winter. Die übrigen sind auch jetzt aktiv. Meist läßt sich das winterliche Treiben erst nach einem frischen Schneefall erkennen. Überall finden sich dann Spuren von Mäusen, Hasen, Rehen oder Füchsen entlang der Heckenlinie. Scharen von Drosseln durchstreifen die winterlichen Hecken, um die Beeren und Früchte als wertvolle Nahrungsquellen des Winters zu nutzen. Nur die giftigen Pfaffenhütchen bleiben den nordischen Seidenschwänzen vorbehalten, die erst im Februar in die Knicks kommen, wenn der Winter in Skandinavien allzu viel Frost bringt.

Der Winter ist eine gute Zeit, um mit den ersten Heckenerkundungen zu beginnen. Die sommerliche Vielfalt der Lebensformen kann den Anfänger allzu leicht verwirren. Jetzt sind die Verhältnisse überschaubarer. Bäume und Büsche lassen sich auch im Winter bestimmen. Natürlich geht das im Sommer leichter, aber Knospenform, Knospenstellung und Zweigfärbung ergeben gute Bestimmungsmerkmale, die am Ende des Buches dargestellt sind (Seite 183 bis 185). Man sollte bei der Benutzung des Schlüssels vor allem auf die Lage der Knospen am Zweig und die Rindenfarbe achten. Eine Bestimmung nach den Abbildungen allein führt nicht zum Ziel. Die Zeichnungen sollten als Ergänzung des Schlüssels benutzt werden, genau wie bei der Bestimmung der Gräser im Juni-Kapitel.

Im Spätherbst und Winter haben die Bauern Zeit für die Hecken- und Knickpflege. Jetzt können Sträucher und Bäume zurückgeschnitten

Typische englische Heckenlandschaft im Sommer

werden, ohne das Leben von Pflanzen und Tieren zu gefährden. Anleitungen zur richtigen Knickpflege werden im Kapitel »Knicken will gelernt sein« gegeben.

Hecken – Lebensadern der Landschaft

Die Zahlen sprechen für sich: Von den rund 75 000 Kilometern Knicks in Schleswig-Holstein um 1950 sind heute nur noch rund 46 000 Kilometer (61 Prozent) vorhanden. Auch in Franken wurden im gleichen Zeitraum Hecken im großen Stil beseitigt. Dieser Trend ist in anderen europäischen Ländern ähnlich. In England wurden zwischen 1946 und 1974 *jährlich* im Schnitt 7200 Kilometer Heckenlinien beseitigt. Das sind rund 200 000 Kilometer in 28 Jahren.

Die intensive Heckenrodung setzte mit der Intensivierung der Landwirtschaft ein. Die moderne Bewirtschaftung der Felder erforderte zunehmend größere Flächeneinheiten, die in Flurbereinigungsverfahren geschaffen wurden. Steigende Konkurrenz auf den Absatzmärkten zwingt heute die Landwirte dazu, immer mehr aus ihren Anbauflächen zu erwirtschaften. Hecken und Knicks sind diesen wirtschaftlichen Zwängen oft im Weg und werden daher beseitigt. Aber die rapide Abnahme von Hecken ist nicht allein der Landwirtschaft und den Flurbereinigungsbehörden anzulasten. Der ungeheuer steigende Flächenbedarf für Straßen, Wohnsiedlungen und Industriegelände, der Verbrauch von Landschaft also, hat die Heckenbeseitigung mitverursacht. Hecken mußten weichen, weil man ihren ökologischen Wert nur schwer mit wirtschaftlichen Kriterien definieren oder messen kann.

Parallel zu den Heckenrodungen der letzten 30 Jahre wurden auffallende Veränderungen innerhalb der Tier- und Pflanzenbestände festgestellt. So konnte in England der massive Rückgang des Rebhuhns eindeutig auf die Abnahme der Hecken zurückgeführt werden. In Schleswig-Holstein fand man, daß die Behandlung der Knickränder mit Insektiziden rund 1200 Tierarten akut gefährdet. Umgekehrt kam es mit der Ausräumung der Landschaft zum Beispiel in Holland zu Massenvermehrungen der Feldmaus *(Microtus arvalis)*. Derartige größere Feldmausplagen sind in einer durch Hecken gegliederten Landschaft, wie sie für Ostholstein typisch ist, unbekannt.

Mit zunehmenden Schädlingsproblemen in der Landwirtschaft und mit dem erwachenden Umweltbewußtsein der Bevölkerung nahm in den letzten Jahren auch das Interesse an Hecken wieder zu. Zahlreiche wissenschaftliche Forschungsprogramme konnten inzwischen zeigen, daß Hecken, Knicks und Flurgehölze einen hohen ökologischen Wert für das landwirtschaftliche Umland und für die Stabilität von Lebensräumen besitzen, der sich auch wirtschaftlich auswirkt. Einige dieser Ergebnisse sollen hier vorgestellt werden, indem sie häufigen Fragen nach der biologischen Funktion von Hecken gegenübergestellt werden.

Ist die Hecke ein möglicher »Unkrautherd«?

Umfangreiche Untersuchungen von Botanikern kommen zu dem Schluß, daß Hecken keine Ausbreitungszentren für Ackerwildkräuter darstellen. Ackerwildkräuter sind meist lichtbedürftige Pflanzen, die in den lichtarmen, beschatteten Heckentraufen nicht gedeihen können. Pflanzenerfassungen, die in einem Profil vom Acker in die Hecke vorgenommen wurden, zeigten, daß von 17 Ackerwildkräutern auf dem Feld nur noch zwei in Hecken vorkamen. Lediglich die Quecke *(Agropyron repens)* und die Wilde Möhre *(Daucus carota)* wuchsen in wenigen Stückzahlen im Inneren der Hecke.

Sind Hecken ein Reservoir für landwirtschaftliche Schädlinge?

Mit dieser Frage haben sich der Kieler Ökologe W. Tischler und ein Forschungsteam des Lehrstuhls für Tierökologie der Universität Bayreuth eingehend befaßt. Generell läßt sich sagen, daß in Hecken Tierarten leben, die als mögliche landwirtschaftliche Schädlinge auftreten könnten. Viele Nutzpflanzen wie zum Beispiel Obstbäume, Rosen oder Getreidearten sind Zuchtformen von natürlichen Heckenpflanzen wie Weißdorn, Heckenrose oder von Gräsern. Der Schluß liegt also nahe, daß pflanzenfressende Insekten (Phytophage) von den ursprünglichen Wirtspflanzen auf die Zuchtformen übergreifen könnten. Das ist allerdings *nicht* der Fall, wie man erst nach genauer Kenntnis der ökologischen Situation von Hecken begreift.

Hecken weisen eine enorme Vielfalt von Wechselwirkungen zwischen Pflanzen- und Tierarten auf. Hier lebende Tiere und Pflanzen sind in ein kompliziertes Netz von Nahrungsbeziehungen untereinander eingeflochten. So ist in Hecken neben einem möglichen Schadinsekt immer auch sein Vertilgerkomplex, das heißt, eine Vielzahl von Räubern vorhanden, die den Ausbruch einer Massenvermehrung bremsen oder gar unmöglich machen.

Ein Beispiel: Auf der Wildrose und auf der Traubenkirsche, zwei häufigen Sträuchern fränkischer Lesesteinhecken, überwintern zwei Blattlausarten, die in Getreidefeldern schädlich werden können. Um Schädlinge werden zu können, müssen sich die Blattläuse im Frühjahr, nachdem sie aus dem Ei geschlüpft sind, sehr stark vermehren – sie müssen eine Population aufbauen. Erst wenn die Population durch schnelle Vermehrung (bei Blattläusen durch ungeschlechtliche Jungfernzeugung) groß genug ist, entstehen geflügelte Weibchen, die in die Getreidefelder fliegen und sich dort weiter vermehren können. Untersuchungen in Oberfranken haben ergeben, daß in der Bodenstreu von Hecken auch viele Marienkäferarten überwintern. Sie wachen nach dem Winter gleichzeitig mit den schlüpfenden Blattläusen auf und beginnen diese zu fressen. Dem Heer der Marienkäfer gelingt es, die Blattläuse an ihrer Massenvermehrung zu hindern, indem sie die Zuwachsraten ständig wegfressen. Das schaffen sie allerdings nur, wenn sie sehr früh im Jahr angreifen können. Getreideblattläuse sind in Oberfranken kein Schadproblem.

Die Beziehungen zwischen Räubern und ihrer Beute sind in ökologischen Systemen, wie sie Hecken darstellen, ungleich komplizierter, als es hier vereinfachend geschildert wurde. Viele weitere Insektenarten wie zum Beispiel parasitisch lebende Hautflügler, Schwebfliegen, Florfliegen oder Wanzen binden Marienkäfer und Blattläuse in ein System von Nahrungsbeziehungen ein. Sind sehr viele Partner an einem derartigen ökologischen System beteiligt, bezeichnet man es als »gepuffert«. Alle Versuche einer Art, sich stark zu vermehren, werden in gepufferten Systemen schnell unterdrückt.

Hecken verfügen also über mögliche landwirtschaftliche Schädlinge. Aber gerade weil diese und ihre Vertilgerkomplexe hier leben, können Hecken Massenvermehrungen von schädlichen Organismen verhindern. Hecken sind also eher »Rettungssysteme« für unsere Landschaft als Schadherde.

Sind Hecken ein Lebensraum von Nutzinsekten?
Mit dem reichen Angebot an ökologischen Nischen, also »Planstellen«, bieten Hecken einer außerordentlich großen Zahl von Tieren Lebensraum und Nahrung. Rund 7000 Tierarten leben allein in schleswig-holsteinischen Knicks. In den wärmeren oberfränkischen Hecken dürfte das Tierleben rund 10000 Arten umfassen. Wie viele Insektenarten in landwirtschaftlich genutzten Flächen als »nützliche« Tiere wirken können, ist schwer abzuschätzen. Aussagen hierüber lassen aber Insekten zu, die im Rahmen des sogenannten »integrierten Pflanzenschutzes« als nützlich bekannt sind. Der integrierte Pflanzenschutz ist ein Verfahren, bei dem alle wirtschaftlich, ökologisch und chemisch vertretbaren Methoden eingesetzt werden, um Schadorganismen unter die wirtschaftliche Schadensschwelle zu bringen.

Im Vordergrund steht hierbei die Ausnutzung aller natürlichen Feinde und Räuber, um möglichst wenig chemische Vertilgungsmittel ein-

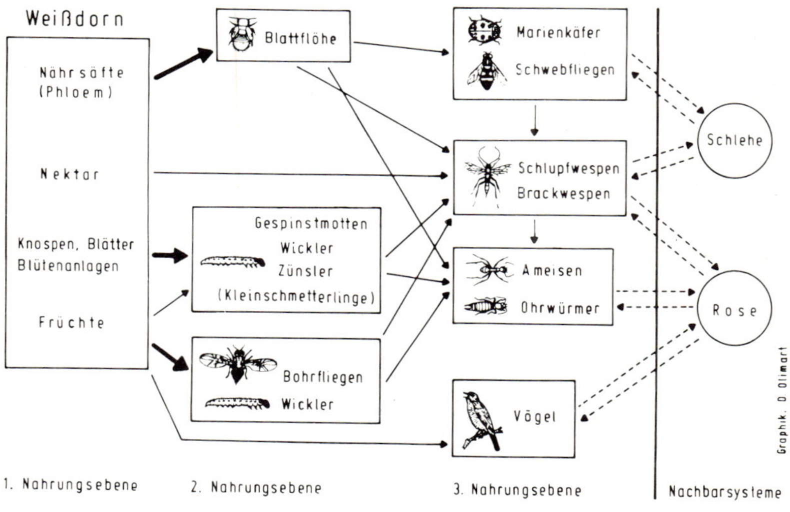

Schema der Wechselwirkungen zwischen verschiedenen Tier- und Pflanzenarten innerhalb einer Hecke

setzen zu müssen. Als natürliche Gegenspieler von Schadorganismen spielen vor allem parasitische Hautflügler und Fliegen eine Rolle. Diese Parasiten befallen die Larven vieler pflanzenfressender Insekten und töten diese am Ende ihrer eigenen Entwicklung ab. Für diese Insektengruppe spielen Hecken eine besondere Rolle. Man schätzt, daß 90 Prozent aller einheimischen Schlupfwespen irgendwann in ihrem Leben Hecken aufsuchen, um dort zu übernachten, Nektar zu saugen oder nach Schmetterlingsraupen zur Eiablage zu suchen. Die Bayreuther Untersuchungen ergaben, daß sich an jeder Strauchart einer Hecke Parasiten entwickeln, die etwa 40 Schadinsektenarten befallen und unschädlich machen können. Darüber hinaus sind Hecken »Relaisstationen« für zahlreiche Marienkäfer, Schwebfliegen und Netzflüglerarten, die von hier aus im landwirtschaftlichen Umland ihre Beute suchen. Viele dieser Blattlausräuber werden seit Jahren mit Erfolg im integrierten Pflanzenschutz eingesetzt und sogar in Massen gezüchtet. Die biologische Vielfalt der Hecken stellt also dem Menschen ein großes, kostenloses Potential an Nützlingen zur Verfügung. Wenn diese nicht zum Zuge kommen, liegt es meist daran, daß chemische Insektenvertilgungsmittel diese Nützlinge früher treffen als die Schadinsekten und sie somit unwirksam machen. Der integrierte Pflanzenschutz hat bereits zahlreiche Konzepte entwickelt, wie Nützlinge als kostenlose Bundesgenossen des Menschen in landwirtschaftlichen Flächen eingesetzt werden können. Leider finden diese Konzepte noch zuwenig Anwendung, da zuvor die vorhandenen Schadinsekten genau bestimmt werden müssen. Auskünfte über die Anwendungsmöglichkeiten des integrierten Pflanzenschutzes erteilen meist die regionalen Pflanzenschutzämter.

Bestimmungsschlüssel für die Zweige der häufigeren Heckensträucher und -bäume

1	Knospen sich paarweise gegenüberliegend (gegenständig)	2
	Knospen nicht gegenständig	9
2	Rinde junger Zweige rötlich	Hartriegel
	Rinde junger Zweige nicht rötlich	3
3	Rinde junger Zweige frisch grün	Pfaffenhütchen
	Rinde junger Zweige nicht frisch grün	4
4	Knospen schwarz, große Blattnarben, Zweige kräftig, grau	Esche
	Knospen nicht schwarz	5
5	Knospen behaart, ohne Knospenschuppen	Wolliger Schneeball
	Knospen mit Knospenschuppen	6
6	Rinde hell, warzig; Zweige mit weißem Mark ausgefüllt	Holunder
	Rinde ohne weißes Mark	7
7	Zweige mit Dornen, Holz unter der Rinde orange	Kreuzdorn
	Zweige ohne Dornen	8
8	Knospen grün, Blattnarben groß	Spitzahorn
	Knospen nicht grün, Blattnarben sehr klein	Feldahorn
9	Zweige mit Dornen und/oder Stacheln	10
	Zweige ohne Dornen oder Stacheln	11
10	Junge Zweige rotbraun mit zahlreichen spitzen Dornen	Weißdorn
	Junge Zweige grau-schwarz, sehr zart, Spitzen von kurzen Seitenästen dornartig zugespitzt	Schlehe
11	Junge Zweige mit feinem Flaum behaart	12
	Junge Zweige unbehaart	13

12	Knospen grünlich, länger als 3 mm	Hasel
	Knospen dunkelbraun, kürzer als 3 mm	Ulme
13	Zweige mit gerieften, kurzen Seitentrieben	14
	Zweige ohne geriefte Seitentriebe	15
14	Knospen mit filzigen Knospenschuppen; Rinde läßt sich nicht quer abschälen	Holzapfel
	Knospen ohne filzige Knospenschuppen; Rinde glatt und glänzend, läßt sich quer ablösen. Zweige mit Lentizellen (kleine, blasse, warzige Flecken)	Kirsche
15	Knospen spindelförmig, mehr als dreimal so lang wie breit	16
	Knospen weniger als dreimal so lang wie breit	17
16	Knospen mehr als viermal so lang wie breit	Buche
	Knospen weniger als viermal so lang wie breit	Hainbuche
17	Junge Zweige und Knospen glänzend rötlich-braun; Zweige mit erhabenen Längsleisten	Edelkastanie
	Zweige ohne Längsleisten	18
18	Knospen mit nur einer Knospenschuppe; Knospenschuppen eng am Zweig anliegend	Salweide
	Knospen nicht so	19
19	Knospen dunkelrot glänzend	Linde
	Knospen nicht dunkelrot	20
20	Knospen stumpf, purpurartig	Erle
	Knospen nicht so	21
21	Junge Zweige sehr dünn, dunkelbraun, glänzend, mit kleinen Wärzchen	Hängebirke
	Nicht so, Knospen dick, hellbraun, Knospengruppen an Zweigspitzen	Eiche

Dieser Bestimmungsschlüssel läßt sich in derselben Weise benutzen wie der Schlüssel für Gräser. Es ist ratsam, der Versuchung zu widerstehen, Zweige nur nach dem Vergleich mit der Abbildung zu bestimmen.

Zweige im Winter

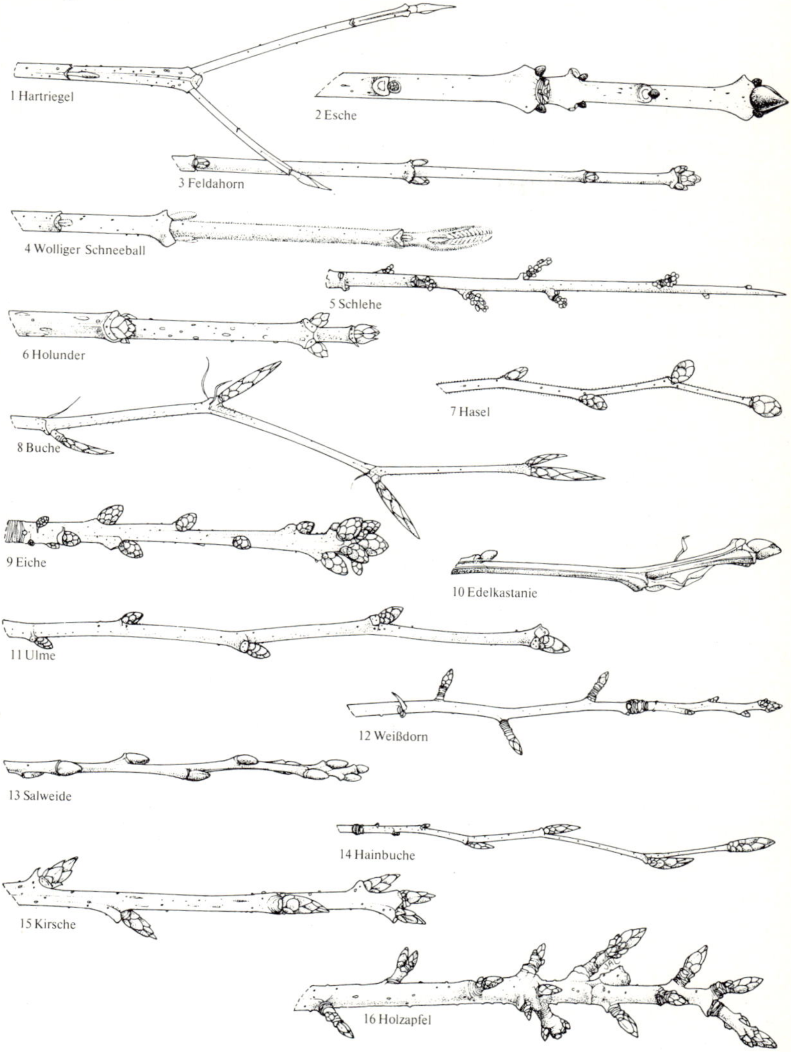

Wie lassen sich unsere Hecken ökologisch bewerten?

In der Praxis des Naturschutzes, der Landesentwicklungspolitik und der Flurbereinigung oder bei landwirtschaftlichen Entwicklungsplänen kommt es sehr häufig vor, daß der ökologische Stellenwert von Hecken und Knicks gegen ökonomische Forderungen aufgerechnet werden muß. Seit langem fordern Landesplaner einen Katalog von Kriterien, der es erlaubt, die ökologische Funktion von Hecken einfach und schnell zu bewerten. Ein solcher Katalog muß idealerweise auch von Laien angewendet werden können, denn im Naturschutz geschieht vieles auf ehrenamtlicher Basis; Fachleute sind rar. Derartige »Patentrezepte« für ökologische Systeme zu entwickeln, ist fast unmöglich. Zu groß ist die Artenzahl der Tiere und Pflanzen, zu groß die biologische Variabilität, das heißt die Vielfalt an Möglichkeiten, wie Arten in ihren Lebensräumen kombiniert sein können. Trotz dieser Schwierigkeiten wurden innerhalb der letzten Jahre von Wissenschaftlern Vorschläge zur ökologischen Bewertung von Hecken und Knicks erarbeitet. Die wichtigsten Vorschläge werden hier vorgestellt, um dem interessierten Beobachter sowie dem Praktiker im Naturschutz weiterzuhelfen.

Für die Bewertung von Knicks und Wallhecken Schleswig-Holsteins entwickelte Dr. J. Eigner vom Landesamt für Naturschutz und Landschaftspflege Schleswig-Holstein ein Konzept: Dieser Bewertungsrahmen beachtet gezielt botanische Aspekte und typische Landschaftsmerkmale, wie zum Beispiel die Windschutzfunktion oder die Buntheit der Knicks. Er ist aus zwei Teilen aufgebaut, nämlich der Grundwertung (A) und der qualitativen Wertung (B). Beide Wertungen ergeben Teilwerte, die miteinander multipliziert aussagekräftige Endwerte ergeben. Ein Muster dieses Bewertungsbogens findet sich auf Seite 188.

Zur Erklärung einzelner Punkte des Bewertungsbogens dienen folgende Hinweise (nach Eigner):

Aufbau:	Es wird davon ausgegangen, daß der stabile, etwa 1 Meter hohe Wall die höchste ökologische Wertigkeit in Schleswig-Holstein besitzt. »Degradiert« heißt, daß die Sträucher durch Viehbeweidung keinen Schluß mit dem Heckenboden aufweisen. Sie stehen »auf Stelzen«.
Gehölz-anordnung:	Mehrreihige Knicks erhalten die höchste Einordnung, da größere Flächen entstehen, die auf »mehr Lebensraum« hinweisen.

Gehölzbestand:	Die höchste Bewertungszahl erhalten Knicks, die dicht geschlossen sind und keine Lücken aufweisen.
Besonderheiten:	Unter Grenzlinien versteht man Grenzen von Knicks oder Gewässern oder Feuchtgebieten zum Ackerland. Solche Grenzlinien besitzen eine ökologische Austauschfunktion. Tierarten können zwischen verschiedenen Biotopen wechseln, also einwandern oder auswandern.
Beherrschende Höhenlage:	Dieses Kriterium meint, daß ein Knick einen Landschaftsrücken überzieht und deshalb besonders typisch für die Landschaft wird.
Besondere ökologische Verbindungsfunktion:	Ein Knick hat eine Verbindungsfunktion, wenn er Feldgehölze, Feuchtstellen, Tümpel oder Moore miteinander verbindet.
Besondere Windschutzfunktion:	Bei der vorherrschenden Westwindlage Schleswig-Holsteins bekommen Knicks, die von Nord nach Süd verlaufen, eine hohe Wertung. In den Tallagen Ostholsteins werden im Gegenteil Ost-West-Knicks hoch bewertet. Hier hat der Gutachter je nach Standort viel Spielraum bei der Knickbewertung.
Überhälter:	Hier gehen Besonderheiten von Knicks ein wie zum Beispiel alte Bäume, die in Knicks stehen.
Sonderformen/ Besondere Arten:	Diese Rubrik erlaubt es, Knicks mit besonderen Pflanzen wie zum Beispiel der Stechpalme *(Ilex)* mit Sonderpunkten zu versehen.

Qualitative Bewertung nach der Bestockung (B):

In diese Bewertungskategorie geht vor allem die Artenvielfalt der Sträucher ein. »Bunte Knicks« erhalten die höchste Bewertung. Die einzelnen Fragen meinen folgendes:

Eine Gehölzart vorherrschend:
Etwa 90 Prozent aller Sträucher gehören zu einer Art.

Wenige Gehölzarten vorherrschend:
Der Knick besteht vorwiegend aus 2 bis 5 Pflanzenarten.

Bunte Knicks in charakteristischer Kombination:
Bunte Knicks weisen eine charakteristische Auswahl natürlicher Gehölzarten auf, die je nach Lage und Boden unterschiedlich zusammen-

Ort / Verfahren: ....

Bearbeiter: .... **Datum:** ....

			Wert	1	2	3	4
		Knick-Nr.		1	2	3	4
		Knicklänge m.					
A	**Aufbau**	ebenerdig	1	3		1	
		degradierter Wall	2				
		stabiler Wall	3				
	Gehölz-anordnung	einreihig	1	3		1	
		zweireihig	2				
		mehrreihig / flächig	3				
	Gehölz-bestand	spärlich	1	3		1	
		lückig	2				
		dicht	3				
		Besondere Grenzlinie	1–3				
		Beherrschende Höhenlage	1				
	Besonder-heiten	Bes. ök. Verbindungsfunktionen	1				
		Besondere Windschutzfunktion	0–3				
		Überhälter	1				
		Sonderformen	1				
		Besondere Arten	1–2				
		Zwischensumme **A**		9		3	
B	**Qualitative Bewertung**	eine Gehölzart vorherrschend	1	3		1	
		wenige Gehölzarten vorherrschend	2				
		bunte Knicks in charakteristischer Kombination der Gehölze	3				
	Bemerkungen / Sonstiges						
		Endprodukt **A x B**		27		3	
		Klassifizierung		I		III	

Quelle:
Landesamt für Naturschutz und Landschaftspflege Schleswig-Holstein, verändert.

gesetzt sein kann. So kommen in Schleswig-Holstein artenreiche Schlehen-Hasel-Knicks, Buchen-Hasel-Knicks, Eichen-Birken-Knicks und Knicks feuchter Standorte vor. Bei der Bewertung sollen artenreiche Gehölzbestände der jeweiligen Typen besonders hoch eingeschätzt werden.

Zur abschließenden Wertung wird das Zahlenprodukt aus der Grundwertung A und der qualitativen Wertung B gebildet. Der höchste Wert, den ein Knick erhalten kann, ist 27, der niedrigste 3. Die Klassifizierung der Punkte erfolgt nach folgender Tabelle:

20 Punkte und mehr:	Klasse I:	hochwertig
12–19 Punkte:	Klasse II:	mittlere Wertigkeit
3–11 Punkte:	Klasse III:	weniger wertvoll

Um zu verhindern, daß ein Bewertungsverfahren nur botanische Kriterien in Betracht zieht und die reiche Tierwelt der Hecken unberücksichtigt läßt, was sicher zur Fehleinschätzung des ökologischen Wertes führen würde, haben Biologen des Lehrstuhls für Tierökologie der Universität Bayreuth ein neuartiges Bewertungsschema entwickelt. Im Auftrag des Bayerischen Landesamtes für Umweltschutz in München untersuchten Ökologen unter der Leitung von Prof. Zwölfer drei Jahre lang die fränkischen Lesesteinhecken um Stadtsteinach und Bayreuth. Das Ziel der Untersuchungen bestand in der Erfassung der pflanzenfressenden Insekten, ihrer Räuber und Parasiten, der Brutvögel, der Wilddichte und der Ausprägung von ökologischen Komplexen zwischen Pflanzenfressern und deren Vertilgern.

Im Verlauf des Projektes wurden über 24000 Insekten und Spinnen gefangen und bestimmt. Die vielen Tausende von Daten und Ergebnissen wurden mit Computern analysiert und schließlich zu einer Formel zusammengefaßt. Das Schnellbewertungsverfahren für Hecken, die im Bereich von Muschelkalk, Keuper und Jura liegen, läßt sich mit folgender Formel zusammenfassen, die sich im Interesse der leichteren Anwendbarkeit zwar botanischer Kriterien bedient, implizit aber die ökologische Vielfalt innerhalb der Tierwelt mit erfaßt:

Bewertungsziffer = Gehölzartenfaktor mal Altersklassenfaktor mal Flächendichtefaktor

Um die einzelnen Größen der Faktoren festlegen zu können, haben die Bayreuther Ökologen Tabellen für Bewertungszahlen ausgearbeitet:

Bewertungszahlen für Gehölzarten einer Hecke

Gehölzart	Punkte
Weißdorn *(Crataegus spec.)*	3
Schlehe *(Prunus spinosa)*	3
Rose *(Rosa spec.)*	3
Salweide *(Salix caprea)*	2
Hasel *(Corylus avellana)*	2
Brombeere/Himbeere *(Rubus spec.)*	1
Feldahorn *(Acer campestre)*	1
Vogelbeere *(Sorbus aucuparia)*	1
1 bis 5 weitere Gehölzarten je	0,5
jede zusätzliche Gehölzart je	0,5

Bewertung der Altersklassen
(I = 1–5 Jahre; II = 6–10 Jahre; III = 11–20 Jahre; IV = 21–50 Jahre; V = über 50 Jahre)

In der Hecke vorhandene Altersklassen	Altersklassenfaktor
I, II, III, IV	2 ×
I, II, III	1 ×
III, IV	1 ×
I, II	0,5 ×
I	0,25 ×

Bewertung der Flächendichte in Hecken

Heckendichte	Flächendichtefaktor
Heckengesamtlänge 2000 m/25 ha	2 ×
Heckengesamtlänge 625–2000 m/25 ha	1,5 ×
Heckengesamtlänge unter 625 m/25 ha	1 ×

Dieses einfache Bewertungsschema schätzt also Hecken besonders hoch ein, die viel Weißdorn, Schlehe und Rose enthalten, viele unterschiedliche Altersklassen besitzen und sehr häufig auf einer Fläche stehen.

Ein Beispiel aus dem Stadtsteinacher Heckengebiet soll dies verdeutlichen.

Hier der Steckbrief:

Heckengebiet bei Stadtsteinach: Feldhecke, über 20 Jahre alt.

Gehölzarten: Weißdorn, Schlehe, Rose, Hartriegel, Holunder, Hasel, Kirsche, Brombeere, Himbeere, Stachelbeere, Feldahorn, Schneeball, Pfaffenhütchen, Kreuzdorn.

Heckendichte im Gebiet: 84,8 Meter Hecke/Hecktar.

Die sehr hohe Bewertungsziffer für dieses Gebiet ist 64,4. Hier liegen also aus ökologischer Sicht optimale Hecken vor.

Der Vorteil dieses Bewertungsverfahrens liegt darin, daß eine neu angepflanzte Hecke im Laufe der Jahre »aufsteigt«, also besser bewertet werden kann. Ein weiterer Vorteil besteht darin, daß sich mit diesem Verfahren wertvolle Hecken »nach Maß« pflanzen lassen. Je näher eine Hecke bei dem Punktwert 60 liegt, desto wertvoller ist sie. Im Verlauf des Bayreuther Heckenprojektes wurde deutlich, daß eine Heckenbewertung im Rahmen von Flurbereinigungsverfahren oder Landesentwicklungsplänen ohne die fachliche Hilfe von Zoologen und Botanikern nicht möglich ist. Wenn hier in diesem Buch dennoch Bewertungsverfahren vorgestellt werden, dann deshalb, um jedem Heckenbesucher die Möglichkeit zu geben, seine »Lieblingshecke« einmal mit ökologischen Augen zu sehen und einzuordnen. Denn nur wenn viele Menschen Hecken als wichtigen Lebensraum erkennen und dort die Vielfalt der Natur entdecken, können sie mithelfen, Hecken zu schützen. Hekken müssen das bleiben, was sie sind: Lebensadern der Landschaft.

Literatur

Englische Fachliteratur

Bücher

Britisch trust for conservation volunteers: Hedging: a practical conservation handbook. Zoological Gardens, BTCV, London 1975

Pollard, E., M. D. Hooper, N. W. Moore: Hedges. (New Naturalist) Collins, 1974

Wissenschaftliche Artikel

Baker, M.: Discovering the folklore of plants. Shire Publications, 1980

Grigson, G.: The Englishman's flora. Paladin, 1975

Hoskins, W. G.: English landscapes. BBC Publications, 1977

Hyde, M.: Hedgerows plants. Shire Publications, 1976

Ministry of Agriculture/Agricultural Development and Advisory Service: Managing farm hedges; sowie: Planting farm hedges. Leaflets 762 and 763, ADAS, 1980

Moore, N. W., M. D. Hooper, B. N. K. Davis: Hedges I. Introduction and reconnaissance studies. In: Journal of Applied Ecology, Band 4, Nr. 1, Mai 1967, S. 201–220

Nature conservancy council: Hedges and hedgerow trees: Monks Wood Symposium 4, 1968

Pollard, E., J. Relton: Hedges V. A study of small mammals in hedges and cultivated fields. In: Journal of Applied Ecology, Band 7, Nr. 3, Dezember 1970, S. 549–557

Pollard, E.: Hedges VII. Woodland relic hedges in Huntingdon and Peterborough. In: The Journal of Ecology. Band 61, 1973, S. 343–352

Rackham, O.: Trees and woodlands in the British landscape. Dent, 1981

Richardson, R.: Hedgerow cookery. Penguin Books, 1980

Southwood, T. R. E.: The number of species of insect associated with various trees. In: Journal of Animal Ecology, Band 30, 1961, S. 1–8

Deutsche Fachliteratur

Bücher

Bedal, K.: Heimatkalender für Fichtelgebirge und Frankenwald 1984. Ackermann Verlag, Hof/Saale 1984

Bianchini, F., F. Corbetta, M. Pistoia: Der große Heilpflanzenatlas, BLV Verlagsgesellschaft, München, Bern, Wien, 1978

Dreyer, W.: Erfolgreiche Naturfotografie. vwi Verlag Gerhard Knülle GmbH, Herrsching, 1982

Heydemann, B., J. Müller-Karch: Biologischer Atlas Schleswig-Holsteins. Wachholtz Verlag, Neumünster 1980

Oberfränkischer Heimatkalender 1979. Druckerei und Verlagsgesellschaft Lorenz Ellwanger, Bayreuth 1979

Oberfränkischer Heimatkalender 1982. Druckerei und Verlagsgesellschaft Lorenz Ellwanger, Bayreuth 1982
Oberfränkischer Heimatkalender 1984. Druckerei und Verlagsgesellschaft Lorenz Ellwanger, Bayreuth 1984
Schauenberg, P., F. Paris: Heilpflanzen. BLV Verlagsgesellschaft, München, Basel, Wien, 1970
Skytte Christiansen, M., V. Hancke: Gräser. BLV Verlagsgesellschaft München, Wien, Zürich, 1980
Thielcke, G., C.-P. Herm, C.-P. Hutter, R. Schreiber: Rettet die Frösche. Pro Natur Verlag, Stuttgart 1983
Thomas, E., J. T. White: Die Hecke. Gerstenberg Verlag, Hildesheim 1982
Tischler, W.: Biologie der Kulturlandschaft. Gustav Fischer Verlag, Stuttgart 1980
Zwölfer, H., G. Bauer, G. Heusinger: Ökologische Funktionsanalyse von Feldhecken – Tierökologische Untersuchungen über Struktur und Funktion biozönotischer Komplexe. Lehrstuhl Tierökologie, Bayreuth 1981

Wissenschaftliche Artikel

Dreyer, W.: Synökologische Untersuchungen an phytophagen und entomophagen Insekten am Weißdorn (Crataegus). Dissertation, Bayreuth 1982
Dreyer, W.: Zur Biologie wichtiger Weißdorninsekten und ihrer Parasiten. In: Zeitschrift für angewandte Entomologie, Band 97, Heft 3, 1984
Eigner, J.: Ökologische Knickbewertung in Schleswig-Holstein. In: Die Heimat, Nr. 10/11, 85. Jahrgang, 1978
Hassenpflug, W.: Studien zur rezenten Hangüberformung in der Knicklandschaft Schleswig-Holsteins. Forschungen der deutschen Landeskunde, Band 198, 1971
Lippert, W.: Zur Gliederung und Verbreitung der Gattung Crataegus in Bayern. Berichte der Bayerischen Botanischen Gesellschaft 49, 1978
Mann, W.: Zur Ernährung des Neuntöters *(Lanius collurio L.)* in Abhängigkeit vom Insektenangebot auf verschiedenen Dauergrünlandtypen, Jugend Forscht
Marquardt, G.: Die schleswig-holsteinische Knicklandschaft. Schriften des Geographischen Instituts der Universität Kiel, Kiel 1950
Rotter, M., G. Kneitz: Die Fauna der Hecken und Feldgehölze und ihre Beziehung zur umgebenden Agrarlandschaft. In: Waldhygiene, Nr. 1–3, Band 12, 1977
Weber, H. E.: Über die Vegetation der Knicks in Schleswig-Holstein. In: Mitteilungen der Arbeitsgemeinschaft für Floristik in Schleswig-Holstein und Hamburg, Heft 15, 1967
Zwölfer, H.: Hecken als ökologische Systeme. Mitteilungen der deutschen Gesellschaft für allgemeine und angewandte Entomologie, Nr. 3, 1981
Zwölfer, H.: Pflanzenschutz und Artenvielfalt. Sonderdruck aus: Daten und Dokumente zum Umweltschutz, Heft 35, 1983